全国革命老区县发展史丛书——海南卷

乐东黎族自治县
革命老区发展史

乐东黎族自治县老区建设促进会　编

中国海洋大学出版社

·青岛·

图书在版编目（CIP）数据

乐东黎族自治县革命老区发展史 / 乐东黎族自治县老区建设促进会编. — 青岛：中国海洋大学出版社，2024.6

ISBN 978-7-5670-3866-0

Ⅰ. ①乐… Ⅱ. ①乐… Ⅲ. ①乐东黎族自治县–地方史 Ⅳ. ①K296.64

中国国家版本馆CIP数据核字（2024）第103398号

LEDONG LIZU ZIZHIXIAN GEMING LAOQU FAZHANSHI

乐东黎族自治县革命老区发展史

出版发行	中国海洋大学出版社
社　　址	青岛市香港东路23号
邮政编码	266071
出 版 人	刘文菁
网　　址	http://pub.ouc.edu.cn
电子信箱	1922305382@qq.com
订购电话	0532-82032573　（传真）
责任编辑	陈　琦　　　　　电　话　0898-31563611
印　　制	长沙市精宏印务有限公司
版　　次	2024年6月第1版
印　　次	2024年6月第1次印刷
成品尺寸	170 mm × 240 mm
印　　张	25.5
字　　数	298千
印　　数	1—3000
定　　价	88.00元

如发现印装质量问题，请致电0731-86154945调换。

《乐东黎族自治县革命老区发展史》
编纂委员会

序

　　为贯彻落实习近平总书记"发扬红色资源优势，深入进行党史、军史、老区革命史优良传统教育，把红色基因一代代传下去"的重要指示，更好地铭记老区历史，不忘初心，讴歌赞颂英雄的老区人民，激励全县人民群众进一步坚定信念，发扬自力更生、艰苦奋斗的光荣传统，打赢脱贫攻坚战，为全面建成小康社会而奋斗，谨组织编写《乐东黎族自治县革命老区发展史》一书。

　　《乐东黎族自治县革命老区发展史》以灵活多样的形式，分门别类，以老区人民为主体，以老区发展为主线，以新时代新视野为要求，体现历史进程特征，突出时代发展特色，坚持辩证唯物主义和历史唯物主义的世界观和方法论，阐述了在中国共产党领导下，革命老区光辉的革命史、不懈的奋斗史、辉煌的成就史，介绍了乐东黎族自治县革命老区在土地革命战争、抗日战争、解放战争、社会主义革命和建设时期的发展历程，特别是党的十八大以来乐东发奋图强、积极创新所取得的伟大成就。充分展现乐东黎族自治县革命老区和老区人民在"琼崖武装斗争二十三年红旗不倒"的历史进程中所作出的重大贡献和牺牲。在这幅"二十三年红旗不倒"的历史画卷上，在这条建设社会主义的曲折道路中，有多少老区英烈为之捐躯！在灿烂的阳光下，巍峨的纪念碑耸立在群山之巅，凌霄入云，伴随着一座崭新的乐东县城迅猛崛起。在以习近平同志为核心的党中央的集中统一领导下，乐东人民肩负着先烈们的使命与责任，正为建设一个繁荣昌盛的新县城，向着新时代的宏伟目标而努力奋斗。当前，我国已全面建成小康社会，实现第一个百年奋斗目标，正乘势而上开启全面建设社会主义现代化国家新征程、向第二个百年奋斗目标进军的第一个五年，带领全县人民把乐东老区的明天建设得更加美好，是我们共同的责任。

在全党深入学习贯彻习近平新时代中国特色社会主义思想、贯彻落实党的二十大精神之际，中国老区建设促进会统一组织撰写"全国1599个革命老区县发展史丛书"，这是一件功在当代、利在千秋的文化工程。《乐东黎族自治县革命老区发展史》的编写者以严谨的治学态度，汲汲于古籍志乘中爬梳校注，将乐东黎族自治县革命老区发展史撰于一册，既是新时代乐东文化建设取得的一个丰硕成果，对进一步打造乐东文化"软实力"具有重大意义，又是乐东50多万老区人民敬献给党的二十大的一份礼物。本书内容丰富、图文并茂，是一部特色鲜明、知识性与可读性较强的革命传统教育普及读物，有助于青少年读者了解老区、宣传老区、弘扬老区精神；有助于增强意识形态领域的主导权和话语权，构筑中国精神、中国力量；有助于唤醒人们对"红色乡愁"的集体认同和内心崇敬，引导人们永远珍惜、永远铭记老区和老区人民的牺牲和贡献；有助于继承和弘扬老区光荣传统，传承红色基因，让老区精神在新时代新征程中展现新作为。

希望我们都能从《乐东黎族自治县革命老区发展史》这部活生生的教科书中受到教育，获得启迪，继承和发扬革命老区的光荣传统，坚定"学党史、知党情、颂党恩、跟党走"的信念，珍惜今天来之不易的幸福生活，勤奋工作，刻苦学习，练就过硬本领，以更加奋发有为的行动和业绩，全面开发建设革命老区，为加快建设美好新乐东，实现中华民族伟大复兴的中国梦而努力奋斗。

是为序。

编者

2023 年 2 月

陈垂斌（1900—1933 年）　　　　林吉祥（1907—1969 年）

林吉进（1920—1942 年）　　　　张开芳（1917—1945 年）

何如愚（1920—1990 年）　　陈侃（1922—1971 年）　　吴清尧（1922—1981 年）

1930年莺歌海党支部成立旧址（乐东黎族自治县委宣传部　供图）

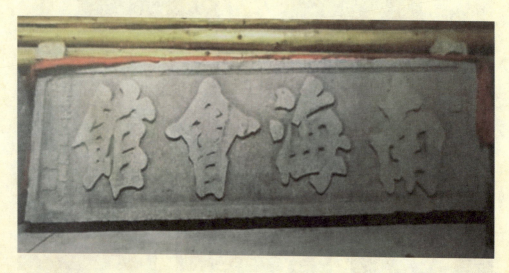

1933年佛罗党支部成立所在地南海会馆牌匾（乐东黎族自治县委宣传部　供图）

1933年琼崖红军独立师崖西第五连成立遗址——新坡村卧龙岭

（乐东黎族自治县委宣传部 供图）

1940年兴建的日军南进机场指挥塔旧址（今黄流镇赤龙村、新荣村之间）

1940年日军在黄流修建南进机场时的圈地界碑（乐东黎族自治县委宣传部 供图）

日军对莺歌海进行狂轰滥炸（乐东黎族自治县委宣传部 供图）

1942 年 10 月在新丰村成立的海塘乡抗日民主政府旧址

（乐东黎族自治县委宣传部　供图）

1981 年 12 月修建的莺歌海革命烈士纪念碑（乐东黎族自治县委宣传部　供图）

球港村革命烈士纪念碑（王启珊 摄，2021 年 2 月）

革命烈士陈永泰夫妇之墓（乐东黎族自治县委宣传部 供图）

尖峰岭黑眉山（乐东黎族自治县委宣传部 供图）

麦家祠惨案旧址（王启珊 摄，2021年5月）

1948 年琼崖区党委在番阳复办的琼崖公学旧址（王启珊 摄，2021 年 3 月）

琼崖妇女学校第一期甲班结业合影（乐东黎族自治县委宣传部 供图）

1949 年 6 月琼崖纵队春季军事攻势解放九所战斗遗址（九所镇九所村内）

（乐东黎族自治县委宣传部　供图）

1949 年冬海南南区七县专署署长赵光炬在丹村王乙兰家指挥作战的旧址（王昌国　摄）

三平公社三平管理区（今万冲镇）的试验田（乐东黎族自治县委宣传部 供图）

千家公社（今千家镇）抱车营社员在地里使用"51型"拉耙

（乐东黎族自治县委宣传部 供图）

乐东县委召开2000余人扩大会议解决粮食问题，图为千家公社报喜队伍
（乐东黎族自治县委宣传部 供图）

长茅水库建设场景（乐东黎族自治县委宣传部 供图）

1959 年 2 月 15 日乐东县档案馆成立旧址（乐东黎族自治县委宣传部 供图）

南只纳连的社员们列队进食堂（乐东黎族自治县委宣传部 供图）

在家庭联产承包责任制下，人们辛勤劳作（乐东黎族自治县委宣传部 供图）

1987年12月28日庆祝乐东县改设乐东黎族自治县大会会场

（乐东黎族自治县委宣传部 供图）

乐东影剧院（乐东黎族自治县委宣传部 供图，摄于 2002 年）

乐东金钱树种植基地（乐东普英州花卉园艺有限公司 供图，摄于 2022 年）

2009年1月4日，乐东举行九所新区基础设施建设开工典礼

（乐东黎族自治县委宣传部 供图）

莺歌海盐山（乐东黎族自治县委宣传部 供图，摄于2010年）

乐东县城新貌（郭义忠 供图，摄于 2017 年）

乐东思源实验学校（乐东思源学校 供图，摄于 2010 年）

开发建设中的龙栖湾（乐东黎族自治县委宣传部　供图）

乐东民族文化体育广场月亮湖（乐东黎族自治县委宣传部　供图，摄于 2010 年）

革命老区村庄——丹村（郭义忠 供图，摄于 2021 年）

新时代丹村呈现出欣欣向荣的景象（郭义忠 供图，摄于 2021 年）

发展中的莺歌海亲水广场（陈昌毅 摄）

大安镇西黎村（郭义忠 供图，摄于 2021 年）

乐东革命历史纪念馆（乐东黎族自治县委宣传部．供图）

乐东黎族自治县扶贫办全国脱贫攻坚先进集体牌匾（王海山 摄，2021 年 6 月）

授予：乐东黎族自治县扶贫
工作办公室

全国脱贫攻坚
先进集体

二〇二一年二月

乐东黎族自治县扶贫办全国脱贫攻坚先进集体荣誉证书（王海山 摄，2021 年 6 月）

目 录
CONTENTS

第一章　县域与老区概况

　　乐东革命老区，具有光荣的革命传统。近代以来，特别是大革命失败后至海南解放前，乐东人民深受帝国主义、封建主义和官僚资本主义的三重压迫，过着水深火热的生活。乐东各族人民为摆脱压迫剥削，奋起反抗，进行了不屈不挠的英勇斗争，谱写了一部光辉的革命斗争史诗。中华人民共和国成立后，乐东人民在中国共产党的领导下，积极投身到社会主义建设和改革开放的事业中去。党的十八大以来，乐东高举中国特色社会主义伟大旗帜，坚持以马克思列宁主义、毛泽东思想、邓小平理论、"三个代表"重要思想、科学发展观、习近平新时代中国特色社会主义思想为指导，统筹推进"五位一体"总体布局，协调推进"四个全面"战略布局，解放思想、敢闯敢试、大胆创新，加快建设经济繁荣、社会文明、生态宜居、人民幸福的美好新乐东。

第一节　自然地理资源

　　乐东是海南省土地面积最大的少数民族自治县，自然资源丰富，自然条件优越，属热带季风气候，素有"天然温室""热作宝地""绿色宝库"等美称，是海南首个"国家现代农业示范区"以及重要的南繁育制种基地、冬季瓜菜生产基地和粮油、香蕉、哈密瓜、芒果、槟榔、橡胶、兰花生产基地。

一、区位面积

乐东的全称是乐东黎族自治县，是海南省直管自治县，位于北纬18°24′至18°58′、东经108°39′至109°24′。东部和东北部与五指山市、白沙黎族自治县接壤，东南部与三亚市交界，北部与东方市、昌江黎族自治县毗邻，西南部临南海。

乐东陆地面积 2765.5 平方千米，其中耕地面积 477.94 平方千米，海域面积 1726.8 平方千米，海岸线 84.3 千米。

二、地形地貌

乐东地势北高南低，背山面海。县域内各类地形兼备，有山地、丘陵、盆地、平原四大部分。山地和丘陵占全县总面积的 70%，盆地占 18%，平原占 12%。山地和丘陵地带适宜发展热带作物和林牧业，平原适宜种植粮油、糖蔗、腰果、瓜菜等作物。山地多在海拔 1000 米左右，海拔 1000 米以上的山峰有 23 座，主要分布在北部、西部和东部，呈东北—西南走向并列。北部的猕猴岭最高，海拔 1654.8 米；其次是毫肉岭，海拔 1530 米；西北部的尖峰岭海拔 1412.5 米，马咀岭海拔 1317 米。山岳绵延如带，峰峦重叠，山高谷深，起伏大，坡度陡。

县域内属母岩和母质类型较多，故土壤的类型也较多，如地带性土壤和非地带性土壤，整个土壤分布有明显的垂直断面规律。海拔 0～10 米的地带为近代浅海沉积物形成的滨海沙土，地势平坦，气候干燥，生长着赖葵、仙人掌等耐旱的植物。海拔 10～50 米的地带为古海沉积物的滨海阶地燥红土，植被为稀树草地，土层深厚，有明显的剖面层次，土壤肥力较低，可种植腰果、甘蔗。海拔 50～350 米的地带为赤红壤，地质为花岗岩或沙页岩的风化物，植被为热带山地常绿阔叶林和热带山地雨林，地质为花岗岩或沙页岩。

县域内的地质构造由母岩和母质中生第二期花岗岩组成，以花岗闪长岩、石英闪长岩为主，以及白垩纪粉砂岩、砾岩、砂岩、页岩及第四纪海相沉积物、近代河海冲积物、浅海沉积物。花岗岩占59.5%，沙质页岩占21.3%，安山岩占1.1%，海底沉积物占14.6%，近代河流冲积物占3.5%。花岗岩在乐东各地均有分布，以三平、大安、志仲等地的面积较大；河页岩主要分布在山荣、九所与三亚市接壤的地区；河流冲积物主要分布在昌化江、望楼河的两岸；滨海沉积物主要分布在佛罗、莺歌海、黄流、利国、九所等地的沿海一带。这些滨海沉积物土壤的形成具有特有的土壤剖面特性，经人们的长期耕作利用，有的已形成水稻田，有的已形成旱作地，土壤的肥力状况随着耕作制度及耕作年限而发生变化。在水稻田中，有的土壤已变成土层深厚、肥力较高的泥肉田，也就是乐东最高产的农田，有的却逐渐变成肥力较低的漏底田。

三、气候水文

乐东属热带季风气候，主要特征是光照充足，热量丰富，除山区外，寒潮很少出现，且维持时间短，影响程度不大。大部分地区年雨量充沛，但降水量不平衡，在一年中分布不均匀，干季、雨季分明，不同程度的冬春旱几乎年年都有。沿海平原的雨量相对偏少，水量更不平衡，干旱问题比较突出。

主要河流有昌化江、望楼河。昌化江在乐东的流域面积为1333平方千米，占乐东总面积的48%；望楼河流域面积为827平方千米，占乐东全县总面积的30%。此外，还有白沙河、宁远河、佛罗河等中小河流。

第二节 民族·人口·语言

一、民族

乐东是黎族人口最多的民族自治县，主要民族还有汉族、苗族、壮族、回族、瑶族等，是一个多民族聚居的地方。

二、人口分布

截至 2022 年 7 月，全县辖 11 个镇、173 个村委会（其中少数民族村 102 个）、20 个居委会（含国有农场改革后设置的 5 个）、568 个自然村（其中少数民族自然村 439 个）。2021 年末，公安部门统计全县户籍数为 15904 户，人口 55.012 万人；其中汉族 33.7378 万人，占总人口的 61.3%；黎族 20.7047 万人，占总人口的 37.6%；苗族 3123 人，占总人口的 0.56%；壮族 1906 人，占总人口的 0.3%；回族 46 人，占总人口的 0.01%；其他民族 620 人，占总人口的 0.1%。

乐东的汉族人口主要分布在沿海平原地区，人口密度较稠密；黎族、苗族人口主要分布在丘陵、盆地等内陆地区，这些地区人口较稀少。人口分布存在较大差异，体现在不同类型地区之间、同一地区不同行政区域（乡镇）之间。一般来说，沿海平原地区，如利国镇的乐罗村人口密度为 500 人/平方千米，莺歌海镇的人口密度为 730 人/平方千米，尖峰镇的人口密度为 100 人/平方千米；丘陵、盆地地区的千家镇人口密度为 210 人/平方千米，永明地区的人口密度不足 100 人/平方千米。[①]

---

①数据来源：《2021 年乐东黎族自治县国民经济和社会发展统计公报》，乐东黎族自治县统计局，2022 年 3 月 28 日。

三、语言

乐东的常用语言有普通话、海南话、黎话、苗话、客家话、粤语等。其中，黎话分哈方言、杞方言、闰方言、赛方言、美孚方言。汉族人一般通用海南话，县域内的农场、林区人一般通用普通话，有些使用粤语或本民族语言。

黎话是乐东的主要语言之一，这里绝大多数黎族人使用的是哈方言。

第三节　建置区划

乐东历史悠久，文化源远流长。据 1984 年乐东志仲出土的汉代文物"朱庐执刲"银印佐证，早在 2000 多年前的西汉时代，乐东县境已随着整个海南岛归属于汉朝中央政权管辖，而此前黎族先民早已在这块土地上劳动生息。乐东行政区划及其建置，历代多有变化。

一、历代建置沿革

远在西汉元鼎六年（前 111 年），汉武帝派遣伏波将军路博德、楼船将军杨仆率军平定南越国，在海南岛上设置儋耳、珠崖 2 郡领 16 县，时乐东境域为乐罗县，县治设在望楼河畔，为琼南最早的县治之一。汉昭帝始元五年（前 82 年），撤销儋耳郡并入珠崖郡，县境属珠崖郡辖。汉元帝初元三年（前 46 年），罢珠崖郡置朱庐县，县境属朱庐县，隶合浦郡，督于交州。南北朝梁武帝大同年间（535—545 年），在汉废之儋耳郡地置崖州（州治设在今儋州中和镇附近），县境属崖州，由广州统领。隋大业六年（610 年），析琼西南地置临振郡，县境隶属之。唐初改临振郡为振州，县境属振州辖。

宋初改振州为崖州，县境隶属之。明万历四十四年（1616 年），崖州在抱由峒瑞芝山建乐安城。清康熙二十八年（1689年），在抱由峒设乐安营。清光绪三十一年（1905年），升崖州为直隶州，县域隶之。民国二十三年（1934年）夏，在乐安城设琼崖抚黎专员公署。民国二十四年（1935年）5月，广东省国民政府划五指山中心区成立白沙、保亭、乐安三县，隶属广东省第九区行政督察专员公署（即管辖海南岛的行政机构）；是年9月，改乐安县为乐东县。

1948年6月，中共琼崖地方组织主持成立乐东县人民政府，隶属于琼崖民主政府。1949年起隶于琼崖少数民族自治区行政委员会。1950年5月，海南全境解放，设海南行政公署，乐东隶属之。1952年7月1日，成立海南黎族苗族自治区（后改为自治州），乐东县属自治州辖（州治原设在乐东抱由，后迁至通什镇）。1987年12月，成立乐东黎族自治县，隶属于海南行政区人民政府。1988年4月，海南建省，乐东直属海南省人民政府。

二、海南解放前后的行政区划

1935年5月，乐东设县成为行政区域初期，管辖的地方为今万冲镇、抱由镇、志仲镇、大安镇、千家镇及三亚市的雅亮镇、东方市的江边乡、五指山市的番阳镇。1948年6月，成立乐东县人民政府，将昌感县（今属东方市）的长老乡、田沟乡、光益乡、陀烈乡、沙俄乡、俄隆乡划入乐东县管辖。1958年10月，将崖县（今三亚市）的洪流人民公社（辖今乐东黎族自治县的九所、利国、黄流、莺歌海等镇，属海南解放前崖县四、五区，四区辖今九所镇、利国镇，区公所驻乐罗村；五区辖今黄流镇、莺歌海镇，区公所驻莺歌海村。因其地处崖县西部沿海平原地区，故当地人习惯称为"崖西区"）、昌感县的长征人民公社与佛罗乡、东方县（今东方市）的中沙人民公社风田管区划入乐东县管辖。1960 年 8 月，又将雅亮公社（乡）划入崖县，江边乡划入东方县。1986 年 7 月 21 日，将番阳区划入通什市（今五指山市）。2015 年至今，乐东全县辖九所、利国、黄流、莺歌海、佛罗、尖峰、抱由、万冲、大安、志仲、千家等 11 个镇，173 个村委会、20 个居委会，县人民政府驻抱由镇。

第四节　乐东革命老区和重要遗址分布②

自第二次国内革命战争时期至解放战争时期，乐东全县各族人民在中国共产党的领导下，建立党的基层组织，开展武装斗争，创建革命根据地，至今还保留一些重要的革命纪念遗址，供后人瞻仰。据统计，截至 2021 年 12 月，乐东全县共有革命老区村委（居委会）119 个，革命老区村庄 455 个。在革命老区村庄中，有 7 个红色老区村庄、31 个抗日战争时期老区村庄、417 个解放战争时期老区村庄，老区人口 279162 人。

一、乐东革命老区村庄

（一）抱由镇（共 88 个）

山荣村委会：山荣村。

光明村委会：光明村。

南美村委会：南美村。

抱湾村委会：出抱村、中村、上村。

志高村委会：红卫村、抱盖村、益隆村。

---

②本节数据资料由乐东黎族自治县乡村振兴局（原扶贫工作办公室）提供。

只微村委会：抱径村、抱弄村、抱温村、苗胞村。

排齐村委会：东村、西村、杨一村、杨二村、杨三村、田头村。

只九村委会：洪扫村、老究村、椰央村。

抱界村委会：下村、上村。

抱北村委会：抱北村。

延红村委会：新营村、红岭村、红新村。

多建村委会：万象村、道日村、昂外村、扫水村、番豆村、壳界村。

番豆村委会：力高村、番豆村、卓调村。

向阳村委会：什头村、坡美温村、孔律村、抱曼村。

保定村委会：道龙村、永甘村、道林村、保定村、乐才村。

抱由村委会：塔丰村、西号村、中号村、东号村、新村、昂什村。

坡拉村委会：坡拉村、永非村、乙邱村、冲同村、只文村、道汉村。

抱邱村委会：乙龙村、乙老（抱邱）村、教毫村。

道介村委会：上村、下村。

佳西村委会：只能村、只能下村、佳西村、佳西下村、普广村。

德霞村委会：只好村、德霞村、横报村。

永明村委会：永车村、永明小村、永明新村、永光村、永光小村、昂霞村、昂霞小村。

红水村委会：红水上村、红水下村。

头塘村委会：公抱村、河靠村、工老村、否定村、头塘村。

三平村委会：呆娥村、腰办村、呆会村。

（二）万冲镇（共 79 个）

南班村委会：保乙村、加民村、道屈村。

山明村委会：三命村、布慢村、永保村、孔构村、文志克村、空芳村、提拉村、已好村。

南流村委会：反力村、行好（航浩）村、抱陆村、三灶村、空布村、孔春村、南好村。

万冲村委会：保建村、红脱村、万冲村、好别村、封岭村、好插村、好抒村、高牧村、苗新村、红文村、桥头新村。

洋老村委会：保乙村、乙老村、保老村、方头村。

友谊村委会：南盘村、只好村、南闹村。

国强村委会：文头村、抱握村、卡娘村、抱边村、乙西村、龙翁村。

三人村委会：呆供村、三人村、翻令村、西类村、卡泵村。

保派村委会：岛承村、宝办村、蓬套村、乙老村、乙苗村、孔诉村。

排慎村委会：排慎村、抱滨村、宝优村、挖类村、昂外村、宝山村。

卡法村委会：卡法村、三社村、坡靠村、空论村、毛娥村、昂外村、畜牧村。

德崖村委会：毛龙村、用运村、礼艾村、止龙村。

抱隆村委会：抱隆村、宝丙村、抱本村、昂傲村、宝苗村、抱帅村。

三柏村委会：三柏村、倒梅村、宝滨村。

（三）志仲镇（共 67 个）

龙林村委会：万河村、龙林村、大众村、南郎村、保散村、保芬村、志向村、望老村。

志仲村委会：三合村、斗空村、红内村、保本村。

加巴村委会：保白村、新村、加巴一村、加巴二村。

只朝村委会：乙论村、大村、万元村、空头村、布放村。

成栋村委会：果上村、那月村、德土村、好共村、从角村、黑石村、新村、苗村、脚项村。

志强村委会：解放村、道德村、空华村、空毫村、乙家村、志强村、荣提凡村、什加巴村、空或村、空田村、陈考村。

保脱村委会：从飞村、保硬村、万目村、保脱村、好顺村、好球村。

保国村委会：保国一村、保国二村、保他村、从共村、夏口村、杂毛口村。

谭培村委会：脚再村、新村、保口村、首村。

塔丰村委会：已吧村、支匆村、隆同村、空天村、塔丰村、文连一村、文连二村。

多元村委会：多仁村、红球村、什益村。

（四）大安镇（共 52 个）

万车村委会：只横村、南只发村、什鄂村、什文村、万车村、三文村、孔汉村。

后物村委会：永保村、后友村、后物村、昂翁村。

陈考村委会：转内村、老俄村、坡律村、陈考村、哥武村。

昂外村委会：昂外村、田裕村、孔文村。

礼乐村委会：孔从偷村、多仁村、西乐村、孔抱环村、荣什办村、龙偷开村、乐突村。

木棉村委会：新村、抱丘村、南种村、后轮村、木棉村。

大炮村委会：坟转最村、大炮村、抱板村、胜古村。

大安村委会：大安村、大难村、西笼头村。

西黎村委会：西黎村、三末村、保初村、头壁村、孔常村、抱石村。

南仇村委会：常隆村、什林村、南织纳村、南仇村、昂赛村。

南木村委会：云元村、南木村、南头村。

（五）千家镇（共83个）

温仁村委会：温仁大村、薯园村、加代村、朝琼村。

奋跃村委会：奋跃村、抱邱村、中辟村。

扎灶村委会：老村、新村、内昌村。

抱串村委会：抱毫村、老村、新村。

福报村委会：福报村、上村、保苗村、扎浩村。

只文村委会：朝水村、只文一村、只文二村、只文三村、只文四村、只文五村。

只峨村委会：只峨村、只炮村、只猛村、乙苦村。

抱郎村委会：永峨村、保考村、以美村。

抱用村委会：抱用四队、抱用一队、抱用二队、抱用三队。

青岭村委会：水尾村、抱塘村、高土村、抱青村。

抱伦村委会：抱头村、冲文村、拉法村、扎疗村。

抱平村委会：马眉村、公奥村、抱平村、老村、老卢村、什指南村。

汉小村委会：南保村、老村、脚艾村、只厚村。

郎益村委会：孔本村、三星村、山鸡田村、百脚村、卖牛村、扎灶村。

抱梅村委会：长坑村、龙旺村、新村、什会村。

前号村委会：前号村、后号村、陈仲村。

千家村委会：新村、打狗村、大村、拉丁村、保木村、老村、打狗村。

抱善村委会：凤头村、新村、高园村、告状村、新安村。

永益村委会：正洪村、排三村、新村、老村、打狗村、永益大村。

（六）九所镇（共 12 个）

罗马村委会：罗马村。

赤公村委会：赤公村、木棉头村。

抱旬村委会：抱旬村、落马村、老陈田村。

新庄村委会：新庄村、老罗坡村、老高园村。

乐一村委会：乐一村。

乐二村委会：乐二村。

龙栖湾社区：龙栖湾。

（七）利国镇（共 35 个）

官村村委会：官村。

秦标村委会：秦标村。

抱岁村委会：抱岁村。

新贵村委会：新贵新村、抱贵村。

冲坡村委会：老陈落村、新村子村、老邢落村。

新民村委会：老郑村、新安村、广园村、抱兰村。

荷口村委会：荷口村、祥兴村、槐脚村。

红五村委会：罗怨村、新村、高岗村、老周园村、槐村、抱趣村、抱栋一村、抱栋二村、田叹村。

抱告村委会：抱告大村、吉乐村、排三村、后溪村、新兴村、文且村、新安村、抱告新村、黎村。

球港村委会：球港村。

望楼港村委会：望楼港村。

（八）黄流镇（共 6 个）

铺村村委会：铺村。

镇远村委会：镇远村。

赤命村委会：赤命村、赤桃村、新营村。

抱一、抱二村委会：抱本村。

（九）佛罗镇（共 11 个）

丹村村委会：丹村。

青山村委会：青山村。

新安村委会：新安村。

求雨村委会：求雨村。

晌地村委会：晌地村。

丰塘村委会：新丰村。

福塘村委会：福塘村。

田头村委会：田头村。

佛南村委会：佛南村。

佛中村委会：佛中村；

佛罗村委会：佛罗村。

（十）尖峰镇（共 16 个）

黑眉村委会：黑眉村。

岭头村委会：岭头村。

海滨村委会：海滨村。

长安村委会：长安村。

白沙村委会：白沙村。

红湖村委会：红湖新村、红湖老村、葫芦门村。

山道村委会：山道村。

凤田村委会：凤田村。

尖峰村委会：丁司村、沙漠村。

翁毛村委会：老罗村、长田村、眉报村、翁公头村。

（十一）莺歌海镇（共6个）

莺一社区、莺二社区、莺三社区、新兴社区、新一社区、新二社区。

二、重要革命纪念遗址

（一）琼崖公学旧址

琼崖公学位于番阳村北边200米处，在昌化江南岸江畔上，建于1949年。公学内设有教室、礼堂、宿舍、厨房、医疗所等20多间茅屋，还有练兵场和球场。总面积有25万平方米。先后由吴乾鹏、史丹任校长。创学宗旨主要是培训党政干部，提高党政干部的政治、军事、文化素质。遗址上现建番阳中学（后改名为琼崖公学纪念中学），遗址没有发现重要遗物，仅存一块磨刀、矛的石块。1985年建成一座琼崖公学旧址纪念亭，亭里设有石碑，碑文简述琼崖公学历史。

（二）琼崖纵队兵工局旧址

琼崖纵队兵工局位于番阳镇孔什村里，仅有两间办公草房，设立于1946年。兵工局主要是领导工厂进行各种兵器的维修和制造地雷、子弹、手榴弹、刀、矛等武器，并负责兵工厂军火原料的供应和军火分配工作。遗址没有发现任何遗物，原址已被村民建新居。

（三）牙浩兵工厂遗址

牙浩兵工厂位于番阳镇牙浩村东边500米处山谷里，建于1946年。总面积有4000平方米。有30多间茅屋厂房，掩映在密林中，还有练兵场和球场。此地山高林密，形势险要，是琼崖纵队秘密军火工厂。创建初期只有90多人，后发展到200多人，分设熔化、改造、入药、制弹壳、装雷管、组装兵械等7个车间，可制手榴弹、迫击炮弹、六零炮、竹筒炮、枪尾炮（又名三角铁）、地雷、各种子弹和炸药，并修理各种枪支大炮。1950年工厂搬去海口，遗址东北角今已建小山塘，中、南部竹林密布，仅存茅草密丛的球场和两个木炭窑，其他遗物没有发现。

（四）牙浩兵器试验场旧址

牙浩兵器试验场位于孔什村西北边约300米处，即昌化江南岸。该场距兵工厂1000米远，总面积2000平方米，和兵工厂同时开建，是兵工厂生产出来的枪支弹药进行试验的场地。遗址今已开垦成耕地，种上各种农作物，没有发现任何遗物。

（五）莺歌海渔民协会成立旧址

莺歌海渔民协会成立于莺歌海镇陈文光家。1926年1月，广东革命政府派国民革命军入海南岛。一批共产党员随军而来。同年3月，中共琼崖地委成立，随后，各种群众团体纷纷成立。同年9月，莺歌海渔民协会在陈文光等领导下成立。渔民协会的口号是"工农联合起来""打倒土豪劣绅"，发动群众抗捐、抗税、反抗渔霸和土豪劣绅的压迫剥削。旧址在抗日战争时期被日军所毁，现仅存屋基和残砖片瓦。

（六）莺歌海党支部成立遗址

莺歌海党支部成立于莺歌海镇陈文光家，南接梁应俊家，北连刘黄木屋。1927年4月12日，蒋介石发动反革命政变，琼崖共产党组织为了保存力量，化整为零疏散到全岛农村。共产党员林克泽等5人，以售药行医、种菜、缝衣等职业作掩护，进行活动。1930年春，陵水县委决定成立莺歌海党支部。党支部旧址在抗日战争时期被日军所毁，现仅存屋基和残砖碎瓦。

（七）红五连成立遗址

红五连成立地位于佛罗新坡村卧龙岭的一个山谷盆地里，又名"岭落"，三面环山，谷口朝南面向台地、平原。1932 年 7 月，国民党陈汉光部围剿琼崖苏区。同年 9 月，陵水县委决定派陵水仲田苏区红军一部，由林克泽带领，到佛罗、尖峰一带活动，并与陈文光领导的游击队汇合。1933 年 3 月，中共陵崖县委决定，将从仲田岭苏区撤到崖西的红军与莺歌海地区的游击队合编，成立中国工农红军琼崖独立师崖西第五连（简称"红五连"），活动于现乐东、东方沿海一带。

（八）佛罗党支部成立遗址

佛罗党支部成立于佛罗村南海会馆。1927 年，大革命失败后，共产党员陈家兴、陈忠从文昌县（今文昌市）来到佛罗，以找职业谋生作掩护，秘密开展活动，先后发展一批进步青年加入党组织。1933 年，成立中国共产党佛罗党支部。南海会馆现已毁坏，仅剩下"南海会馆"石匾一块。

（九）黑眉乡抗日民主政府遗址

黑眉乡抗日民主政府成立于尖峰镇黑眉村。1939 年 2 月，日军登陆海南岛。同年 4 月，乐东沿海一带沦陷，中共领导下的各族人民为抗日救国，纷纷建立抗日武装队伍。黑眉乡黎族农民组织了抗日游击队、民兵中队、青抗会、妇抗会和儿童团，又成立了昌感三区（今尖峰、佛罗镇）民族抗日指挥部（又称民族抗日总团）。同年 6 月，为了有效地支援各族人民的抗日战争，在上述基础上成立了黑眉乡抗日民主政府。

（十）老抱岭战场遗址

老抱岭战场遗址位于尖峰镇西北部，四周竹林环绕，山路崎岖，地势险要。1939 年 4 月，日军侵占乐东沿海地区后，频繁对黑眉革命根据地"扫荡"和"蚕食"。黑眉人民在共产党的领导下，用简陋的土枪、弓箭、大刀、长矛等武器武装起来，组成游击队、民兵中队。为了保卫家乡，保卫抗日民主政权，从 1939 年至 1941 年上半年，对日军作战 50 多次。1941 年 9 月 15 日，日军从昌江、感恩（今属东方市）、崖三县调集 2000 多人的兵力，在猛烈炮火的掩护下，分五路扫荡黑眉，将琼崖抗日纵队三支队和黑眉游击队 300 多人包围于老抱岭。游击队员利用有利的地形地物，与日军展开激烈战斗，奋战 7 天 7 夜，毙伤日军 200 多人，粉碎了日寇的疯狂进攻，取得胜利。1984 年，县文物普查队到黑眉村收集到 3 支作战火药枪和弓箭、长矛，存放在县文化馆。

（十一）海塘乡抗日民主政府成立遗址

海塘乡抗日民主政府成立于佛罗镇丰塘乡新丰村。1942 年初，日军扫荡莺歌海、新丰村一带，杀害了新丰村党支部书记及一批抗日志士，屠杀非常残酷。为了巩固根据地，坚持持久抗战，同年 10 月，在党的领导下，新丰村成立海塘乡抗日民主政府，乡长郑文泽。

（十二）扫水战场遗址

扫水战场遗址位于抱由镇扫水村及其村南田洋内。战斗发生于1948 年 6 月初。1947 年 11 月，琼崖纵队为了解放乐东，完成建立白沙、保亭、乐东中心根据地的任务，调五总队 2 个支队和粤江支队 2 个支队的部队进军乐东。次年 3 至 4 月，先后解放千家、黄流等地，孤立乐安城的守军。1948 年 6 月初，乐安城国民党军在内无粮草、外无援兵的绝境里，主力开进至乐安南边的扫水村抢粮，被琼纵部队包围。在琼纵部队的猛烈进攻下，国民党军退出扫水村，进入村南田洋，又被琼纵各部包围。经过 7 个小时的战斗，琼纵部队共毙伤、俘敌国民党乐东县代县长兼大队长朱挺英及以下 180 多人，缴获机关炮 1 门、掷弹筒 6 个、轻机枪 12 挺、长短枪 100 多支，于 1948 年 6 月 6 日解放乐安城。

（十三）九所战场遗址

九所战场遗址位于九所墟。战斗发生于 1949 年 6 月 1 日至 7 日。1949 年春，琼崖纵队为配合解放大军渡海作战，遂向国民党西北、西南、昌化（今属昌江黎族自治县）、感恩、崖县守军发起岛西战役。参战部队共 7 个团。九所墟是国民党守御的重要据点。6 月 1 日夜间 2 时，琼纵副司令员吴克之亲率 5 个团兵力，包围九所墟并发起攻击。经过 7 天 7 夜激烈战斗，全歼国民党 131 旅 400 余人及乐东县流亡政府、崖县四区及地方部队，并击退国民党军从榆林来的水陆援兵。

（十四）南美兵工厂遗址

南美兵工厂位于山荣区南望岭脚下，南美村东南 200 米处，西北边与东方县毗邻。1947 年 10 月，琼崖纵队将北黎村兵工厂移到南美村。初建时只有 2 个维修车间，70 多个工人，1 年后发展到 300 多人，设有熔化、兵器修理、组装、入药、制造弹壳、装雷管、制造子弹箱等 10 多个车间，能制造步枪子弹、手榴弹、枪尾、炮弹、六零炮弹、迫击炮弹、地雷、炸药等 10 多种弹药。还能修理组装重机枪、六零炮、步枪等中、重、轻型武器。火药是从东方广坝药库秘密运来的，弹壳、弹片用的原料靠没收当地地主的旧铜钱、铜锣和到民间采集破铜锣、废铁熔化而成。1948 年 10 月，冯白驹司令员曾到工厂视察。1949 年底，国民党军队偷袭兵工厂，烧毁部分枪支弹药和设备，交火时间长达 7 个小时。1950 年底，工厂搬去海口。遗址现没有什么遗存。

三、日军侵华遗址

(一) 乐罗惨案遗址

乐罗惨案遗址位于乐罗村。1940 年 2 月 10 日，日军挂在崖县第二高级小学乐罗学校楼顶上的太阳旗被陈若琼领导的游击队拔掉烧毁。日军大发雷霆，威胁村民限期挂上日旗、招供游击队活动情况，遭到抵制后，于 18 日夜间举兵报复，杀死群众 195 名。现痕迹已消失，没有发现任何遗物。

(二) 木头园十八人井遗址

木头园十八人井位于黄流镇木头园村 (今新荣村)，距九所到黄流公路右侧 5 米处，井是砖石筑成，深 5 米，直径 1.5 米，是木头园村民的吃水井。1939 年 6 月 30 日，国共两党组成的抗日游击队在木头园村前击毙日军指挥官江波户等 10 多人。当年 7 月 3 日，恼羞成怒的日军调遣重兵包围洗劫木头园村，将来不及逃走的 18 位村民活生生地用刺刀捅死，然后推下这口吃水井里。洗劫平息后，群众深夜回来将 18 人的尸体迁葬，并填平井穴。井现已废，井址已开垦成家园，种上屋竹。

(三) 响土十五人穴遗址

响土十五人穴遗址位于佛罗墟农贸市场东 100 米处，穴深 3 米，宽 3 米。1940 年，日军在佛罗墟设立队部，进行奸淫烧杀。响地、求雨等村农民反对侵略，进行抗捐抗税斗争。日维持会保长密报日军。1940 年 6 月 1 日，日军将捕捉到的 17 位正在捕鱼作业的渔民，拉到佛罗甘塘子坡上，令渔民自己挖好穴，然后用布蒙住眼睛，准备推下穴中活埋。其中，2 位渔民在挖穴时趁日兵不备死里逃生。其余 15 人全部殉难，死于一穴。穴址现已填平，旁边已建起数间房屋。

（四）黄流公众坟遗址

黄流公众坟遗址位于黄流中学东南边，现黄三小学校园内。1939年至1945年，日本侵占黄流期间，很多革命志士在此地被公开或秘密杀害。1947年，民国崖县政府拨专款在此地清理遗骸1000多具，进行合葬，名曰"公共坟"。现今墓砖已被拆毁，坟地已铲平，石碑不明去向，墓旁已建起学校教室。

（五）黄流日军司令部遗址

黄流日军司令部遗址位于黄流中学内，总面积约1平方千米。司令部设有炮楼、哨所、防空洞、营房、监狱、军机室、参谋部、靶场、跑马场、舞厅（娼妓院）等，于1939年建起。同年7月，日军占领黄流，强占黄流中学作为驻崖县四区、五区司令部。当时拆毁无数民房建筑军事设施，任意捕捉民工，杀害无数爱国志士和无辜群众。1965年尚存司令部部分建筑物，现已全部拆毁。1984年，县文物普查队收集到从遗址地下出土的一支日本制造的左轮手枪，存放在县文化馆。

（六）南进机场遗址

南进机场遗址位于黄流赤龙村南新荣乡东北边，总面积5平方千米，于1940年4月修建。机场内设有长达5千米的跑道以及指挥塔、飞机室、炮楼、哨所、暗堡。东北角是指挥部大楼、兵营、自来水塔、娼妓院等。系1939年日军侵琼后，为了加强军事设施而建。现今仅存指挥大楼及炮楼、自来水塔、飞机室和部分暗堡等残垣，大部分跑道已被群众挖毁造田，小部分还保留原状。

（七）佛罗七人坟

佛罗七人坟位于佛罗镇佛罗村东北边约1千米处的坡地上，圆形墓冢，用砖砌成。没有碑记，只有神墙，因墓室内合葬7具遗骸，故名。这 7 个人都是佛罗村无辜的群众，他们于 1944 年在尖峰镇山园道附近芒果园被日寇抓到黄流司令部关押拷打，受尽酷刑后，于 1945 年日军投降前夕被秘密活埋。抗战胜利后，7 人的亲属在知情人的引导下，才到黄流活埋 7 人的地方，挖出 7 具已经腐烂不能辨认面目的尸体到此合葬。

第五节　乐东各族人民革命斗争史概述

乐东具有光荣的革命传统，乐东人民从来就有爱憎分明的正义感和不甘忍辱屈从、勇于顽强反抗的革命精神。近代以来至海南解放前，乐东人民为摆脱帝国主义、封建主义和官僚资本主义的压迫，进行着反抗压迫剥削、抵御外敌侵略的英勇斗争。

一、土地革命战争时期的农民武装革命

1927 年琼崖"四二二"事变发生后，国民党把枪口转向共产党人和革命群众，革命处于低潮。在中国共产党的影响和琼崖农民运动不断兴起的推动下，乐东农民武装革命进入了一个新的发展时期。莺歌海渔民协会、球尾灶村农（渔）民协会、丹村农民协会等农（渔）民协会相继建立，如春笋般迸发，蓬勃发展。随着中共莺歌海党支部、中共崖西区委、中共佛罗村党支部、中共琼崖西南临时委员会等组织的成立，乐东人民有了共产党的坚强领导，革命火种越燃越旺。1931年，莺歌海交通线建立，接送来往革命人员，传送情报，成为斩不断的红色地下纽带。1933 年 3 月，红五连成立，并在琼崖西南一带积极开展武装斗争。

这一时期，乐东农民武装斗争此伏彼起，较有影响的有莺歌海渔

民反盐捐抗渔税的斗争、球尾灶村农（渔）民运动、丹村农民协会武装斗争、乐罗村特别队武装斗争、秦标村农民武装起义、莺歌海渔民游击队武装斗争、红五连武装斗争（望楼港战斗、丹村港反击战）等，这些武装斗争不断打击当地的反动武装和反动势力。经过 10 年的土地革命战争时期，崖西军民在中国共产党的领导下，几经曲折，终于战胜了重重困难，保存了革命骨干，胜利地实现了由国内革命战争到民族解放战争的历史转变，迎来了全民族抗日的新时期。

二、全面抗日战争时期抵抗外敌入侵的战斗

1937 年 7 月 7 日，卢沟桥事变爆发，标志着日本帝国主义发动全面侵华战争的开始。1940 年初，日军占领乐安城，乐东全县沦陷。日军所到之处都施行惨无人道的暴行，烧杀抢掠、奸淫妇女，无恶不作，激起了乐东各族人民的强烈反抗。在中共琼崖特委和中共琼崖西南临委及中共崖县委、中共昌感崖联合县委的领导下，乐东人民建立起黑眉抗日根据地和沿海平原游击区，开展游击战争；在香山村、新村、新丰村、望楼港等村庄成立青抗会、妇救会、渔民抗敌同志会、农民抗敌同志会、抗日后援会等抗日群众团体，开展抗日救亡工作。乐罗村、球尾灶村的进步青年林吉典、林志超、林志兴等人成立青年抗日救国会、抗日读书会，开展抗日救国的宣传教育，促进崖四区各村庄的抗日救亡运动蓬勃发展。在田沟乡民兵抗击日伪军、国民党游击队袭击日军的战斗、黑眉根据地保卫战、拔除驻佛罗日军"梅村公司"、抗击反共逆流的斗争、开展锄奸反顽行动、配合第三支队在老抱岭的战斗、伏击日军运油车、开展反"蚕食"反"扫荡"斗争、红水沟村反"扫荡"战斗、黑眉村反"扫荡"战斗等战斗中，乐东人民付出了巨大的代价，作出了重大牺牲。据不完全统计，乐东军民伤亡 4000 多人，其中烈士 100 多人。乐东各族人民在中国共产党的领导下，坚持了 6 年艰难困苦的抗战，粉碎了日军无数次的"蚕食"和"扫荡"，用生命和鲜血谱写了乐东历史上为抵抗外侮、夺取最后胜利而奋斗的光辉篇章。

三、解放战争时期锄奸锄霸、摧毁敌伪政权

抗战胜利后，全琼各县都陆续建立了县（联县）、区、乡各级党组织和民主政权。乐东人民同全国人民一样希望有一个和平安定的环境，休养生息，重建家园。然而，国民党反动派破坏国共停战协定，在美帝国主义的支持下公然挑起内战。麦家祠事件、土伦事件的相继发生，沿海一带的红色村庄和黑眉根据地遭到国民党反动军队的严重摧残，充分暴露了国民党琼崖当局蓄意制造内战、抢夺抗战胜利果实，企图消灭中共武装的阴谋。

面对国民党反动派实行的白色恐怖，在中共昌感崖联合县委的领导下，中共崖县四五联（今沿海汉区区域）区委撤入黎族地区坚持斗争，派出党员和武工队开辟了 26 个新区，建立 10 多个村的党组织，成立海塘乡（今黄流镇以西村庄）和罗所乡（今利国镇以东及龙浩黎族地区）民主政府。中共崖乐边区工委也于 1947 年 5 月成立，领导人民锄奸锄霸，摧毁敌伪政权，发动青年参军参战。为配合五指山革命根据地的创建，1948 年 2 月，设立中共乐东县工作委员会。同年 6 月，琼崖纵队第五总队占领乐东县城，乐东全境解放。同月，撤销中共乐东县工作委员会，正式成立中共乐东县委员会。乐东县委成立后，随即开展轰轰烈烈的清特剿匪、民主建政和支前动员等工作。1950 年 4 月底，崖县、昌感沿海一带的九所、乐罗、冲坡、黄流、莺歌海、佛罗、尖峰等地区全部获得了解放，乐东历史从此翻开了新的一页。

乐东解放后，党领导解放区的人民进行减租减息、土地革命、发展生产、建党建政、组织农会、发展民兵等工作，从政治、经济、文化等方面开展解放区的全面建设。在土地改革过程中，遭到地主恶霸的反对和破坏。为确保土地改革的顺利进行，根据琼崖区党委的指示，县委领导开展了除奸反霸斗争，打击一批破坏土改的地主恶霸，使土改运动得以顺利开展。土地改革和减租减息经过试点取得初步成效后，扩展到全县各乡村，通过土改，让土地回到广大人民群众手中。

乐东各族人民在中国共产党的领导下进行了长期艰苦卓绝的革命斗争，在 20 多年的漫长岁月里，始终高举旗帜，坚贞不屈，前赴后继，沉重打击了一切外来侵略者和国民党反动派，以血肉之躯为革命的胜利作出了重要的贡献，付出了巨大的代价。据不完全统计，自 1930 年至海南解放战争结束，黎汉地区共建立了 60 多个党支部，在革命斗争中幸存下来的党员有 330 多名，牺牲的革命烈士近 400 人。我们不应该忘记英雄的名字：王伯、李大和、张开芳、陈世德、陈垂斌、林吉进、林吉典、唐天祥……他们英勇不屈、百折不挠、视死如归的革命精神和崇高的爱国主义精神彪炳史册，光照千秋，激励着一代又一代乐东人民继续前进。

第二章　土地革命战争时期

（1927—1937 年）

　　1927 年琼崖"四二二"事变发生后，国民党把枪口转向共产党人和革命群众。琼崖地委书记王文明执行中共广东区委作出的"撤离城市"的正确指示，在琼崖农民运动的推动下，莺歌海渔民协会、球尾灶村农（渔）民协会、丹村农民协会等农（渔）民协会相继建立，中共莺歌海党支部、中共崖西区委、中共佛罗村党支部、中共琼崖西南临时委员会等组织也先后成立。有了中国共产党的坚强领导，乐东的革命火种越燃越旺。1931 年，莺歌海交通线建立，接送来往革命人员，传送情报，成为斩不断的红色地下纽带。1933 年，红五连成立，并在琼崖西南一带积极开展武装斗争。这一时期，乐东农民武装斗争较有影响的有莺歌海渔民反盐捐抗渔税的斗争、球尾灶村农（渔）民运动、丹村农民协会的武装斗争、乐罗村特别队的武装斗争、秦标村农民武装起义、莺歌海渔民游击队的武装斗争、红五连武装斗争（望楼港战斗、丹村港反击战）等，这些武装斗争有力打击了当地的反动武装及地方反动势力。在长达 10 年的土地革命战争时期，崖西军民几经曲折，终于战胜了重重困难，保存了革命骨干，胜利地实现了由国内革命战争到民族解放战争的历史转变，迎来了全民族抗日的新时期。

第一节 土地革命战争前的乐东形势

"五四"运动前，乐东社会动乱，兵匪一家，民不聊生，乐东各族人民掀起了反帝反封建的起义和斗争。"五四"运动爆发后，乐东涌现出陈垂斌、林吉祥、颜任光等爱国青年和知识分子，他们受到新思想启蒙，传播新文化、新思想，宣传马克思主义，大造革命舆论，新文化运动伴随着政治斗争的浪潮不断高涨。第一次国共合作后，北伐战争节节胜利，但此次合作以蒋介石发动"四一二"反革命政变而告终，轰轰烈烈的大革命受到严重摧残，跌进了低潮。

一、"五四"运动后乐东形势与崖西人民反帝反封建斗争

（一）"五四"运动后的乐东形势

1919 年 5 月 4 日，北京爆发了"五四"运动，其影响很快扩散到琼崖。同年 5 月 18 日，琼崖各县学生代表聚集于海府地区，在琼崖中学召开全琼学生代表大会，宣布成立琼山（今属海口市）、文昌、儋县（今儋州市）、崖县、感恩等琼崖十三属学生联合会，领导全琼学生运动。大会选举钟衍林为学联理事长，王文明、杨善集、陈垂斌（今利国乐罗村人）、罗文淹、符传范等人为常务理事。琼崖学联接受全国学联领导，派代表赴上海参加全国学联会议，琼崖学生运动成为全国学生运动的组成部分。

1920 年冬，粤军军阀邓本殷率部进驻琼崖，对琼崖统治了 5 年。他比龙济光更加毒辣残酷。一方面，他对日本军舰入侵海口的横行置若罔闻；另一方面，他对琼崖人民残暴无比，压迫剥削琼崖人民之罪不胜枚举。1924 年秋，邓本殷指使鹰犬陈凤起带兵进入崖县"清乡"。

王鸣亚率属部在保平与陈凤起军相抗，王鸣亚兵败逃到乐罗村，指派民军营长罗一中和崖四区署长陈世坚在乐罗村构筑工事抵抗。陈凤起军冲入保平村杀死村民周帝民等数人，破门入室，抢劫村民财物，烧毁民屋数十间，将抢到的衣服、布匹、银锁等物在崖城出卖，对保平、港门两村的村民罚款2万多块光洋。同时，陈凤起的"清乡军"继续追赶王鸣亚属部，"清乡军"冲进乐罗村见人便杀，见物就抢，烧毁民房四五十间，杀死无辜村民100多人。"清乡军"兽性大发，奸污妇女，大肆抢劫财物，以毒辣的手段杀害幼童，令人毛骨悚然。陈凤起军烧杀之余，还把村中绅士抓来，令其赔偿所谓"损失费"1万多块白银，限日交完。绅士们无奈，只好向村民摊派，商家富户多的要交100元，少的也得交50元。

此外，崖西人民还受地方土匪、恶霸欺凌压榨。抱旺村的罗业新，赤楼村的曾学乙，乐罗村的罗一中、陈世坚等恶霸豪绅也拥有武装，征派兵饷，抓人要挟钱财，诈取劳动人民的血汗。各地区的封建豪绅也图私逞欲，如五区的陈金声，利用管祠堂、出租公田收地租、放高利贷等剥削劳动人民。崖西人民过着食不饱、寝不安的生活，渴望早日摆脱苦海，走向新生。

（二）崖西人民反帝反封建的斗争

由于受到陈垂斌的带动和影响，崖西地区的进步青年掀起了反对帝国主义和抵制日货运动，反对美、英、法、日等操纵的巴黎和会，反对不平等的"二十一条"，反对丧权辱国的北洋军阀政府，要求政府"外争主权，内惩国贼"。陈垂斌利用暑假回乡期间开展爱护国货、抵制日货的活动，组织宣传队、检查队深入周围乡村向广大民众宣传抵制日货、爱护国货，对商贾逐户检查，凡匿藏日货、偷售日货（如火柴、煤油、布匹）的，都要查抄出来销毁。1920年，罗步云等同学到红五、抱告、多港、多建等峒联系当地黎族"奥雅"（黎语音译，指峒主或德高望重的老人），发动群众开展反帝反封建的斗争。青年学生发动民众抵制日货、爱护国货的行动在崖西汇成一股不可阻挡的爱国主义潮流。

1922年，日本帝国主义者趁南方军阀混战之机侵犯中国主权，利用日本浪人梁国之、高瑞南等，勾结奸商何瑞年等设立"实业公司"，组织200多名日本工人开挖西沙群岛磷矿，盗窃资源。日本帝国主义还在西沙群岛设岗布哨，肆意掠劫中国渔民的粮食和物资。西沙群岛自古是我国领土。1919年，广东省政府把西沙群岛划归崖县管辖，日本侵略者肆无忌惮的强盗行为，激起了琼崖人民特别是崖西地区爱国青年的无比愤恨，他们组织发动各阶层人民起来游行示威，沿途高呼"打倒帝国主义""打倒汉奸卖国贼""日本帝国主义从西沙群岛滚出去"等口号。同时成立崖县测勘西沙群岛委员会，选举陈起贤（英才）任主任，派遣委员陈明华、陈介叔前往西沙群岛测勘，将日本侵略者掠夺西沙矿产及种种暴行的详细情况写成书面报告。崖西青年罗业新、吉章简同崖县爱国人士张启经、麦上椿、邢福麟等24人联名发表《琼崖公民对西沙群岛沦亡宣言书》，附《崖县测勘西沙群岛委员会委员陈明华报告》全文，以铁证揭露日本侵略我国领土和掠夺资源的滔天罪行，要求政府迅速注销该"实业公司"，并惩治国奸，保护领土主权完整。崖县青年的爱国行动得到全琼各界人士和海内外华侨的支持。经过坚持不懈的努力，广东省实业厅决定撤销该"实业公司"，日本人和奸商最终从西沙群岛撤走，人民的斗争取得了胜利。崖西人民反抗日本帝国主义的斗争是崖西早期革命斗争的一次大风暴，也是琼崖人民反帝反封建斗争的重要组成部分。

二、马克思主义在乐东的传播和第一次国共合作

（一）马克思主义在乐东的传播

以巴黎和会上世界列强瓜分中国的不平等条约为导火线，1919 年 5 月 4 日，北京 3000 多名青年学生举行游行示威，提出"外争国权""内惩国贼"等口号。这就是震惊中外的"五四"青年爱国运动。

爱国运动的浪潮很快席卷全国，波及琼崖，研究和宣传马克思主义逐渐成为新文化运动的主流，崖西的知识分子开始受到新文化、新思想启蒙。崖西的私塾学堂普遍改为国民小学，学校废除八股文章，用白话文教学、考试，向学生灌输"劳动光荣""劳动神圣"的新思想。同时，崖西的知识分子积极创办进步刊物，传播新文化、新思想，宣传马克思主义，大造革命舆论。1924 年夏，陈垂斌等旅沪学生组织成立琼崖新青年社，出版《琼崖新青年》《海南潮》《琼崖旅沪学会月刊》《南语》等刊物，介绍马克思主义和中国共产党政治纲领，并通过各种途径传到琼崖。莺歌海村的陈文光创办《扫把》等小报，传播新文化、新思想。新文化、新思想和马克思主义的传播提高了崖西人民反帝反封建的觉悟，推动了崖西青年奋起冲破旧社会、创造新世界的革命斗争。利国抱岁村青年罗步云深受进步思想的影响，积极宣传新思想，开展了抑制日货的斗争。

（二）马克思主义在乐东传播的意义

"五四"运动的核心是爱国主义，所展现的爱国主义精神，既是中华民族百折不挠、自强不息精神的生动体现，也是注入先进思想的结果。在"五四"运动前，乐东人民表达出来的爱国主义行动是分散的、零星的、缺乏统一组织的。在"五四"运动中，在陈垂斌、罗步云、

林吉祥、颜任光等进步青年的宣传和鼓动下，乐东人民的主体意识被唤醒，越来越多的农民群众开始投身到爱国运动中去，革命运动的热情不断高涨，成为琼崖革命最后成功的坚实基础。

人民忧国忧民的爱国情怀得到宣泄，为国为民无私奉献的精神获得越来越多人的认同，"五四"运动提出的"科学""民主"两大口号成为乐东人民的追寻目标。

在"五四"运动中，乐东涌现出一批具有进步思想的知识分子，进而转变为马克思主义者，自觉地到工农群众中去宣传马克思主义，组织和领导工人运动，为中共琼崖地方组织的诞生发挥了极大的作用。1925年，陈垂斌等骨干成员成为琼崖较早的一批中共党员，标志着马克思主义的传播取得了早期成果，中共琼崖地方组织随后得到了进一步成长发展。

"五四"运动极大提高了乐东人民的思想觉悟，在崖西区掀起了一场空前的思想解放运动，大批青年知识分子随之投身革命实践，认识到无产阶级力量的强大。他们到工农群众中宣传马克思列宁主义并进行组织工作，促进了马克思列宁主义和群众运动的结合，从而为中共组织在乐东的创立提供了必要的条件。新文化唤醒了一代青年乃至广大人民群众，这场民主与科学的洗礼，在崖西区涌现一股生机勃勃的思想解放潮流，为马克思主义的传播奠定了群众基础和思想基础。

（三）第一次国共合作和大革命失败

1924年1月，在孙中山的主持下，中国国民党在广州举行有共产党人参加的第一次全国代表大会，第一次国共合作的革命统一战线正式形成。国共两党合作后，国民革命的面貌焕然一新。1926年1月，国民革命军南征部队过琼，消灭了盘踞琼崖的反动军阀邓本殷部，从而结束了邓本殷在琼崖长达 5 年的反动统治，为中国共产党在国共合作下开展和领导琼崖群众运动创造了条件。1925 年秋，中共广东区委委派在广州读书的崖县籍共产党员麦宏恩、陈世训、黎茂萱等回到崖县，会同陈英才一起做组建共产党崖县地方组织的准备工作。1926 年春，建立崖县第一个党组织——崖县共产党小组。此时，陈垂斌也在琼北地区参加革命活动。1926 年 6 月，中共琼崖第一次代表大会在海口市竹林村邱宅召开，会议通过选举产生了中国共产党琼崖地方委员会领导机构，王文明当选地委书记，陈垂斌当选组织部部长。在中共琼崖地委的领导下，琼崖的革命斗争风起云涌。工人运动、农民运动、学生运动、妇女运动蓬勃兴起，农民强烈要求减租减息、废除苛捐杂税、反对民团苛政，给封建势力沉重打击，琼崖出现了波澜壮阔的大革命高潮。

然而，好景不长。正当国共合作进行的北伐战争节节胜利，打下半壁江山之时。蒋介石、汪精卫于 1927 年 4 月 12 日在上海发动反革命政变，大肆捕杀共产党员和革命群众，轰轰烈烈的中国大革命受到严重摧残，国共两党第一次合作失败，革命跌进了低潮。同年 4 月 22 日，驻琼崖国民党第三十三团团长黄镇球和参谋长叶肇按蒋介石的密令在海口府城出动大批军警对琼崖革命机关、学校实行大包围大捕杀，接着反革命的屠刀伸向各县，全岛 2000 多名共产党人和革命群众被捕，500 多人惨遭杀害，中共琼崖地委及各县党小组遭受重创，这就是琼崖"四二二"事变。为了保存革命火种，琼崖地委及各县党小组便从城市转入农村，开展以革命武装反对反革命武装的斗争。

第二节　各地渔民农民协会的成立

在琼崖地方党组织的领导下，琼崖的革命斗争进入了一个崭新阶段，农民运动的号角唤醒了沉睡的崖西人民，在各区乡农民运动骨干的组织发动下，基层农民协会和渔民协会如雨后春笋般相继成立。

一、球尾灶村农（渔）民协会的建立

1927年6月，琼崖地委在乐会县第四区宝墩村召开紧急会议，确定琼崖党的中心任务是恢复和建立党的各级组织，收集枪支，武装农民，开展武装斗争。会议决定将中共琼崖地委改为琼崖特委，领导全琼人民走上武装斗争的道路。琼崖特委任命陈垂斌为特派员，到万宁、崖县等地指导工作。同年秋，林吉祥从广州回到球尾灶村开展农（渔）民运动。随着革命浪潮的高涨，反贪官、反豪绅的农民运动不断兴起。林吉祥在球尾灶村组织农（渔）民，成立了球尾灶村农（渔）民协会，组建农民赤卫队，发展农民武装队伍。当时入会农民有246人，编成1个武装大队22个小队，林绳（承）明任农会主席（农会时称自卫团），林吉祥任大队长。农（渔）民协会和赤卫队的宗旨是：反帝反封建，反贪官污吏，反土豪劣绅，保护农（渔）民利益，安定社会秩序。林吉祥带领这支赤卫队与国民党崖县反动县长王鸣亚相持对抗，惩办了侵吞盐民课税的反动地主林鼎宣，并没收其一船粮食赈济贫民，广大贫苦农民拍手称快。在协会的积极发动下，球尾灶村的农（渔）民掀起反苛捐杂税、反贪官和打击地主劣绅的斗争热潮。

二、丹村农民协会的成立

琼崖"四二二"事变发生后，丹村人民更遭受地主恶霸、土豪劣

绅、贪官污吏的残酷压迫剥削，大批农民家破人亡、流离失所，可是农民群众对此敢怒不敢言，无力反抗，只好流散到崖县的大蛋、三亚等地谋生，生活在水深火热之中。1929年春，莺歌海渔民协会负责人陈文光、陈世德、邢诒泉等来到丹村，联系该村进步青年陈洪等发动和组织群众，开展农民革命运动，于同年3月组成丹村青年互助会，成员有10多人，陈洪为主任，陈开彭、王文光为副主任。在革命浪潮和外地农民运动的推动下，丹村青年互助会宣传发动青年入会，开展农运工作。经过一个多月的积极宣传发动，青年互助会骨干人员发展到50多人，加入互助会的群众有100多人，农民觉悟不断提升，成立丹村农民协会的条件逐步成熟。1929年5月4日，丹村农民群众手持粉枪、火铳、三叉、锄头、山刀，腰系红巾，手持三角红纸旗，聚集丹村文昌庙，由陈洪主持并宣布丹村农民协会成立。大家推举陈洪为农会主席，王绍传、陈开彭为副主席，曾治中为文书，委员有王文光、符其璇、郭远昌、曾治章、陈开贤、石良焕、郭远新、陈开贵、陈开泰、王尤祯、温开荣、王文华、麦茂钦、曾大蔚、陈人杰、陈清华、方是万、陈清琼。大会提出"打倒土豪劣绅""取消苛捐杂税""农民武装起来"等口号并作为农民协会的行动纲领。宣誓结束后，入会成员高举灰布红字的"丹村农民协会"旗帜，举行大规模的示威游行，沿途齐唱《国民革命歌》等歌曲，以唤起农民群众的斗争觉悟。之后，农民协会组织农民到当地土豪劣绅家，勒令他们交出"赎田不给典约""还债不退借契"的字据，并集中到村北陈家祠堂当众烧毁。

丹村农民运动给地主恶霸沉重的打击，佛罗等地的土豪劣绅有的规规矩矩向群众低头认罪，有的狼狈逃窜。农民运动取得初步胜利，彰显了中国共产党领导下农民运动的强大威力，打击了土豪劣绅及其走狗的气焰，极大地鼓舞了群众的革命斗志。

第三节　各级党组织成立和红色交通线建立

大革命失败后，各路红军、各县区党的组织之间失去了联系，琼崖的土地革命转入低潮。琼崖特委根据上级党组织指示，成立莺歌海党支部、佛罗村党支部等，恢复那些疏散在莺歌海、佛罗地区的党员的组织生活。

一、中共莺歌海党支部的成立

1928 年冬，琼崖红军同国民党各县反动地方武装在乐会、万宁、定安等县山区进行残酷的战斗，红军主力遭到较大损失。各路红军、各县区党的组织之间失去了联系，琼崖的土地革命转入低潮。琼崖特委为了保存革命力量，要求有社会关系的同志可利用社会关系找职业作为掩护，没有社会关系的同志要化整为零，分散活动，转移敌人视线，在环境允许的条件下，利用各种身份，采取多种形式扩大党和红军在群众中的影响。在这期间，陈忠、李永才、王国良、林六叔、陈天儒、郑昌凤等一批文昌、琼山、万宁地区的中共党员化装成医生或小商贩，以行医、缝衣、换旧银、卖糖糕、货郎担、补锅等职业为掩护，潜入莺歌海、佛罗等地秘密开展革命活动。

1928 年 11 月，林克泽以裁缝工为掩护来到感恩县，巧遇从万宁县来的中共党员林秀泰，从广州湾（今湛江）来的原琼山县委秘书陈名楹。接着，林克泽又寻找到潜伏在感恩县新村坳的，曾于 1927 年与他一起入党的林诗俊、张光壁、张光禄、符经龙、何世仁等同志。1929 年 5 月，林克泽在无法与上级党组织取得联系的情况下，把分散在昌江、感恩两县的 13 名共产党员召集起来，成立感恩临时特别党支部，支部设在新村坳林克泽裁缝店。经推选，林克泽任支部书记，陈名楣、符经龙任委员。临时特别党支部确定了当前的主要工作：广交朋友，在群众中扎下根；化装成医生或小商小贩，以换旧银、卖糖糕、补锅为行当，进村串户，用编歌谣的方式进行宣传，揭露国民党反动派横征暴敛、苛捐杂税和屠杀工人、农民、青年学生的罪行；吸收进步青年入党，扩大组织。

1929 年 10 月，林克泽受感恩特别党支部委派到莺歌海等地寻找红军和上级党组织。同年 11 月，林克泽来到莺歌海，住在来自琼山县的共产党员李永才的家里。经李永才介绍，见到了陈忠、王国良、郑昌凤、林六叔、陈天儒等人。王国良有一个住在崖县六盘村的三叔，经常到莺歌海来做小买卖。林克泽通过与王国良三叔的交谈得知陵崖仲田岭地区有红军，并通过王国良父亲将信带给红军，取得了与上级党组织的联系。

1930 年初，琼崖特委特派员王白伦委派崖县三区农会主席蒙传良到莺歌海向林克泽传达特委指示：一是建立莺歌海党支部，恢复那些疏散在莺歌海、佛罗地区的党员的组织生活；二是物色当地的积极分子培养吸收入党；三是迅速恢复崖西各地党支部；四是争取同感恩、昌江、儋县的党组织取得联系，以便从西路同琼崖特委接上关系。林克泽接到指示后，召集陈名楣、符经龙、林绍宽、林诗俊、李永才、郑昌凤、王国良、陈忠、陈天儒、林六叔等 11 人在陈人芬家的小楼上开会，正式成立中共莺歌海党支部。林克泽任党支部书记，陈忠负责组织工作，陈名楣负责宣传工作，林诗俊负责联络工作。为了便于开展工作，党支部根据莺歌海村的特点设立上寮、中寮、下寮 3 个党小组，分别由郑昌凤、林绍宽、王国良负责。1930 年 3 月，莺歌海党支部发展该村进步青年陈文光、陈世德、陈人芬、刘礼本、俞贤儒、李祖生、张妖赤、李一匡、刘福、郑昌美（后叛变）10 人入党，他们成了该支部第一批党员。至此，莺歌海党支部共有 21 名党员。随后，又吸收李大和、张开芳、郑文泽、陈教仕入党，党的力量不断壮大，活动更加活跃。同年，刘礼本、俞贤儒受党组织委派，参加琼崖第三次工农兵代表大会。

中共莺歌海党支部成立后，林克泽根据琼崖特委的指示，组建了一支渔民游击队，任命陈文光、陈世德为正副队长，开展武装斗争。

二、中共崖西区委的成立

1930 年 4 月，中共琼崖特委在母瑞山召开琼崖党的第四次代表大会，作出关于发动"红五月"军事攻势，主动地打击敌人，建立和健全各级党的组织，恢复各级苏维埃政权，发展农村革命根据地等决议。特委委派特派员王白伦来陵水、崖县地区指导工作。根据琼崖特委指示，在王白伦的主持下，中共陵崖县委于 1931 年 10 月在崖县三区仲田岭成立，书记为王克礼，委员有张开泰、王白伦、廖仕英、王玉花（妇女主任）、林豪（林鸿蛟，秘书）。中共陵崖县委成立后，革命形势日趋向好，基层党组织不断壮大。

为了扩大根据地，发展革命力量，县委书记王克礼派交通员王妖赤带信到莺歌海，指示林克泽成立中共崖西区委，领导当地工作。1931 年秋，中共崖西区委在莺歌海正式成立，林克泽任书记，委员包括陈名楹、陈忠、吴秉明、陈文光、陈世德。中共崖西区委的成立，使莺歌海、佛罗、尖峰一带隐蔽斗争的革命者的心中燃起新的希望，对全岛革命斗争的平衡发展、支持和配合其他地区的斗争起了重要的作用。

三、中共佛罗村党支部的建立

1927年琼崖"四二二"事变发生后，国民党把枪口转向共产党人和革命群众，革命处于低潮。4月下旬，琼崖地委书记王文明派陈忠到感恩三区佛罗以商人、小贩等职业作掩护，开展革命活动。陈忠根据上级党组织关于建立尖峰少数民族地区革命根据地的决定，化装成商人，到尖峰地区的老孙园、凤田、沙漠、山园道、红水沟、葫芦门、内昌、黑眉一带村庄，借挑锄头、犁头、钩刀、镰刀做买卖的机会进行革命活动。他很快地和老孙园村的陈文庄、山园道村的王伯五等黎族头领结拜为兄弟，成了黎族群众的知心朋友，为后来开辟黑眉革命根据地奠定了基础。

1933年春，来自文昌的共产党员陈家光在感恩县佛罗地区联系上正在进行地下活动的共产党员陈忠和徐应龙，他们在佛罗村秘密开展建立党组织工作，发展进步青年张光远、史贻鸿加入共产党。同年夏，佛罗村党支部成立，陈家光任支部书记。1936年秋，史贻鸿接任佛罗村支部书记，发展陈清景、王乐富等人入党。佛罗村党支部秘密建立了地下交通线（佛罗—丹村—青山—岭头—尖峰），开展党的活动，中共西南临委成员陈克文到佛罗村开展活动后，佛罗村党支部取得了与上级党组织的联系，有组织地领导群众开展斗争。

四、中共乐罗特别支部的建立

1929年初，经特委同意，陈垂斌带领几位有斗争经验的共产党员潜回故乡乐罗村后，积极筹备建党建政工作，成立了中共乐罗特别支部。同时，他以治贼护村为名，组建一支特别队，联合崖县四区、五区的农民武装，努力创建琼南革命根据地。

五、中共琼崖西南临时委员会的建立

1932 年，琼崖第二次反"围剿"斗争失败后，琼崖特委书记冯白驹和琼崖苏维埃政府主席符明经带领特委和琼崖苏维埃政府机关及警卫连 100 多人留在母瑞山与敌人周旋，坚持了 8 个多月的艰苦卓绝的斗争。1933 年夏，冯白驹带领队伍 25 人，从母瑞山冒险突围下山，经过三天三夜的昼伏夜行返回琼山县老苏区，找到中共琼（山）文（昌）县委书记李黎明和冯安全、李汉、刘秋菊等。一方面，特委与琼文县委汇集后，将零散的红军战士组成几个小组，配备领导干部后到各县区联系和恢复党组织；另一方面，特委又多次派陈玉清到上海找中央苏区交通局联系，但联系不上。琼崖特委决定充实领导班子，调王白伦、黄魂加强特委领导力量，把琼文苏区划归特委直接领导，迅速在各地掀起党领导的斗争。

1933 年底，符明经、李汉、王业熹、冯安全受特委派遣到南区找林克泽、张开泰、林诗耀、林豪等人开展工作。符明经等人在感恩县新村坳找到林克泽后，传达特委指示，要求筹备成立中共琼崖西南临时委员会。任务是以尖峰岭为根据地，迅速恢复儋县、昌江、感恩、崖县、陵水等地的工作，并把儋县的光村迅速同临高、澄迈的工作联系起来，把崖县的工作迅速同陵水、万宁的工作联系起来。

1934 年 5 月，中共琼崖西南临时委员会在儋县的白马井正式成立。书记符明经，组织部部长李汉，宣传部部长王业熹，委员冯安全、林克泽。西南临委成立后，很快就把儋、昌江、感恩、崖等县的工作恢复起来，积极发展武装斗争力量。党组织将陈文光卖掉的两支盒子枪赎回来，把埋在莺歌海金鸡岭的六门铜炮也挖出来，装备党领导的

武装。党组织主要在学生中开展工作，在学校中发展党员。如儋县新州中学、那大小学、昌江敦头小学、感恩小学、崖县中学、莺歌海小学、港门小学，都有了党的组织和活动，用各种各样的方式方法教育学生，并揭露国民党反动派的罪行：军阀陈汉光派出所谓"抚黎"官员，提了黎胞、苗胞用机枪集体屠杀；还抓了一些黎族、苗族青年男女，锁在铁笼里送往海口、广州等地裸身露体展出，进行人身污辱。通过这些事实揭露国民党反动本质，使青年学生、广大群众进一步看清反动派穷凶极恶的真面目，唤醒生活在黑暗中的各族人民群众，为推翻国民党反动统治、追求光明未来而战。

六、藤桥至莺歌海交通线和红色交通站的建立

1931 年，崖县东部地区在张开泰的领导下，革命形势蒸蒸日上，土地革命运动生气勃勃，打土豪分田地的农民运动风起云涌；西部地区在林克泽等人的开辟下，革命形势也在不断发展。为使东西两地遥相呼应，紧密联系，尤其能使上级党组织及时指导工作，林克泽指派罗家仁开辟了从藤桥、仲田岭、莺歌海直至昌感县的第一条地下红色交通线。接着，林克泽指派吴秉明、王毓桂到马岭、红塘等地建立红色交通站，这是连接港门、保平、角头、望楼港、莺歌海等地直通感恩、昌江、儋县的交通站。这条水陆两路均能畅通的交通联络线，在群众的掩护下，成为斩不断的红色地下纽带。

第四节　中国共产党领导的农民武装斗争

轰轰烈烈的大革命失败后，年轻的中国共产党为此付出了沉重代价，同时，血的教训换来了宝贵经验。共产党人深刻地认识到，必须建立并领导自己的军队进行武装斗争，从此走上了一条"农村包围城市""武装割据"的革命道路。在乐东，乃至整个海南，中国共产党除了加快发展党组织外，积极开辟革命根据地和建立革命武装，开展武装斗争。

一、乐罗村特别队的武装斗争

1929年初，陈垂斌经特委同意潜回乐罗村，他以治贼护村为名，成立中共乐罗特别支部，并组建特别队，这是乐罗村第一支农民武装。当时，乐罗村一带盗贼扰民、打家劫舍的事屡屡发生，弄得人心惶惶，怨声载道。特别是到了春耕时节，偷牛贼更是让村民不得安生。为治偷牛贼，陈垂斌发动村里青壮年成立特别队，夜里巡路治贼。很快，全村五大坊各成立一支特别队，陈垂斌被推举当了总头。为了严明纪律，陈垂斌和队员们讨论制订了《特别队行动条例》，其中有一条特别受到村民们的欢迎，那就是在巡逻期间，队员因玩忽职守而发生失盗事件的，特别队全体队员都要承担责任，按照实际损失数目进行赔偿，并保证以后不再发生类似事件。

有了自己的队伍，从此陈垂斌在打击地方恶霸黑势力和国民党反动武装时就更加有力，他因此深得乡村民众的拥护。陈垂斌根据乐罗村地域广、村路多的情况，提出环村种山竹，在村口要道建炮楼，采取夜巡与夜守相结合的方法。短短1年时间，陈垂斌和村民将乐罗村治理成进可攻退可守的坚固堡垒。同时，陈垂斌联合各地方武装，创建革命根据地。他以乐罗特别队和莺歌海游击队为中坚力量，沉重打击国民党反动派的统治，将琼南地区的革命斗争开展得有声有色。

1928年，国民党反动县长王鸣亚利用盐税、渔税、船税等不合理的名目征税，剥削莺歌海人民群众，还勾结莺歌海的渔霸，用大秤买入小秤卖出的手段来欺诈、勒索广大渔民，吸渔民的血汗，逼得渔民倾家荡产、背井离乡。陈世德目睹这些悲惨的情景，胸中充满了愤怒，萌发了反抗封建官僚势力的压迫、剥削和推翻黑暗社会不平等制度的念头。他发动村里的青年，组织建立"青年馆"（民间帮会组织)，并联合陈文光组建"乐崇馆"，以青年为骨干，领导全村渔民奋起抗盐捐，向反动县长王鸣亚和地方渔霸方永和、吴多堂展开反压迫、反剥削的斗争，将王鸣亚赶出莺歌海村。

1929 年，为了保存革命火种，共产党人陈忠、王国栋、林克泽等人潜伏到莺歌海一带活动。陈世德和陈文光领导的渔民抗捐斗争，引起了党组织的关注，陈忠等人就派中共党员李永才做陈世德等人的思想工作，把渔民抗盐捐斗争引导到党领导的反帝、反封建、反军阀的革命斗争上来。陈世德等人在陈忠、李永才等共产党人的引导下，走上革命的征途。1930 年夏，陈世德加入中国共产党。1931 年春，陈世德和陈文光按照党组织的指示，在莺歌海地区组织建立了一支游击队，陈文光任队长，陈世德任副队长。游击队成立不久，就抓到崖县国民党民团团长、奸商周德辉，并在陈垂斌的帮助下，罚了周德辉 800 块光洋，用以购买一批武器武装游击队。这事激怒了王鸣亚。一天夜里，王鸣亚派县大队长冯增全带兵到莺歌海与吴多堂、方永和的反动民团一起围攻游击队。游击队奋起反击，打退了敌人的进攻，打响了莺歌海地区武装斗争的第一枪。接着游击队在黄流、望楼港一带活动，有力地打击反动势力。

二、秦标村农民武装起义

陈王裕是崖县四区秦标村人，原是王鸣亚民团的一个中队长，拥有七八十支步枪。他曾和王鸣亚合作讨伐过崖县县长汤保芬这个大贪官，又联手对抗邓本殷的帮手陈凤起。在乐罗血战中，由于陈凤起的部队实力强悍，为了保命，王鸣亚命令兵丁拼死抵抗，然后又令陈王裕暗中保护他逃跑。陈王裕看到王鸣亚身为主将，却贪生怕死，临阵脱逃，不顾兵丁死活，便和王鸣亚分道扬镳，潜回秦标村，秘密组织自卫队，自卫队有100多人、几十支枪。1927年11月，陈王裕在陵水接触到陈垂斌，在陈垂斌的启发和教育下，表示愿意投靠共产党，走农民武装革命的道路。1928年1月，港门党支部书记吴秉明、保平党支部书记何绍尧奉命到球尾灶村同该村农民武装队长林吉祥（和陈王裕是表兄弟）联系，准备策划和配合陈王裕带兵起义。在布置起义工作时，由于不够周密，被奸细泄密给王鸣亚。2月，王鸣亚带领民团千余人到秦标村包围陈王裕中队，陈王裕被迫提前起义。他带领全中队士兵在秦标村发动全村群众挖战壕、建排寨共同抵御，多次打退王鸣亚民团的进攻，战斗相持1个月左右，后因弹药殆尽被迫撤退。陈王裕在撤退时因脚部受伤被捕，被押到崖州城，王鸣亚召开公审大会，以"叛军"、"共匪"分子之罪名将其杀害。

秦标村农民武装起义虽然没有成功，但它是共产党在崖西区较早组织和领导的农民武装起义，给王鸣亚反动统治以沉重打击。

三、莺歌海渔民游击队的武装斗争

中共莺歌海党支部成立后，1930年3月，支部书记林克泽根据琼崖特委成立地下游击队（不公开）搞武装斗争的指示，以本支部21名党员为骨干，组建了一支渔民游击队，陈文光、陈世德分别被任命为正副队长。成立之初，出于保密和便于开展活动，未对外公开这是共产党领导的革命队伍。由于缺乏枪支弹药，莺歌海游击队通过打击土豪劣绅、收缴敌人的武器来扩大武装。1931年的春节期间，国民党民团团长、奸商周德辉（时为海口市永成利酒行的大公子）乘坐轿子从黄流到莺歌海收账。林克泽决定让陈文光、陈世德、张奸赤、李一匡等化装成财税人员，伪造国民党县长王鸣亚的逮捕令，以走私漏税为由，把周德辉扣押并罚款 800 块光洋。周德辉请陈垂斌（周德辉系陈垂斌的学生）替他担保，陈垂斌从乐罗来到莺歌海后，同意林克泽的处理意见，周德辉交了800块光洋后被释放。莺歌海党支部有了这笔钱后，一边将钱用以购买武器，建立渔民游击队，一边加强军事训练，提高战斗力。渔民游击队由莺歌海党支部组织委员陈忠任军事教官，负责军事训练。早在 1926 年陈忠就加入中国共产党，早年在家乡文昌进行革命活动时，就在农民讲习所学习政治和军事，是文昌农民讲习所培养出来的土生土长的军事教官。他采用文昌农民讲习所编印的军事教材，对渔民游击队进行军事训练。渔民游击队的建立，引起反动势力的注意和恐慌。国民党崖县县长王鸣亚借周德辉被抓一事，欲消灭渔民游击队。一天夜里，他派大队长冯增全带兵到莺歌海搜捕共产党员，将陈文光家包围起来，陈文光、陈世德、李祖生、张妍赤等受困其中。林克泽当机立断，指挥李一匡、王忠志、刘福、俞贤儒等利用外围进攻以转移敌人注意力，李祖生乘势从屋顶跳下对准敌人射击，敌人受到内外夹击，乱了阵脚，被围困的其他同志趁机脱围。

这个时期，陵水地方军阀刘宗造和王鸣亚正好闹对立，刘宗造想收买并利用陈文光打击王鸣亚，就派秘书和 2 个士兵来莺歌海，秘书将刘宗造委任陈文光为大队长的"委任书"交给陈文光，并说同意为陈文光的游击队提供枪支、钱物、粮食。游击队多次按约定的时间、地点去领枪支、钱物、粮食，均落空。游击队怕计划有变，决定请示陵崖县委，县委指示不要上当。由于刘宗造不守信用，游击队便将其秘书带来的 2 支驳壳枪以"借"的名义缴下，用以武装自己的队伍。

1931 年 4 月，王鸣亚为了巩固统治地位，加紧勒索剥削，加重苛捐杂税，各地村民怨声载道。莺歌海党支部发动村民抗税，陈文光、陈世德带领渔民数百人向盐警队请愿减免盐税，借机冲进盐警队收缴盐警的6支枪。接着游击队在黄流抓了一名地主，逼他交枪。随着游击队的不断壮大，王鸣亚胆战心惊，誓要把共产党领导的游击队斩尽杀绝。同年6月，王鸣亚策划建立莺歌海民团，任命恶霸吴多堂为团长，方永和为副团长，企图打击以陈文光、陈世德为首的渔民游击队。反动民团抓不到陈文光和陈世德，便气急败坏地放火烧毁陈世德的家。为了惩办吴多堂的反动民团，林克泽带领游击队进行攻打，但没有抓到他。

同年秋，林克泽、陈文光、陈世德带领游击队在黄流一带活动。一天，抱由有钱有势的恶霸地主王那统到黄流看花灯会，被游击队抓住，要他交出10万块光洋和6支驳壳枪以武装游击队。王那统极其狡猾，假装答应给2万块光洋和2支驳壳枪，并故意拖时间。王鸣亚获悉王那统被抓的消息后，便派大队人马到黄流关公庙包围游击队。游击队奋力抵抗，趁夜冲出包围圈，敌人跟随着追来。游击队决定兵分两路撤走，一路由林克泽、陈名楹、吴秉明等带领撤往望楼港，他们不携带武器；另一路由陈文光、陈世德、陈忠带领，携带武器撤到佛罗、丹村，以尖峰岭山麓下的金鸡岭为立足点，继续开展游击活动。

四、望楼港战斗

1933年3月以后，即红五连成立不久，望楼港联络站就向崖西区委送去情报，情报提到崖县县长王鸣亚的一艘走私船停泊在望楼港附近的海边。崖西区委和红五连共同商定前往袭击。崖西区委书记林克泽和陈文光、陈世德等立即带领一排长陈子富等10多名战士前往望楼港，同驻在望楼港儋州村的三排长陈三哥等10多名战士会合，并肩作战，同时组织望楼港的革命群众配合。

驻守丹村的红五连指战员一大早便从丹村港根据地出发，于黄昏时分到达望楼港。红军战士们隐蔽在海边的渔民家里，等到太阳一落、海潮涨起时，望楼港战斗正式打响了。林克泽大喊一声："打!"陈文光、陈世德带领战士们迅速登上敌船，"缴枪不杀"的呼喊声震撼整个海湾，敌军乱作一团，来不及抵抗，便举手投降了。这场战斗我军只击毙1个反抗的敌人就宣告胜利，并缴获敌人铜炮6门、左轮枪2支、七九式步枪14支，还有四五十箱鸦片烟、光洋200多块及一批陶器。清点战利品后，林克泽向船上的官兵宣传共产党的政策："愿意参加红军的留下，不愿意参加的可以回家，每人可得到5块光洋作路费。"

望楼港战斗结束后，陈文光、陈世德带领红军第一排战士拉起船帆顺风回到丹村港，返回驻地金鸡岭根据地。红军三排战士返回望楼港附近村庄，继续打击当地的反动势力。望楼港战斗是红五连成立后取得的第一场胜利，它宣告了中国共产党是武装革命坚强的领导力量，表现了陵崖革命力量仍然在坚持斗争的信念，在政治上产生了较大影响。

五、丹村港反击战

望楼港战斗结束不久，在红军将缴获的王鸣亚走私船驶回丹村港的途中，被俘的莺歌海民团团长吴多堂的堂兄趁夜逃跑了，林克泽马上意识到这人一定会跑回莺歌海向吴多堂报告，所以要求战士们提高警惕，做好随时战斗的准备。

果然不出所料，这人连夜向莺歌海民团报告望楼港被袭击的事情。吴多堂得到报信后立即向王鸣亚报告，王鸣亚大发雷霆，马上请求陈汉光部队增援一个营的兵力，配合自己的一个连，连夜赶到丹村港，企图抓捕林克泽、陈文光、陈世德等人。天快亮时，红军发现敌人从四面包围了丹村港，陈文光、陈世德指挥全体战士，将船、人分为二组，严阵以待。当船渐渐靠岸，敌人冲上来时，红军立即集中火力射击，敌我双方对峙到下午3点多。在凤田岭根据地的红五连二排排长陈天贵接到丹村农民赤卫队的求援报告后，立即带领二排战士联合丹村农民赤卫队100多人手持步枪、火药枪、大刀等赶至丹村港海坡，向敌人背后发起猛烈进攻。红五连副连长陈世德见到援兵接应，马上带领战士跳下船，向岸上的敌人发起冲锋，把敌人打得落花流水、夺路逃命。我军在这场战斗中共毙伤敌人30多人，缴获了一批武器。

丹村港反击战虽然敌强我弱，但红军战士临危不惧，英勇善战，在当地群众的配合下，取得反击战的胜利。这是红五连成立后我军取得的第二场胜利，大振了红五连的军威。

第五节　红五连的成立

为了抵挡国民党军的"进剿"，有利于坚持长期斗争，1933年3月，中共陵崖县委决定，将从仲田岭苏区撤到崖西的红军与莺歌海地区的游击队合编，成立中国工农红军琼崖独立师崖西第五连。红五连在取得望楼港战斗、丹村港反击战胜利后，队伍不断发展壮大，国民党反动派对此十分恐慌，便重兵封锁了金鸡岭的出入通道，断绝了红军与外界的联系和物资的支持。红五连在与敌人周旋几个月后便陷入了极其艰难的岁月当中，不得不化整为零再次进行隐蔽斗争。红五连在乐东革命战争史上，乃至琼崖革命战争史上都具有较为重要的意义。

一、红五连在莺歌海成立

1932年7月，国民党陈汉光部对仲田岭根据地进行围剿，陵崖县委依靠山高林密的有利条件，与敌人周旋了一个多月，最后因敌强我弱被迫撤离苏区向崖西区转移。1933年3月，从仲田岭革命根据地转移来的陵崖县党政军干部和红军战士先后到达莺歌海地区。为了抵挡国民党军的"进剿"，有利于坚持长期斗争，中共陵崖县委决定，将从仲田岭苏区撤到崖西的红军与莺歌海地区的游击队合编，成立中国工农红军琼崖独立师崖西第五连，简称"红五连"。陈文光任连长，陈世德任副连长，林豪（林鸿蛟）任指导员。

红五连总共有100多人，主要由三部分力量组成：一是从仲田岭苏区撤来的43名红军；二是崖西莺歌海地区由陈文光、陈世德带领的40多名游击队员；三是地方进步力量望楼港陈三哥率领的10多人队伍。这100多人编成3个排，陈子富任一排长，陈天贵任二排长，陈三哥任三排长。驻地设在尖峰岭山麓下的金鸡岭。

红五连发出成立宣言，内容大意是：中国工农红军琼崖独立师崖西第五连正式成立。红军是穷人的子弟兵，为解放穷人而斗争。号召工人、农民、妇女、知识青年起来，积极参加红军。打倒帝国主义！打倒军阀陈汉光！打倒王鸣亚！反对军阀陈汉光和王鸣亚互相勾结进攻苏区；反对封建地主、贪官污吏、土豪劣绅的压迫；没收地主土地分给农民，反对资本主义剥削工人、农民；扩大红军队伍，巩固苏维埃政府。

该宣言被油印发到崖西地区各个党支部，由党支部散发各地，进一步扩大宣传与影响，红五连的活动范围扩大到莺歌海、黄流、望楼港、新坡村、丹村一带。

二、红五连的革命斗争

红五连在取得望楼港战斗、丹村港反击战胜利后，队伍不断发展壮大，国民党反动派为此十分恐慌，立即增兵加紧对红五连根据地金鸡岭进行"围剿"。1933年底，国民党陈汉光、陈廷辉部队在王鸣亚民团的配合下，对红五连根据地和红色村庄进行扫荡，镇压革命力量。敌人严密封锁金鸡岭的出入通道，企图隔绝红军与群众的联系，严控丹村一带物资的支持。与敌人周旋几个月后，红军战士除了身上一支枪和衣服外，再无他物，生活极其困难。战士们只好采野菜、挖山薯、摘野果、剥山芭蕉心等来充饥。战士们的衣服早被树枝、藤钩撕成破布碎块，只能采野葵叶、扒樟树皮，抽麻丝一针一线织成雨衣，以防雨御寒。他们住的是草棚与山洞，时值冬春交接，细雨蒙蒙、寒气凛冽，到处都是湿漉漉的，冷得睡不了，就用芭蕉叶当草席来睡，盖的也是芭蕉叶。由于饥寒交迫，长期缺少食盐，有些人浑身浮肿无力，有些人患上了疟疾。许多战士因饥饿、寒冷、疾病而牺牲了。然而，国民党反动军队的重重封锁阻止不了人民群众对红五连战士的支持和帮助，他们舍生忘死，冒着生命危险给红军送去粮食、药品。莺歌海商铺王恒记支援布料 20 匹；陈玉义药材铺献出祖传治疗刀枪伤、骨折秘方和治疗疟疾偏方，捐献一批痢母丸和十滴水；吴佑记、陈则安、陈祖秀等人的药店也纷纷支持药品。在艰苦的日子里，林克泽、陈文光、陈世德、林豪带领战士们始终保持坚定的革命信仰。大家相互关爱，互相支撑，共度艰难岁月。

1934 年春节后，中共崖县委书记张开泰和林诗耀、王国良同志到红五连驻地视察，同林克泽、陈文光、陈世德、林豪共同研究下一步打算。经过大家对当时形势的分析，总结了红军反"围剿"失败的教训，认为尖峰岭山峦重叠、森林密布，周围群众少，环境艰苦，在敌人占有绝对优势的情况下，我方的部队不能与敌人硬拼造成不必要的牺牲。为保存革命力量，决定化整为零，让我们的同志再次分散到各地待机重整旗鼓。同年 9 月，原从陵水来的 14 名红军跟一排长陈子富回六洞，重新在仲田一带开展游击战；另外 20 多人到感恩的新村租一个盐田当盐工。莺歌海、望楼港的同志由李祖生、李一匡带回莺歌海，在沿海一带开展游击战争。部队以职业掩护进行分散，陈文光到昌江县港门村做渔工，陈世德带着老婆春姑到感恩板桥镇做小买卖，陈忠留在佛罗一家药铺当伙计。张开泰、林诗耀、林豪也去了新村盐田。林克泽和张开泰的外甥□道住在新村坜渔民吴多湖家（吴清祥父母家），把一部分枪支埋在张光壁同志家里，一部分随身收藏。几个月过去后，由于林克泽无法与各地党组织、琼崖特委取得联系，个别人产生悲观失望思想，最后动摇了。在新村盐田做工的二排长陈天贵和一个班长带着 2 支盒子枪去琼海龙江镇自首了。陈文光卖掉了 2 支盒子枪，跑去南洋。从此以后，环境越来越恶劣。1935 年春，张开泰、林克泽、林豪、符山等商议后作出决定：由林诗运、王国良带领 20 多名红军战士返回仲田根据地打游击；由张开泰、林鸿蛟、林诗耀回琼山找特委；由林克泽、陈世德带领一部分红军继续留在新村坜同各县组织联系。

　　1935 年 8 月 1 日，中国共产党发表了《为抗日救国告全体同胞书》（即《八一宣言》），号召各党派和全国人民团结抗日。1936 年春，中共琼崖特委派林克泽到琼西南区各县传达贯彻《八一宣言》，发动各县组织武装力量抗日。1936 年夏，崖县派吴秉明、陈世德、陈人芬到昌江新街听取林克泽传达，回来后根据《八一宣言》精神开展宣传活动，在莺歌海、望楼港、球港等到地组织抗日读书会、抗日同志会和抗日宣传队宣传抗日。1936 年秋，琼崖特委指定刘秋菊、林茂松、陈世德、吴秉明负责崖县党组织的工作。为了加强抗日武装力量，由吴秉明、何绍瑶配合陈世德，做好恢复红五连的工作。从此，红五连改编为莺歌海抗日游击队。

三、红五连成立的意义

　　红五连是中国共产党在大革命进入低潮、白色恐怖笼罩琼崖大地时期，将与国民党反动力量在崖陵地区战斗后被迫撤离到莺歌海地区的琼崖工农红军，同莺歌海地区的游击队合编成立的。所以，红五连的建立最直接的作用是保存革命实力，让从仲田岭革命根据地转移来的陵崖县党政军干部和红军战士得到了一定的休整。同时，莺歌海是群众基础较为牢固的地区，早在 1931 年就成立莺歌海游击队。随后将琼崖工农红军和莺歌海地区的游击队合编成立的红五连，使莺歌海游击队由成立之初的 21 人发展到 100 多人。显然，成立红五连有利于壮大我军革命武装力量。红五连是自 1931 年春莺歌海党支部成立莺歌海游击队后，建立起来的又一支由中国共产党直接领导的革命武装力量，扩大了中国共产党在崖西区的政治影响力。红五连成立后就参加袭击望楼港战斗、丹村港反击战并相继告捷，削弱了国民党的地方势力，造成了国民党反动派的恐慌，在一定程度上震撼国民党在当地的统治基础。于是，国民党恼羞成怒，重兵对红五连根据地进行"围剿"，对红色村庄进行扫荡。在与外界失去联系、缺乏补给物资的情况下，红五连不仅勇于与敌斗，也与天斗，面对饥饿、寒冷、疾病等难题，毫无退缩，勇往直前，体现出中国工农红军视死如归的大无畏的革命精神和坚毅顽强的英雄本色。莺歌海这片红色革命热土，激励着无数莺歌海英雄儿女为了劳苦人民的解放走上革命的道路，献出了宝贵生命，为中国革命斗争谱写出可歌可泣的壮烈篇章。

第六节　"九一八"事变后的抗日救亡工作

在国共两党内战时期，日本侵略者制造"九一八"事变，向中国发动侵略战争，开始局部侵华，霸占东北三省并建立伪满洲国，实行殖民统治。由于国民党军队执行蒋介石的不抵抗政策，中国面临着严峻的民族危机。乐东境内掀起抗日救亡宣传的热潮，中共党组织得以恢复和发展。

一、掀起宣传《八一宣言》的热潮

1931 年"九一八"事变后，由于国民党军队执行蒋介石的不抵抗政策，日本帝国主义侵占了中国东北三省并建立伪满洲国，中华民族面临着严峻的危机。1935 年 8 月 1 日，中国共产党驻共产国际代表团根据国内外政治形势的变化，以及共产国际第七次代表大会关于建立世界反法西斯同盟的政策，以中共中央和中华苏维埃中央政府的名义发表《为抗日救国告全体同胞书》，史称《八一宣言》。

《八一宣言》分析了"九一八"事变后的国内政治形势，深刻揭露日本帝国主义对华北的侵略及企图灭亡中国的野心，痛斥国民党的不抵抗政策；指出中华民族正处在生死存亡的危急关头，"抗日则生，不抗日则死，抗日救国，已成为每个同胞的神圣天职"；号召全中国人民动员起来，停止内战，一致抗日；提出中国共产党当前的政治主张是组织国防政府和抗日联军，提出十条方针作为国防政府的施政纲领。

1935 年冬，中共琼崖特委通过各种渠道向全琼各地传达党的政治主张，号召人民有钱出钱、有力出力，鼎力支持抗日救亡。1936 年 5 月，林克泽受中共琼崖特委委派到儋县、感恩、昌江等县传达贯彻《八一宣言》，要求各县党组织利用各种合法团体和身份，开展抗日救亡宣传，反对内战，一致抗日。林克泽在昌江县新街镇传达《八一宣言》时，崖县党组织也派吴秉明、陈世德以及时任莺歌海党支部书记的陈人芬等参加。崖西地区党组织积极领导和宣传抗日工作，组织成立抗日宣传队、抗日读书会、抗日同志会，通过印发救国口号和漫画、张贴墙报等进行宣传，乐罗、望楼港、球尾灶、莺歌海等地迅速掀起抗日救亡宣传的热潮。

二、恢复、发展党组织和开展农会工作

1936年夏秋之间，琼崖特委派刘秋菊、林茂松到琼崖西南临委任委员，负责陵崖方面恢复党组织和开展武装斗争的工作。同年冬，刘秋菊、林茂松避开敌人警戒森严的岗哨，经莺歌海由陈世德带到保平村找到吴秉明、何绍尧、何赤等共产党员。大家商议选择以面海背山，有回旋余地的角头村为据点，指导崖城、港门、保平恢复和发展党组织，开展农会工作。在崖县县立第一高等小学、县立第五高等小学成立了读报会，各村组织打猎会、兄弟互助会。在梅山，刘秋菊、林茂松会同党员陈英才、黎茂萱、何赤等发动进步青年孙维青、黎光宗、孙有华、陈虞、孙毓雄等人，通过办夜校学政治、学文化，宣传抗日救国的真理，抗日救亡宣传活动不断深入。

同年9月，陈世德、陈人芬、李一匡、俞贤儒等人在望楼港、球港、莺歌海等地组织抗日读书会、抗日同志会、抗日宣传队等，向群众宣传共产党抗日救亡的政治主张，宣传共产党的抗日民族统一战线政策，扩大共产党在社会各阶层中的影响，乐东境内兴起了抗日救亡的热潮，同时开展农会工作。

经过10年的土地革命战争时期，崖西军民在中国共产党的领导下，几经周折，终于战胜了重重困难，保存了革命骨干。1937年卢沟桥事变爆发，实现了由国内革命战争到民族解放战争的历史转变，迎来全民族抗日的新时期。

第三章　全面抗日战争时期

（1937—1945 年）

"九一八"事变暴露了日本侵占中国的野心，日本侵略者亡我之心未改。1937 年"七七"事变爆发，标志着日本帝国主义侵华战争的全面开始，也是中华民族进行全面抗战的起点。日军占领乐东后，推行"三光"政策，肆意屠杀百姓，乐东人民遭受史上最为惨重的浩劫和摧残。乐东人民在中共琼崖特委和中共琼崖西南临委及中共崖县委、中共昌感崖联合县委的领导下建立起抗日民族统一战线，在艰苦卓绝的抗日斗争中建立起黑眉抗日根据地和沿海平原游击区，开展游击战争，战胜了比自己强大的日本侵略军。乐东人民为抗战付出了巨大的代价，作出了重大牺牲。据不完全统计，战争中乐东军民伤亡 4000 多人，其中烈士 100 多人，财物、房屋、农田和自然资源遭受的破坏和掠夺更是无法统计。

第一节　乐东抗日救亡运动高涨

"七七"事变后，崖西地区各界掀起抗日救亡的热潮，恢复与发展地方党组织，开辟以黑眉地区为中心的抗日根据地，发动人民群众进行抗日活动，建立抗日游击队，建立抗日民主政权。

一、掀起抗日救亡运动的热潮

1937 年 7 月 7 日，日军挑起"七七"事变后，在全国引起强烈反响。第二天，中国共产党中央委员会通电全国，呼吁："全中国的同胞们！平津危急！华北危急！中华民族危急！只有全民族实行抗战，才是我们的出路！"崖西地区党组织根据上级有关指示精神，发动和组织党员、团员和党的外围骨干分子到学校、城镇、农村中去，深入开展抗日宣传工作。李大和、陈世德等受中共琼崖西南临委委员刘秋菊和林茂松指示，积极奔走于望楼港、球尾灶、莺歌海等地，宣传发动群众进行抗日。9 月，李大和、陈世德等人发起成立莺歌海抗日救亡会，以莺歌海四高小学为阵地，由进步青年张开芳任主任，郑文泽负责组织工作。同时，李大和、陈世德组织何如愚、陈侃、刘城堂、吴多坤、张开芳等人成立抗日救亡宣传队，深入新村、香山村、老孔村、丹村、球尾灶村、望楼港等村庄散发党的《抗日救国十大纲领》《新华日报》等抗日书报传单，张贴抗日标语、漫画，开办夜校识字班，教唱《国际歌》《大刀进行曲》《游击队之歌》《义勇军进行曲》等革命歌曲，开展声势浩大、轰轰烈烈的抗日救亡运动，动员广大渔民和农民积极参加到抗日救亡的队伍中来。李大和、陈世德还和从崖城过来的陈英才、林庆墀等人以及从昌感来的史丹等人在黄流会合，布置抗日宣传工作。1937 年底，随着抗日救亡运动的不断深入，各种抗日救亡团体在崖西各地得到建立与发展。莺歌海周边的香山村、新村、新丰村、望楼港等相继成立青抗会、妇救会、渔民抗敌同志会、农民抗敌同志会、抗日后援会等抗日群众团体。1938 年初，陈国风受中共崖县委的派遣回家乡乐罗村领导开展抗日救亡宣传工作，他找林吉进、林吉典、林志超、林志兴等人成立青年抗日救国会、抗日读书会，采用漫画、土歌、文艺刊物、读书会等形式对群众进行抗日救国的宣传教育，促进崖四区各村庄的抗日救亡运动蓬勃发展。1938年底，张应桓和王康宁等人受中共琼崖西南临委委派到黎族地区黑眉开展抗日救亡活动，为黑眉后来成为抗日根据地打下基础。

至此，乐东抗日宣传队的活动范围从莺歌海、佛罗、黄流、乐罗等沿海地区扩大到黑眉等山区，宣传队到哪里，哪里就成立青抗会、妇救会等抗日团体，从而掀起了抗日救亡运动的高潮。

二、党组织工作恢复和发展

在土地革命战争时期，崖县地方党组织遭到敌人严重摧残而解体。1938年春，根据中共中央关于抗日民族统一战线的策略方针和琼崖特委关于"必须积极做好抗日准备工作"的指示，刘秋菊、林茂松召集陈世德、陈国风等10多人在水南高山村附近的陈英才家的山兰园召开党的工作会议，史称"高山会议"。高山会议部署发展党员、扩大党组织等3项工作，使崖县各级党组织得到迅速恢复和发展，成为全县人民进行抗日斗争的核心力量。

1939年3月，中共崖县委书记叶云夫到莺歌海，联系陈世德、李大和等人研究开展抗日宣传活动，恢复莺歌海党支部，陈道平任支部书记，何如愚任组织委员，王良史任宣传委员。同年4月，成立中共崖县四区工委，陈国风任区工委书记，林吉进任宣传委员，陈亲芬任组织委员（后叛党投敌）。区工委具体分工：陈国风负责乐罗、望楼等村工作，林吉进负责球港、望楼港、老郑村等村工作，陈亲芬负责抱旺、镜湖等村工作。1939年11月，乐罗村党支部在乐罗村陈氏二甲祠堂成立，陈明纲任支部书记。1940年春，球尾灶村党支部成立，林吉进任支部书记。1940年4月，为适应崖四区抗日斗争形势的发展，崖四区工委改为中共崖四区委,陈国风任区委书记,陈明纲、颜斌、林吉进任区委委员。同年秋,成立抱岁村党支部,郑邦炯任支部书记。1940年9月,经崖县委同意建立中共崖五区委,符国拔任区委书记,委员有陈道平、王良史、何施仁等。1940年10月,红水沟村党支部成立,这是黑眉地区最早的党支部,邢诒章任支部书记。同年12月,崖县委派孙有华、陈虞到罗马村开展抗日救亡工作,建立罗马村党支部,纪学明任党支部书记。1941年3月,成立黑眉村党支部,麦华清任支部书记,组织委员为麦亚恳,武装委员为方玉雄。1941年5月,建立望楼港村党支部,何庆安任支部书记。同月,建立新兴党支部,吴道南任支部书记。1941年7月,恢复和建立丹村党支部,同时发展石雄飞、谢上卿、温家林、温洪、麦建东、陈俊、陈运昌、陈清魁、曾学江等同志入党,石雄飞任党支部书记,温家林、谢上卿任支部委员。同年10月,建立新丰村党支部,邢福史任党支部书记,周东豪负责组织工作,邢谷伍负责宣传工作。1943年5月,在崖县东部地区与陵水县及保亭县、乐东县的边区成立陵崖保乐边区工委。同年12月,正式成立边区党委,书记为林诗耀(林木光),副书记为张开泰,委员为王浩、林泉。

崖西地区各乡村党支部的相继建立和党员人数的不断发展,有力地加强了党对崖西的抗日斗争的领导。中共崖县委在恢复发展各级组织、发展新党员的同时,注重在广大人民群众中组织成立抗日救亡群众团体,发挥各群众团体在抗战中的作用。全面抗日初期,崖县很多城镇乡村都相继建立抗日后援会、青抗会、妇救会、少年儿童团等抗日团体,这些群众组织在中国共产党的领导下,成为抗日的强大力量,有力地配合崖县各地抗日活动的开展。

三、抗日游击队相继成立

全国抗战爆发后，中共琼崖特委根据中共中央制定的抗日民族统一战线政策，从民族利益出发，主动致函国民党琼崖当局，提议琼崖国共双方派代表谈判合作抗日。在全琼人民抗日救亡呼声的压力和全国抗日形势的推动下，国民党当局同意举行琼崖国共谈判。从1937年8月至1938年10月22日，在府城进行了4轮谈判，最终于1938年10月22日达成合作抗日的协议，琼崖抗日民族统一战线随之形成，对琼崖抗日战争的开展起了决定性的作用。

琼崖国共两党达成合作抗日的协议，对形成抗日民族统一战线打开新局。崖西地区爱国志士的抗日热情空前高涨，他们不分日夜地进行宣传，发动群众捐钱捐物，动员青年参军参战，组织成立抗日武装队伍。莺歌海的爱国志士陈俊士组织成立一支以青年渔民为主的30多人抗日武装队伍。不久，陈俊士因赴广州任职，便将抗日武装队伍移交给陈世德、李大和。这支抗日武装队伍得到村里青年的支持，在2个多月的时间里迅速发展到近100人，成为莺歌海地区重要抗日力量。国民党崖县县长何定之（文昌人）以崖县县府之名组织成立崖县抗日游击大队，设立崖县抗日游击指挥部，何定之兼任总指挥，副总指挥由陈曼夫（老孔村人，国民党员）担任，刘镛（黄流墟人，国民党员）任政治部主任，副主任梁应标（莺歌海村人，国民党员），秘书颜绍禹（乐罗村人），参谋邢通才（新丰村人）、邢仲经（新丰村人）。

陈曼夫是一位颇有盛名的爱国人士，在民族危亡之际，以国家民族利益为重，在脱离王鸣亚的领导后，依然以国民党员及崖县五区抗日指挥的身份，联合陈世德等共产党员抗日。在中共崖县委的支持和宣传发动下，陈曼夫在东孔村筹集步枪几十支和短枪7支（其中7支短枪是其亲叔父的、14 支长枪是自家的），组成一支抗日游击队，营部驻地设在响水。在军饷严重不足的情况下，他典当家里的财产，动员商家富户捐款集资，捐粮捐物供养队伍。陈曼夫的游击队在黄流、莺歌海、佛罗一带活动，并联合共产党领导的抗日游击队打击日军，铲除汉奸。至此，乐东抗日民族统一战线正式形成，并不断巩固和发展，为乐东全面抗战初期的斗争发挥了重要作用。

第二节　日军侵略乐东的罪行

乐东全境沦陷后，日军所到之处，实行"三光"政策，杀人放火、奸淫掳掠，无恶不作，企图通过恐怖手段、血腥屠杀，摧毁民众的抗日意志。乐东人民遭受前所未有的浩劫，日军在乐东疯狂掠夺资源，推行奴化教育，犯下的滔天罪行罄竹难书。

一、日军大举侵琼和乐东全境沦陷

日本侵略者侵占中国华北、华东的广大地区后，计划进犯东南亚与中国的西南，因此琼崖的地理位置显得极为重要。在 1939 年 1 月 13 日召开的御前会议上，日本作出了侵占海南岛的决定。1939 年 2 月 8 日，按计划输送陆军的日本海军船队在海军护卫舰队的掩护下向澄迈湾出击。2 月 9 日 22 时，日军到达澄迈湾，把海口天尾港村（今镇海村）至荣山寮村之间附近海域的渔业生产设施全部清除掉，大举侵琼的准备工作就绪。2 月 10 日凌晨，在日本海军第五舰队 30 余艘舰艇护卫和 50 余架飞机的掩护配合下，日军第二十一军司令官安藤利吉中将指挥 3000 多人（旅团长饭田祥二郎少将，步兵第一、第二联队，山炮联队），向海口西北角天尾港至荣山寮一带海岸强行登陆。驻天尾港国民党保安第十五团二营长侯伯明率部阻击，但因敌众我寡、装备悬殊，侯伯明部最终撤出战斗。日军登陆天尾港后，兵分左右两路向海口、府城进犯。从左翼沿海岸线向海口进攻的是日军步兵第二联队，驻守的国民党保安第十五团第三营和海口政警队一个连奋起抵抗。从右路沿陆路向府城进攻的是日军步兵第一联队，在甘蔗园驻守的国民党保安第十一团第二营营长王武华及旅部直属队官兵英勇顽强地抵抗。但因我方军队装备差、兵力太少，日军兵力众多、装备精良又有飞机掩护，海口、府城两地一天内相继沦陷。日军指挥官决定提前进犯榆林、三亚，妄图尽快攻占全琼，掠夺琼崖资源。2月13日0时，日本海军第五舰队载着佐世保海军陆战队3个大队约2550人，从雷州半岛深尾湾出动，于14日拂晓登陆三亚港。驻守榆林、三亚的国民党壮丁常备队王醒亚部和三亚警察中队开炮狙击，但因日军炮火猛烈，兵力悬殊，三亚警察中队及壮丁常备队伤亡惨重，榆林、三亚沦陷。

接着，日军兵分两路进犯，其中一路是向西南的崖西地区（崖县的四区、五区，今乐东九所、利国、黄流、莺歌海等地）推进。1939年6月29日夜，日军出动海军陆战队三亚第四派遣队50多人突袭九所墟。6月30日，日军出动70多人从崖城向黄流进犯，在九所至黄流路段的木头园村一带，遭到陈世德、李大和带领的莺歌海游击队和崖西国民党抗日武装以及民间自发的抗日义士、群众的联合伏击，日军受挫，遭受重创后龟缩回九所据点。7月3日，日军在海军的配合下重新从崖城、九所派重兵，攻占黄流镇。接着，又杀气腾腾地举兵向西推进，占领莺歌海、佛罗、岭头等沿海村庄。同年秋末，日军出动重兵在飞机、大炮的配合下，大举向乐东的少数民族山区进犯。在占领了千家、福报等地后，1940年初，又占领乐安城（今农科所），接着占领大安、志仲、万冲等黎族集居地，并在各村庄建造炮楼。至此，乐东全境沦陷。

二、日军在乐东犯下的滔天罪行

1939 年 6 月 29 日，日军江波户骑兵部队攻占了九所村，并设据点。日军所到之处无恶不作，见牛牵牛、见猪杀猪、见鸡抓鸡，见人抓人甚至杀害。大定村（今坡仔村）的乡绅吴启光和九所村的王泽辉在返乡途中遇上日军，日军不问黑白地将吴启光打死，又将王泽辉抓回九所据点活埋。被日军打死的还有许多人。日军经常抓乡民服劳役，十所村的何天佑、孟章保、孟瑞恩以及九所村的梁金钟、周家达等人被日军抓到石碌铁矿做苦工，后来因患疟疾，被日军抛进火中活活烧死。日军还拆毁民房 100 多间。1940 年 4 月某日，日军侵犯黎族群众居住的龙浩等村，用飞机炸死抱荀村村民 3 人，2 人被抓到九所后杀死，7 名妇女被日军轮奸。日机还炸毁老陈田村的民房几十间，炸死群众数十人。

1939 年 6 月 30 日，日军江波户队在黄流新荣木头园村遭到国共两党游击队的伏击。7 月 3 日，日军重新调集驻三亚、崖城的兵力联合九所驻军，派骑兵对木头园村进行报复，将孙元凤母亲等 18 位男女老弱，用衣布缠住眼睛，然后用枪刺刀捅下井里埋掉。1939 年 7 月 4 日，日军在镇远村制造"5·18"惨案，65 户约 308 人的镇远村，被杀害了许多村民。1940 年初，日军开始在黄流白极坡修建南进机场（又称十三基地），占地 5400 多亩（1 亩 ≈ 666.67 平方米），分 2 批共拆掉木头园、新英、怀卷、赤龙、铺村、多能、田桃、海棠、扒狸、起火灶等 31 个村庄，拆毁房屋住宅 4700 多间，毁坏农田 4600 多亩。多名民工在刺刀监视、皮鞭抽打下被迫充当修建机场的苦力，有些民工积劳成疾，死在工地上。同年 12 月，日军以"追剿"游击队为名，进入赤龙村大肆抢劫群众钱物，杀害陈和表、陈和璧等 10 多位村民。1940 年 1 月 10 日夜，日军包围镇远村，将刘义荣一家四口全部杀死。1941 年，日军对黄流地区进行大屠杀，先后在黄流宪兵司令部杀害或活埋抗日志士、进步青年和无辜群众共 150 多人。据统计，日本侵略者在黄流镇 6 年间，制造的大惨案有 3 起，杀死、活埋黄流群众 350 多人，强奸妇女 100 多人（次），拆毁村庄 24 个、街道 10 条、砖瓦房 3450 多间、楼房 450 多间，毁坏农田 5340 多亩，抢劫财物、家畜等难以计算。

1940 年 2 月 6 日，江波户余部 200 多人进犯乐罗村。2 月 18 日夜晚，日军就把乐罗村围得水泄不通，在村里 4 个大路口架着机枪，当晚杀死颜国洲、陈德文、周大章、周春光、赵才庆、陈元献、陈应生、吴明城、潘振伟、颜德英（孕妇）、陈玉鸳、颜庆豪、周庆善、徐开瑞父、陈开茂母、陈永宁、蔡启鉴、陈作豪、陈作秀等 195 位村民。拂晓，又将陈印章的铺楼和颜任明、颜启训、颜绍笔、颜庆养等 40 多家的民房纵火烧毁，制造了骇人听闻的乐罗村惨案。在乐罗村，日军除了杀人、放火、抢劫民财，还兽性狂发，奸污妇女。年仅 13 岁的少女不幸落入日军的魔爪，惨无人道的日军竟在众目睽睽之下将其轮奸，致使其鲜血横流而死。甚至连六七十岁的老妇，也遭强暴。若发现姿容姣好的青年妇女，就抓去充当"慰安妇"，供日军玩弄蹂躏。日军还拆毁了崖县第二高级小学的神山庙、文昌阁、书院等大型古建筑物。

1940 年 5 月 31 日，佛罗据点的日军为加强同各路日军的联系，急需树木作电线杆架通电话线，限令响土村村民 7 天内缴 50 多条优质木料电杆。响土村全村男女老幼忙着出海打鱼，无法上山砍运树木，日军以"抗缴皇军电杆、抗缴捐税"为由，到海边抓人。正在拉网来不及逃走的郭秋福等 18 位渔民被日军抓住，押往佛罗据点（在途经丹村公庙时，郭秋福假装肚痛尿急，巧解身上绑绳逃脱）。6 月 1 日上午，日军将潘生利父子、潘驳才兄弟、林龙庆、林照书等 15 位（林朝栋、潘光尤趁机逃生）无辜渔民蒙住眼睛，绑住手脚，踢进坑内活埋。1942 年六七月间的一天，日军将患流感的劳工捆绑活埋时，竟将旁观的年仅 8 岁的放牛娃一起活埋。这次被无辜活埋的劳工共 6 人。

日军侵占乐东期间，先后派遣飞机对志仲地区的村庄民房进行狂轰滥炸，共炸毁南木、道教、好球、抱串等 8 个村庄，炸毁民房 300多间，炸死群众 10 多人。1941 年 4 月的一天上午，日军数架飞机轰炸道教村和好球村，李亚崖母子被炸身亡。2 个村庄 120 多户的农宅、猪栏、牛舍被炸，连成火海，烧成灰烬，近千人无家可归。同年 6 月的一天，好球村村民李亚民的妻子和儿子被日机炸死，几天后，日军又将李亚民杀死示众。1942 年农历四月的一天上午，道德村黄亚建的 13岁胞妹到德民溪洗衣服，途中被一名日军汽车兵抓住，日军将她拖进路边酸梅豆树下强奸后又活活掐死。同年 9 月的一个傍晚，志仲据点数十名日军"围剿"抗日游击队未果，用机枪将李亚董和女儿李亚乐、妻弟邢色开 3 人杀死。1943 年 10 月的一天，龙林村村民黄亚余因被日军怀疑与国民党游击队有联系而遭到抓捕，日军将他押解到志仲据点，严刑拷打，打得他皮开肉绽，后因他没有招认，将其当众枪毙。

日军在侵略乐东期间，制造了多起血案惨案，大规模屠杀中国共产党员、革命群众和无辜民众。

1942 年秋，中共崖县委组织部部长李大和受县委委派，带领一支抗日游击队潜入黄流、莺歌海、佛罗等地发动群众募捐，开展抗日救国斗争，建立民主政权。1943 年 2 月 7 日，莺歌海、新村、新兴、老孔、福塘、田头等地抗日游击队和青年抗日救国会负责人，于夜晚 11 时来到新丰村革命堡垒户周东豪家汇报募捐、建立民主政权和抗日活动情况，第二天凌晨 1 时汇报工作结束。时值过年，他们受邀请到村民张凤母家当"年客"，李大和带领全体工作队员到她家宿营。由于奸细告密，于凌晨 4 时被驻佛罗、莺歌海的日军分遣队包围。李大和指挥奋力抵抗，但由于日军火力猛烈，茅屋土壁无法遮挡，日军将茅屋烧毁，李大和、郑文泽、王良史、李运均、吴道南、何庆光、史进才、孙泰志、陈春养、王宇端、蔡逢星等 11 位抗日英雄壮烈牺牲。这就是骇人听闻的新丰村血案。1944 年 6 月 12 日凌晨，驻黄流、佛罗、岭头日军出动 500 多名兵力，在汉奸陈亚黄的带路下，扫荡红湖抗日民主根据地，将红水沟、葫芦门、眉架、老李落、新村重重包围。日军对来不及逃走的村民严刑拷打，用军刀砍头、割掉膀胱、挖出眼睛，并倒吊树上示众等。红水沟、新村、眉架、老李落等村庄 15 名村民宁死不屈，不愿供出共产党机关住址，被日军视为中共地下人员，日军用轻机枪将他们扫射杀害。这次日军制造的尖峰红湖惨案，共杀害无辜民众 221 人，烧毁民房 340 多间，猪、牛、羊、粮食等财物被劫一空。

1939 年 10 月 18 日，日军从黄流、佛罗 2 个据点纠集 40 多名兵力将莺歌海包围，企图扫荡在莺歌海地区活动的抗日游击中队，但游击中队已撤走，日军恼羞成怒，就报复村民，杀死无辜渔民 17 人。村民王何真被日军用枪托砸开脑袋，脑浆四溅；王亚充被投入火中活活烧死；俞诗和被刺刀捅死抛尸海中……这就是日军在莺歌海村制造的骇人听闻的莺歌海村"10·18"惨案。除了杀人，日军还放火烧村，烧毁民房 500 多间。

1940 年农历五月初十，对抱由保定村村民来说是噩梦降临：日军飞机连续 3 次低空盘旋侦察后投下 8 枚炸弹，将全村 100 多户房屋和谷仓烧毁，并用机枪扫射。幸好那天是黎族传统的播种山兰的吉日，多数村民不在家里，减少了人员伤亡（1 人被炸死、3 人被炸伤），但被炸死的牛、羊、猪、鸡、鹅、鸭等不计其数。时隔数月，也就在 1941 年农历正月二十，日军 4 架飞机再次轰炸保定村，共投下 12 枚重型炸弹，炸塌了全部民房，烧毁了大片森林。经过 2 次轰炸后的保定村变成一片废墟，1000 多名村民因粮食被烧光无法生活而四处逃荒。日军飞机轰炸保定村事件是日本帝国主义侵略中国实行灭绝人类罪行的活见证。

自 1940 年初，日军为修建南进机场，拆毁多能、田桃、海棠、放狸、广园、老尖、新安、赤龙、新丹、羊上、球尾灶、秦标、槐脚、怀卷、老邢园等 30 多个村庄 4700 多间民房。赤龙村的杨转利夫妻、黎才碧、陈和表、陈和壁和槐脚村的吴祥祯因人少力薄，无法按时搬走，被日军惨杀分尸。日军到处抓捕民众当劳工，不论是炎热的夏天还是寒风刺骨的冬夜，3000 多名民工夜以继日地干，吃不饱、穿不暖，加之病魔缠身，120 多人死在工地上，40 多人患病被日军以抗工罪活活烧死，不少劳工被日军诬加罪名而用木棍活活打死。日军经常进村，以"通共"、破坏机场为名，乱杀无辜，削鼻梁、断头颅并抛井里，手段极其残忍。

从 1939 至 1944 年，日军在乐东共杀害爱国志士和无辜民众 1970 多人，强奸妇女（含老妇）7560 多人（次），烧毁、拆毁 252 个村庄 8690 多间民屋，造成流离失所、无地耕作、无家可归的民众达 26500 多人。黄东小学南侧的"黄流千人坟"，是 1946 年由邢诒壮等死难者家属发动社会募捐、集资筑成的，收葬的仅是在黄流村附近日军屠场殉难者残骸，竟有上千具。

此外，日军设立"慰安所"，以"战地后勤服务"等名义，诱骗、威逼或强迫沿海沦陷区、台湾和琼崖各地年轻妇女，以及朝鲜、菲律宾和日本妇女充当"慰安妇"。仅在黄流就开设 2 处"慰安所"，"第一乐园"有"慰安妇"5 人，专供空军军官玩乐；"第二乐园"有"慰安妇"16 人，供空军士兵"享用"。"乐园"有岗哨日夜看守，"慰安妇"完全失去人身自由，任凭日军轮班玩弄取乐。有时因生理原因或因病不能满足他们的兽欲，就遭殴打、侮辱与折磨。此外，日军还经常进村抓人充当"慰安妇"。1943 年 12 月，被关押在日驻军"慰安所"里的 15 个"慰安妇"都是从附近村庄抓来的妇女，其中 12 个是黎族妇女、3 个是汉族妇女，年龄在 19 岁至 25 岁，她们遭受日军的侮辱、蹂躏，有些因受不了摧残而自杀或发疯。

三、日军疯狂掠夺资源和推行奴化教育

日军在乐东除了疯狂掠夺资源，还推行奴化教育。日军侵琼后，加紧掠夺海南的森林和铁矿等资源。1939 年，日军修建石碌铁矿经黄流到安游的铁路，这一铁路成了盗运海南资源的专线。日军发现莺歌海适宜建立大型盐场后，指定三井洋行主持成立盐业株式会社开建莺歌海盐场，于 1942 年动工，至 1945 年 3 月因战败停工。日本侵略者还在 1939 年至 1940 年初期间在乐东境内设立三井、南洋、三菱、南国等 10 多家公司，霸占乐东人民数千亩良田和矿产，强制群众进行开采、种植、搬运等劳动，产品被日军外运走。据统计，全面抗战时期，日军霸占乐东土地 15000 多亩，掠夺粮食 100 多万斤（1 斤＝500 克），抢夺家畜家禽 5 万多只（头），强征银元 200 多万元，其他财物不计其数。

日本侵略者推行"以华制华，以战养战"政策。他们扶植汉奸为他们奴役、为屠杀中国人效劳，以中国的资源物资作为他们侵略中国的给养。1940年，日军在黄流设立日语学校（校址在今黄流中心小学），中村宫太郎为校长，这是个杀人不见血的刽子手。日本侵略者为让中国青少年充当侵略工具，强迫10岁至12岁儿童入学，向青少年学生灌输所谓"大东亚共存共荣""中日亲善"等政策，进行奴化教育。日本侵略者还在九所等地设立日语学校，进行奴化教育。

日军占领乐东后，实行血腥统治，肆意杀人放火、奸淫妇女，制造了一系列屠杀惨案，给乐东人民带来深重的灾难。血腥的镇压，不但没有吓倒乐东人民，反而激起了广大人民抗击日本侵略者的勇气和决心，在琼崖特委、崖县委的领导下，乐东各地各级党组织积极建立抗日根据地，发展抗日武装力量，广泛开展抗日游击战争，打击日军。

第三节　建立抗日根据地

日军为了封锁和控制崖西地区，实行法西斯统治，占领了崖西地区各镇墟之间相连的交通要道，在黄流设立日军宪兵司令部，在九所、乐罗、莺歌海、佛罗、岭头等镇墟建炮楼设据点，派驻分遣队。1939年2月14日，日军占领三亚、榆林及崖县县府崖城后，中共崖县委根据琼崖特委发出的《中共中央书记处对琼崖工作的指示》精神，在广大乡村、镇墟和敌后敌人薄弱的地区广泛开展抗日游击战争，建立抗日根据地。1939年春至1940年秋，建立望楼港、球尾灶村、莺歌海、丹村、岭头等村沿海平原游击区和梅山抗日根据地、黑眉抗日根据地，发挥少年儿童团作用，恢复和发展红色交通线。

一、建立梅山抗日根据地

梅山地区地处崖县中部，是崖县县府通往西部黄流、莺歌海、佛罗、昌感地区的必经之地和重要的交通枢纽。今九所、乐罗、利国和莺歌海、黄流、佛罗、土伦、响水等村庄分别属于当时崖县所管辖的四区和五区。梅山地区面向浩瀚的南海，背靠连绵的青山，山高林密、地形复杂，是适于持久抗战、开展游击战争的好地方。1936年，中共西南临委派刘秋菊、林茂松来崖县开展恢复党建工作。黎茂萱、何赤均的丈母娘家均在梅山，他俩借女婿的身份在梅山配合刘秋菊开展党组织恢复工作，发展党员。1939年初，随着抗日形势的发展变化，中共崖县委移驻梅山，以梅山为中心，建立抗日游击根据地，领导全县人民坚持持久的敌后抗日游击战争。梅山根据地的范围曾扩大到崖一、崖四及崖五区，与黑眉抗日根据地、沿海平原游击区形成掎角之势，有力地推动崖县的抗日斗争迅猛发展。日军侵占崖县后，中共崖县委根据琼崖特委关于发展人民抗日武装、开展敌后游击战争的指示精神，分别派出党员骨干分子到梅山、莺歌海等地组织和壮大崖县各地的抗日武装队伍，开展游击战，发动人民群众捐献，抗击日本侵略者。同年冬，孙珠江、孙维青等人按照县委的指示，以梅山地区的共产党员和各村青抗会骨干为核心，组建一支抗日游击队，孙珠江负责军事，孙维青负责政治，孙惠公负责宣传，孙有珍负责后勤。他们还到梅东或派人深入东盐灶、中灶等村庄收集长短枪20多支，梅东的孙毓滋、孙文洪等人也献出数支短枪。吴秉明在保港地区发动进步爱国青年组建起一支30多人的抗日游击队，吴秉明任队长。崖县委根据抗日形势的发展要求作出指示，整编这两支队伍，大大地加强了作战力量。1940年春，吴秉明根据崖县委指示将游击队带入抱善联合国民党地方游击队共同抗日。

二、建立黑眉抗日根据地

黑眉山区位于尖峰岭西面的老抱岭脚下，这里地形复杂、峰峦叠嶂，森林茂密，三面环山，一面临海（南海），背靠黑岭，左连抱帽岭、马鞍岭，右接温公山、田仲岭。主要河流有南港河、沟盘业溪、黑眉溪和岭头北边溪等。老抱岭下有黑眉、沟盘业（今新村仔）、内冲3个村庄。通往黑眉村仅有一条崎岖的山路，出入口处两旁分别有一块大石，像一扇敞开的大门，形成一道天然屏障，是一个创建根据地、打游击战的好地方。早在1936年，陈忠受党组织的指派，以补犁头补锅工匠等身份，进入黑眉地区开展革命活动，结交了一批黎族"奥雅"。1937年初，陈忠再次受党组织派遣到尖峰岭地区的黑眉、凤田、翁田、翁公头、老孙园、多园豆等村开展抗日宣传活动。他和黎族同胞同吃同住，经过大半年的宣传发动，黎族群众的革命觉悟得到了提高。翁公头的峒长陈五爹、老孙园的峒长陈人庄、多园豆村峒长李有五等在陈忠的帮助和教育下，革命觉悟很快得到提高，在后来共产党创建的以黑眉山区为中心的抗日根据地中发挥了重要作用。

1939年冬，在陈忠的接应下，莺歌海抗日游击中队领导人陈世德、李大和及丹村抗日游击队的领导人王伯率领2支游击队伍向黑眉山区挺进，开始创建黑眉抗日根据地。工作组进入黑眉地区各村庄，向黎族同胞宣传党的民族统一战线的主张，揭露日军在占领区实行杀光、烧光、抢光之恶的法西斯罪行，号召广大黎族同胞团结组织起来，坚持持久战，支持抗日根据地的建设，保卫自己的家园不受日本侵略者的侵占。同时，发动和组织黑眉地区的黎族人民群众成立民兵组织和青抗会、农民抗日协会，发展进步青年入党，建立党支部，带领有觉悟的黎族同胞同当地的反动势力作斗争。由于黑眉地处山区，交通不便，生产技术很落后，游击队领导人就抽调懂农业技术的战士，向黎族同胞传授种植、饲养技术，发展农业生产。为巩固和发展黑眉抗日根据地，陈世德、李大和决定在各个村庄组建民兵组织，把陈忠在黑眉建立的抗日武装常备自卫队扩建为黑眉抗日根据地民族抗日指挥部，李开兴担任总指挥。同时，每村设立 1 个分团，共有 9 个分团，分团长由村里有威望的人担任。黑眉抗日根据地总兵力 1000 多人，武器装备有步枪、火药枪、大刀、弓箭、土制地雷等。陈世德、李大和、王伯还没收消极抗战的国民党军队埋藏在红水沟白石岭洞中的武器弹药，用以武装游击队和根据地的民兵组织。黑眉抗日根据地的民兵，平时分散在各自的村庄，农忙时参加生产劳动，农闲时就集中军事训练，敌人来犯时就打击来犯之敌。

三、抗日根据地的建设

加强根据地建设是发展敌后抗日游击战争的重要一环，没有根据地的巩固和发展，游击战争就不能长期坚持。中共崖县委根据中共琼崖特委关于抗日根据地建设的要求和部署，结合黑眉、梅山等抗日根据地的实际情况，建立共产党领导的统一战线政权，实行新民主主义政策，推动各项建设不断发展，人民群众过上了当家做主人的崭新生活，为战胜日本侵略者而奋斗。

（一）党政建设

1940 年初，莺歌海抗日游击中队领导人李大和派何如愚、刘城堂、王良史等工作队成员深入黑眉地区，宣传党的民族政策，组织发动黎族同胞参加抗日根据地的建设。因周家丰是黎族周姓长辈族首，何如愚便与其交友，在周家丰家建立联络点。周家丰家成为黑眉地区党组织的堡垒户和地下交通情报站。何如愚等还深入红水沟、葫芦门、老李落、新村、眉架等黎族村落，发动黎族青年参加抗日斗争。同年6月，红湖地区成立青年抗日救国会、民兵中队、支援前线委员会；10月，成立黑眉地区第一个党支部——红水沟村党支部，书记为邢诒章，副书记为黄运秀。1941年3月，成立黑眉村党支部，麦华清任支部书记，组织委员为麦亚恳，武装委员为方玉雄。红水沟党支部和黑眉党支部的建立，使刚刚建立起来的黑眉抗日根据地有了坚强的领导核心，为根据地的政权建设与发展提供组织保障。

1944年4月，在黑眉抗日根据地成立昌感崖联合县抗日民主政府，赵光炬任县长，林庆墀、王廷俊、孙己任任副县长。崖西地区的各级党组织在黑眉抗日根据地等崖西各区建立6个乡级抗日民主政权，在搞好民运和支前工作等方面作出积极的贡献。

（二）经济建设

中共西南临委、昌感县委和崖县委根据党中央和琼崖特委的指示，大力抓好梅山、黑眉等抗日根据地的经济建设。发动人民群众捐钱捐物支持抗日斗争是抗日根据地赖以生存的重要措施之一。在日军侵琼初期，崖四区委书记林吉进和其他成员在望楼港、球尾灶、老郑村等村开展"捐献一颗子弹，消灭一个日本鬼子"的活动，群众踊跃参加捐献。崖五区的莺歌海新英乡人民捐钱筹粮的热情高涨，有300多人买布缝制军粮袋300多个（每个粮袋装虾米5斤），捐献衣服1000多件。黑眉地区群众献枪100多支；莺歌海和新村群众献长枪80多支、短枪4支，还捐献银元、铜板、粮食和食盐等大批物资。开展生产自救是发展抗日根据地经济建设的又一个重要措施。黑眉抗日根据地民主政府遵照西南临委的指示，从抗日民主政府和游击队中抽调有生产经验的人员，到各个村庄帮助黎胞们发展农业生产，动员军民开垦荒地、荒田、荒坡种上农作物，基本上解决了根据地军民的吃饭问题，从而稳定了根据地的人心。

（三）文化建设

日军在占琼期间，实行奴化教育。崖西地区各抗日根据地的民主政府按照琼崖特委在琼崖东北区抗日民主政府《施政纲领》的要求，大力宣传抗日救国教育，开展文化建设。在黑眉地区开展群众扫盲教育，在根据地和群众抗日基础好的游击区办起一批平民夜校和识字班，还开展干部培训教育，在红水沟村办起抗日读书班，学习文化、军事知识，为人民讲解当前抗日斗争的形势和中共党史。

（四）军事建设

为帮助根据地民兵武装和抗日游击队解决武器弹药的困难，在黑眉根据地的红水沟村附近的山洞内，抗日军民办起了一个小型兵工厂。由红水沟村的抗日武装民兵队队长符家善担任厂长，从响地村调来石挺光等3人担任技术员。兵工厂的建设得到根据地群众的大力支持，红水沟村的青抗会发动群众砍树木、割茅草、出工出力帮助建厂房，乡民主政府还从各村抽调游击队队员参加制土炸药学习，红湖村游击队派邢诒进、周文才、林亚二、周文育等8人跟班学习制炸药、土枪、土雷、火药枪。中共崖县委为提高区乡党员骨干分子的政治素质和领导能力，在梅山抗日根据地的光头岭举办一期有20多人参加的党员骨干培训班，内容包括马列提纲、党的章程，以及基本的军事训练等。

四、建立少年儿童团

莺歌海村、丹村的党组织重视建立少年儿童团，为崖西沿海平原地区的抗日作出一定的贡献。陈奇、李志新、林宗桂、蔡其英等是莺歌海较出名的儿童英雄，他们在站岗和侦察时多次发现敌情，立即将敌情告知村党组织，使莺歌海党组织和抗日游击队化险为夷，有的放矢地击溃敌人。丹村少年儿童团石良能、石崇英、曾学秀、陈文涛、王显瑞、陈斗驳等人，在村里村外巡逻放哨、侦察敌情、传递情报、张贴标语，他们采用信鸽哨声将敌情很快传递给村党组织和游击队，每当听到鸽子的哨声，抗日战士和村民群众就知道有敌来犯，迅速安全转移。有时，村党组织通过社会关系，派儿童团团员进入日军据点的学校读书以便于侦察据点的情报。有一天，进入佛罗梅村日军据点学校读书的儿童团团员陈文涛观察到日军据点突然大量增兵，情况异常，便以肚子痛不舒服为由请假回家，将异常情况报告村党组织。村党组织经过分析，并派侦察员核实情报，作出日军将对丹村及周边村庄进行扫荡的判断。不出所料，第二天天还没亮，日军分几路包抄丹村及周边村庄，但没有搜寻到抗日游击队和粮食等物资，失望地返回据点。

五、恢复和发展红色交通线

早在土地革命战争时期，崖西地区党组织的负责人林克泽就派吴秉明、王敏桂、罗家仁等人沿着红塘、马岭等村建立党组织，建立红色交通联络站和交通线，传递党的各级组织的文件、信件、情报，接送往来的干部等人员和运送物资等。抗日战争全面爆发后，中共崖县委为更好地领导全县的抗日斗争，打破日本侵略者在军事上、经济上对抗日根据地的重重封锁，实现上传下达，决定恢复土地革命战争时期建立起来的原红色交通联络站和交通线，又开辟 2 条陆上红色交通线，一条东起梅山的桔村，经中灶、望楼港，经新村、新丰、老孙园至七寒头坡与中共西南临委联系；另一条东起梅山的桔村，经山脚、抱笋、青岭、红五、山公穴、翁公头至七寒头坡与中共西南临委联系。同时，在交通线上设立交通站和交通总站，将各村连接起来，由专职交通员负责传递公文、信件和接送往来的地下工作者，也为根据地筹集和转运给养物资。当时，崖四区联络站设在望楼港，站长为何庆安（后为甘嫂）；崖五区的交通联络站设在莺歌海，站长为何如愚。红色交通线上的站长和交通员，不顾生命危险冲破敌人的层层封锁，用自己的双脚穿梭在红色交通线上，使各级党组织的文件、信件、情报得以安全传递。

第四节　抗击反共逆流的斗争

1939 年 6 月，吴道南到琼任广东省第九行政区行政督察专员兼保安司令后，积极执行国民党五届五中全会制定的"溶共、防共、限共、反共"方针，在各县、区、乡换上反共的国民党顽固分子，破坏琼崖抗日民族统一战线，掀起反共逆流，制造抱善事件，使琼崖抗日民族统一战线濒于断裂。中共琼崖特委针对国内外和琼崖抗日斗争形势，坚决维护抗日民族统一战线，确定了坚持团结抗日的方针，既坚决打击国民党顽固派势力，又做好粉碎日军对抗日根据地"蚕食""扫荡"的斗争准备。

一、国民党掀起反共逆流

1939 年 8 月，国民党广东省第九行政区行政督察专员兼保安司令吴道南在琼各地积极推行蒋介石的"溶共、防共、限共、反共"方针，到处鼓吹投降妥协论，解散抗日团体，造谣"共产党不抗日"等反共论调。之后，国民党反共行动不断升级，制造一系列反共事件，使琼崖抗战前途面临严峻的考验。同年 10 月，国民党崖县县长兼抗日游击大队总指挥王鸣亚开始排斥共产党人，解除与共产党团结抗日的爱国志士陈曼夫的崖县抗日游击大队副总指挥职务，将其职务委任给反共顽固分子郑绍程。自 1940 年初起，崖西地区崖四区、五区的抗日形势发生重大的变化。国民党顽固派和日军遥相呼应，内外配合，在国共两党联合成立的莺歌海抗日队伍里，国民党反共排共更嚣张，试图破坏莺歌海的抗日力量。罗昌福、罗昌南、林火二等是崖四区署的反共顽固分子，更充当反共的急先锋，常到梅西村扰乱殴打民众，乱摊派渔民渔税，勒索钱财以中饱私囊，激起广大人民群众的愤怒。1940 年春的一天傍晚，罗昌福、罗昌南等到梅联村抢劫渔民的海鲜，并伺机奸淫妇女。驻在梅山的崖县委书记叶云夫接到报告后，命令陈世德、李大和带领莺歌海游击中队去惩治，陈世德、李大和在熟悉村内地形的村民孙家元等人带领下，将罗昌福、罗昌南一伙制服，并用船运到东锣岛全部沉入大海，为民除害。为此，国民党崖县政府借机报复，采用欺骗手段让角头村渔民陈帝忠、陈志会、陈志生将石灰石运到中灶村罗昌福家，又以好酒好菜款待为诱饵将陈帝忠等人灌醉杀害。国民党顽固派在反共分裂的道路上愈走愈远，终于爆发了收缴共产党领导的抗日武装的事件。

二、国民党制造抱善事件

在国共合作初期，为利于共同抗日，一些国民党右派分子加入了陈世德领导的莺歌海抗日游击中队。国民党反共逆流事件发生后，为使这支武装完全掌握在共产党手中，中共崖县委指示陈世德将抗日游击中队中的国民党顽固分子清除出列。陈世德担心这样做会引来亲属的责难，所以执行无力。后来崖县委根据崖西复杂的形势，主张将队伍调往昌感，但陈世德又担心部队给养难以解决，拒不执行县委的决定。于是，崖县委决定把这支队伍带到梅东桔梗坡进行休整，并调整和加强领导层，陈世德仍任中队长，调崖一区委书记孙珠江任副中队长，调崖西四区委书记陈国风任指导员（因不到任由李大和兼任），陈俄双任军事教导员。中队下设3个小队，均由共产党员担任小队长。从而在组织上保证了共产党对这支抗日武装的领导地位。但是，队伍中尚有一些顽固分子，仍存在着隐患。

共产党领导的抗日武装不断发展壮大，使国民党崖县县长王鸣亚感到恐慌，千方百计破坏抗日武装。1940年春，他与陈俄双、王良贤、邢诒炳、梁安邦等反共顽固分子密谋，借发放枪支弹药、军饷之名，让中共崖县委把陈世德领导的抗日游击中队调往国民党崖县游击大队指挥部驻地抱善。当时中共崖县委主要负责人缺乏必要的警惕，也没有看穿王鸣亚的阴谋，同意游击中队开往抱善。在部队进驻抱善的第5天早上，陈世德、李大和等人接到国民党崖县游击大队指挥部的通知，要求游击中队的领导和小队长前往指挥部开会，领取枪支弹药和服装，与国民党唐德祥游击中队协同作战，打击日军。陈世德、李大和及各小队长没有察觉敌人的阴谋，依时赴会。当他们进入房间，王鸣亚下令将他们扣押起来，收缴全部人员的武装，宣布解除他们的职务。莺歌海抗日游击中队的战士们并不知道陈世德、李大和等人被扣押，忙着整理行装等待出发，这时唐德祥中队士兵混进驻地，以提供饮水、帮助整理装备等为借口，麻痹莺歌海抗日游击中队的战士们。随着突然响起的3次枪声，莺歌海抗日游击中队全部战士被国军控制、缴械，随即被宣布解散队伍遣送回家。这就是国民党顽固派在崖西制造的破坏团结抗日的抱善事件。此时，中共崖县委密令武装队队长吴秉明带领 30 多名战士前往抱善，利用老关系试图争取国民党的财政科科长、游击大队副总指挥郑绍程归向共产党，但没有成功，反而被国民党当局扣押。

抱善事件的发生，彻底暴露了国民党崖县当局假团结、真分裂，假抗日、真反共的面目，对崖县国共合作抗日的局面造成极大损害。事件发生后，中共崖县委向全县人民发出了《告全县同胞书》，揭发抱善事件发生的真相，揭露国民党崖县当局明目张胆破坏崖县地区团结抗日的罪行；提醒各阶层、各人民抗日团体及国民党中的爱国人士，警惕国民党顽固派的分裂行动；呼吁国民党崖县当局，以国家民族利益为重，停止反共分裂行为，维持崖西地区团结抗战的局面；提出共产党的抗日主张，号召崖西地区各区、乡、村庄的党组织、抗日政权组织、抗日民众团体保持清醒头脑，克服悲观情绪，等等。中共崖县委还要求各地党组织深入开展统一战线工作，争取一切团结抗日力量。在抗日民族统一战线旗帜的感召下，崖县地区知名的民主人士和有影响的士绅表示拥护团结抗战，反对国民党顽固派的分裂、妥协行径，捐钱买枪支弹药以重组抗日武装队伍，并强烈要求国民党崖县当局立即释放陈世德、李大和等抗日功臣。

同时，中共崖县委在《抗旗日报》上转登中共党组织结合崖县抗日斗争的实际，确定发展进步力量，争取中间力量和打击顽固派的斗争方针。确定对顽固派的斗争要坚持利用矛盾，争取多数，在有理有利有节条件下打击最坚决的顽固分子的斗争策略，制定抗日民族统一战线要始终坚持独立自主的具体政策。号召联合一切抗日民众，高举抗日武装斗争的旗帜，坚持持久战，广泛开展抗日游击战，打退国民党顽固派发动的反共逆流。在社会各阶层人士和广大群众的强大舆论压力下，国民党崖县当局被迫释放陈世德、李大和等人。

在抱善事件中，也暴露了当时中共崖县委主要负责人犯了右倾路线错误，认为国共合作时期"统一战线高于一切，一切服从统一战线"，没有很好地坚持党在统一战线中独立自主的原则，没有始终保持党在思想上政治上独立性的同时保持组织上行动上的独立性，对国民党的反共阴谋缺乏应有的警惕和斗争。另外，莺歌海抗日游击中队的主要领导者麻痹大意，造成掌握在共产党手中的枪杆子全部断送，教训十分惨痛。之后，党组织派到抱善工作的林庆墀、何赤、廖树金、吴秉明等人撤离国民党抗日游击大队指挥部，返回梅山和崖城附近的村庄继续开展抗日斗争。在这重要关键时刻，崖县共产党组织的主要创建人、中共崖县委委员、组织部部长陈英才因日夜奔波于宣传发动民众团结抗日，积劳成疾，于1940年8月在乐东志孟村不幸逝世，这是崖县人民革命斗争的重大损失。

三、开展锄奸反顽行动

抱善事件后，中共崖县委纠正右倾错误路线，认识到要把日本侵略者赶出中国，必须依靠广大人民群众和团结一切抗日力量，在群众中发展壮大自身的抗日武装，并牢牢掌握革命武装力量。同时，要恢复被破坏的党组织，发展党员，壮大党的力量，带领人民群众击退国民党顽固派反共反人民的嚣张气焰，才是崖西地区抗日斗争的根本出路。

在抗战进入相持阶段时，国民党顽固派王鸣亚派出大批反动分子到沿海游击区，与日伪汉奸勾结，捕杀共产党人及抗日群众。国民党崖四区署区长陈恩绥和区党部书记潘在才密谋，派特务跟踪伺机杀害共产党崖四区工委负责人陈国风、林吉进等人。佛罗墟大汉奸林朝佐，莺歌海伪保长欧俊山及汉奸李大仁、吴清华，国民党特务组长王良贤等，都是为日军效力的民族败类，他们四处捕杀共产党人及抗日群众，崖县共产党干部符国拔、陈斗平、邢福史、吴多坤等就死在他们的屠刀之下。

国民党顽固派破坏团结抗战的逆流和日伪汉奸制造的白色恐怖，激起了崖西地区的共产党人及抗日群众的仇恨和不满。为了巩固崖县团结抗日成果，打击汉奸及国民党顽固派的嚣张气焰，发展抗日的大好形势，中共崖县委组织一支武装工作队，专门开展锄奸反顽行动。1940年春的一天夜里，林吉进接到大汉奸罗安瑞潜回望楼港活动的报告后，立即带领青抗会成员林志兴、林茂开赶到望楼港，将这个罪大恶极的大汉奸除掉。1941年3月，在崖五区活动的武工队接到国民党中队长王良贤回到香山村的情报后，生擒了王良贤，在他家地下挖出3支驳壳枪。莺歌海汉奸欧俊山当上了该村伪保长后更嚣张，为非作歹，鱼肉乡里，坏事做尽，民愤极大。欧俊山的儿子欧大坚却是一个坚决抗日的进步好青年，他认清其父罪大恶极，必须除之。同年6月的一天夜里，欧大坚亲自用刀杀死其父，为民除害。新庄村的孙恢尧，在抗日初期曾参加过抗日救亡的宣传工作，后来受国民党崖四区区长陈恩绥蛊惑当上了暗探，帮助陈恩绥诱捕新庄村革命青年陈志新和陈国兴，将两人在龙浩村杀害。县委派武工队将孙恢尧处死，为抗日群众除害。佛罗村的大汉奸林朝佐作恶多端，他派员四处破坏群众的抗日宣传活动，为日军收集情报，后被丹村的共产党游击队领导人王伯指派佛罗村的林成江、冼永驹等党员铲除掉，为佛罗地区的抗日大局除掉一大祸害，狠狠地打击了佛罗村日伪势力的嚣张气焰。

1942年春，国民党顽固派进犯黑眉抗日根据地。张开芳和张应桓率领挺进队执行中共琼崖特委"坚持内线、挺出外线"斗争策略，在尖峰竹头村打伏击，造成顽军6人死亡、9人受伤，缴获步枪6支，有力地打击了国民党顽固派破坏抗日的挑衅。同年夏，丹村汉奸王某、石某多次向日军泄露丹村党组织抗日活动情况，并引领日军包围丹村，杀害王宇兰、王现瑞、谢上俊等共产党员，给丹村的抗日斗争造成极大危害。丹村党组织及时铲除了这两个汉奸，还铲除了黑脱、陈康这两个隐蔽在村里的汉奸。在莺歌海地区，国民党海塘乡乡长李大仁和村里的汉奸吴清华相互勾结，破坏莺歌海村的抗日斗争，为日军提供情报，并杀害中共崖五区乡干部符国拔、邢福史等人。武工队后来将李大仁、吴清华处决，并进入乐罗村，击毙陈亚三、林绳栋等破坏抗日的汉奸。1942年秋，武工队接到国民党崖县游击指挥部参谋孙毓甫要潜回梅山进行破坏抗日活动的情报后，提前在干溪子埋伏，将其击毙。

武工队的建立及其进行的锄奸清特反顽行动，狠狠地打击了崖西地区沿海平原游击区的日伪汉奸和顽固分子为非作歹的嚣张气焰，极大地鼓舞了崖西地区共产党领导的抗日武装斗争和人民群众的抗日热情，为抗日根据地的巩固发展和抗日民主政权的建设打下坚实的基础。

第五节 抵御外侮直至抗战的最终胜利

乐东全境沦陷后，日本侵略者肆意屠杀百姓，鱼肉人民，掠夺资源，对乐东人民犯下了滔天罪行。乐东人民奋起抵御外侮，积极灵活开展游击战争，其中较著名的有木头园伏击战、围攻日军黄流宪兵司令部、田沟乡民兵抗击日伪军、黑眉根据地保卫战、拔除驻佛罗日军"梅村公司"、伏击日军运油车、老抱岭战斗、红水沟村反"扫荡"战斗、黑眉村反"扫荡"战斗等，战胜了比自己强大的日本侵略军，为此也付出了巨大的代价，作出了重大牺牲，最终取得了抗日战争的伟大胜利。

一、抵御外侮的战争

（一）木头园伏击战

1939年6月20日，日军在九所墟建炮楼设据点，驻扎一个分遣队。随后，为侵占黄流、佛罗、莺歌海等村镇，达到全面侵占崖西地区的目的，驻崖城的日军第四特别陆战队派出一部分兵力，配合九所据点的日军向西进犯。在得到日军将进犯黄流的情报后，莺歌海抗日游击中队的负责人陈世德、李大和主动联系国民党人陈曼夫、黎家亚分别带领的2支国民党抗日游击队，并得到响应。陈世德、李大和决定在木头园村公路地段伏击日军。3支游击队共有300多人，在各自队长的率领下迅速赶到木头园，在公路上埋设地雷。40多个日军乘坐3辆军车，加之30多个骑兵，向黄流进犯。当他们进入伏击圈踩响地雷时，游击队立即向日军展开袭击，日军被打得晕头转向，慌成一团麻，江波户、宫泽二等10多个官兵被击毙，2辆军车被击毁，日军伤亡惨重，被迫收兵返回九所据点。

木头园伏击战是崖西地区抗日战争的第一仗，也是打响崖西地区国共两党团结合作抗击日军入侵的第一枪，揭开了崖西地区武装抗日斗争的序幕，极大地鼓舞了崖西人民群众的抗日热情，坚定了人民群众抗日救国、保卫琼崖的信心，推动了人民群众团结抗日高潮的形成，提高了莺歌海抗日游击队在崖西地区人民群众中的威信。

（二）围攻日军黄流宪兵司令部

日军在木头园伏击战中遭到重创后，再次纠集三亚、崖城的驻军，配合驻九所日军骑兵队，兵分陆地、海上2个方向出发，在舰船、飞机的配合下，攻占了黄流。日军为控制崖西地区的抗日局势，在黄流设立日军黄流宪兵司令部，以强制手段强占并拆毁民房300多间，用于建造司令部营地。日军在黄流的血腥暴行，激起崖西地区人民群众的义愤。1939年7月3日，在日军刚进驻黄流据点时，陈世德、李大和同丹村共产党人王伯、陈忠带领2支抗日游击队会同陈曼夫、邢诒壮、黎家亚等人带领的国民党几支地方抗日游击队共100多人，在当地群众配合下，围攻日军黄流宪兵司令部。李大和还在莺歌海村组织发动500余名青壮年及妇女支前参战，为前线的抗日部队输送弹药，救护伤员，送水送饭，做好后勤服务工作。围攻黄流日军宪兵司令部的战斗持续了三天三夜，日军见抗日军民人数众多，只得龟缩在据点里，不敢应战。第三天，日军从三亚、崖城出动空军，调集骑兵、地面部队给予增援。抗日游击队因兵力少，弹药耗尽，只好撤出战斗。这次围攻黄流日军宪兵司令部的战斗，共打死打伤日军多人，击毁2辆军车。

这是崖西地区国共两党抗日游击队团结抗战的一次战斗，激发了崖西各地群众爱国保家、团结抗敌、共同支援抗日的热情，最终打破了日本侵略者不可战胜的谎言，给予猖狂的日军沉重打击。

（三）田沟乡民兵抗击日伪军

1939年夏，根据田头村村民报告，驻岭头据点的伪军陈龙英中队，经常出兵到田头等村骚扰老百姓，强抢财物，殴打村民。田沟乡民兵接到情报，出动民兵100多人到田头村伏击伪军，打死伪军3人，缴获一批武器。同年9月的一天，岭头据点的日军突然包围田头村，准备对村民进行报复性屠杀。田沟乡民兵闻悉后，出动一个中队的民兵给予救援。在副中队长李亚保的带领下，田沟乡民兵对日军发起袭击，日军死伤不少。后来，日军援兵赶来，李亚保率领队伍迅速撤离战场，日军恼羞成怒，放火烧毁数十间民房。

（四）黑眉根据地保卫战

1939年冬，日军出动400多名兵力进攻黑眉根据地。莺歌海游击队中队长陈世德、李大和获悉情报后，召集丹村游击队中队长王伯及黑眉根据地民兵领导人陈忠、李开兴开会，研究作战计划，决定采取"诱敌深入，伏击敌人"的灵活战术，同时发动群众进行坚壁清野，同日军打一场殊死战。经商议决定，先由陈世德率领莺歌海游击中队诱敌深入包围圈，再由王伯带领的游击中队和陈忠、李开兴率领的民兵在指定的地段和公路隘口设伏，在包围圈内埋地雷、挖陷阱、布竹签、装冷箭伏击敌人。12月23日上午，当日军进入村前路边的大石旁时，陈世德一声令下，游击中队向日军集中开火，等日军反应过来准备反击时，陈世德的游击中队佯装溃败撤退，日军紧随追过来。待日军进入埋伏圈后，游击中队已进入了山间密林，这时山间牛角号响起，杀声震天，民兵战士们满山遍野地开枪、拉弓放箭、拉响地雷，打得日军晕头转向，弄不清这山林里究竟藏有多少兵马，不敢贸然往前进攻，害怕再陷入重围，便胡乱向山上树林开枪扫射、用炮轰炸一通就撤出黑眉根据地。我军在这次保卫战中击毙日军10多人、致伤多人，缴获了一批战利品。

黑眉根据地保卫战的胜利，有力证明了共产党所提倡的游击战、持久战和依靠群众发动群众是战胜日军的重要法宝。

（五）拔除驻佛罗日军"梅村公司"

1943年冬的一天，为了打击日军在崖西地区掠夺资源的行为，崖西的党组织决定拔除驻扎在佛罗的日军"梅村公司"。战前，党组织派丹村的游击队员谢上卿，通过佛罗日伪保长符起杰通融，以派民工的机会进入日军"梅村公司"工作，侦察日军的兵力部署情况。在得到上级党组织的同意和指示后，谢上卿组织丹村游击中队和群众配合部队分两路行动：一路是由丹村的游击中队割断日军的电线，破坏桥梁、公路，断绝日军与外界的联络和通行；另一路是由丹村的群众组成担架队，在偷袭成功后，帮助部队搬运日军"梅村公司"的物资。袭击的当天夜里，游击中队配合部队偷袭日军"梅村公司"的驻地，拔除驻佛罗日军"梅村公司"大楼，缴获一大批粮食、布匹、毛巾等物资。

（六）伏击日军运油车

1941年8月的一天，第三支队一中队进驻黑眉抗日根据地不久，得到张应桓派人送来的情报，即日军一辆军车要到北黎，将路过黑眉附近。第三支队队长张开泰决定派一中队队长林天民率队员前去伏击日军运油车，为部队夺取敌人的武器弹药和物资。当天下午，林天民等到公路边侦察地形，确定伏击地点。第二天天亮前，一中队全体指战员就已进行埋伏，但连续两次埋伏均未见敌人的踪影。在第三次设伏时，终于发现一辆日军运油车从佛罗方向快速驶来，进入了设伏路段。"打！"林天民一声令下，密集的枪声顿时从不同的方位射向日军运油车，司机和押车的士兵被击毙，日军运油车也彻底烧毁。

击毁日军运油车后，日军判断绝非张应桓"县兵"所能干，必有"共军"的新部队到来。于是，日军驻榆林司令部电令黄流及沿线据点派奸细四处搜查共产党军队。3天后，张开泰率主力部队400多人抵达老抱岭并进行部署，由第二大队驻防老抱岭右翼，先遣队防守老抱岭左翼，支队部、驳壳排、第一大队的第二中队驻于黑眉村后600米处的山腰。老抱岭形成了坚实的粪箕形守势。

（七）老抱岭战斗

张开泰率主力部队 400 多人抵达老抱岭后的第二天，便得到"日军出动昌、感、崖三县 2000 多人的兵力，马上向我驻老抱岭部队进攻"的紧急情报。我军随即下达战斗命令，做好一切战斗准备。1941年 9 月 15 日凌晨，日军先头部队凭借优良武器装备进攻老抱岭。在石头山下，我军第二小队与日军先头小队展开激战，敌军据地死守，伤亡 10 多人。大队长陈永泰奉命带领驳壳排从侧面向日军冲锋，但日军火力猛，驳壳排伤亡近半，陈永泰身负重伤。在驳壳排攻敌不下后，我军第一、第二、第三小队再次向日军发起冲锋，但因日军占据有利地形，冲锋受挫。第三小队伤亡 10 多人，小队长符圣康中弹牺牲。第一、第二小队也有伤亡。面对不利战局，支队长张开泰命令第一中队边打边退，诱敌深入，当日军进入我军伏击圈时，埋设的地雷开始发威，我军乘机反击，炸死、击毙日军第十六警备队司令官太田实等 20多名日军。此时，第二大队也在右翼与日军顽强作战。在强敌攻势面前，我军撤退到温公山和老抱岭之间的陡壁处伏击，日军死伤 10 多人。日军调兵遣将围攻我第二大队，我第二大队灵活机动地与日军周旋，连夜急行军赶到抱帽岭右侧，驻在支队部左翼。第四天早上，日军第三路军通过奸细带路，从山背后向我支队部袭击。我军腹背受敌，战况危急，但战士们沉着应战，连续打退日军的几次疯狂进攻。第五天凌晨，第二大队掩护支队部冲出重围，于第六天晚陆续到达梅东根据地。第一中队在日军层层包围中难以突围，派出去的游击小组和执勤人员也失去联系。第六天下午，支队部留下的联络小组联系上了第一中队。第七天凌晨 3 时许，第一中队在红湖岭低谷处用密集火力杀开一条血路，冲出日军封锁线，急速南征，于第八日下午抵达梅东根据地，赶上了支队部。

日军第十六警备队司令官太田实被炸死后，日军集中兵力围攻我第一中队，分几路搜山，封锁重要路口。大队长陈永泰和中队长林天民负伤后，不幸被搜山的日军发现，他俩和两位守护战士拿起手榴弹同敌人进行殊死战斗，除 1 名负伤战士被黑眉民兵救治生还外，陈永泰、林天民等 3 人壮烈牺牲。

在老抱岭战斗中，琼纵部队与黑眉地区民兵奋战 7 个昼夜，共击毙、击伤日军 200 多人，我军伤亡也有 40 多人。

（八）国民党游击队袭击日军的战斗

在国民党游击队伍中，也涌现出抗击日军的英雄。在佛罗梅村据点的日军，每逢集市，都到佛罗的集市上白吃白拿，扰乱市场，还调戏奸淫妇女，强抢财产，杀人放火。日军的这些暴行激起抗日志士邢诒壮的义愤。1939 年 6 月的一天，邢诒壮带领国民党第二游击中队袭击日军佛罗梅村据点，击毙日军 5 人，打得日军在据点内不敢出来。后来黄流的日军赶来增援，由于邢诒壮没有及时带领队伍撤出战斗，游击队被日军击溃，邢诒壮、林炽香、黄运兴、陈照等人为掩护战友撤退而被捕，后被押往黄流日军宪兵司令部枪杀。1940 年 1 月，日军疯狂掠夺海南岛的自然资源，从崖城调派一部分兵力配合九所据点的驻军，向千家一带进行"扫荡"。当时在千家一带活动的国民党黎家亚（初期曾参加抗战，后期投靠日军当汉奸）自卫中队对日军进行袭击，造成日军死伤 10 多人。同年 1 月中旬，日军派兵驻防千家。2 月初，黎家亚又率领自卫中队袭击驻防千家的日军，打死日军 5 人。2 月中旬，为了巩固占领区、向更深的山区推进，日军向防守在乐东县城附近的国民党乐东县自卫队三营驻地进攻，双方激战 1 天，日军死伤 10

多人。

二、开展反"蚕食"反"扫荡"斗争

海南岛被日军视为"太平洋上永不沉没的航空母舰",作为发动太平洋战争的战略后方基地。日军侵占海南后,实施军事"蚕食""扫荡",在各抗日根据地周围设立封锁线,修建机场、铁路、码头,确保对主要交通线的占领,掠夺铁矿、木材等战略物资。为进一步侵占东南亚,巩固海南岛这个南进基地,日军在黄流建设可容纳 400 架战机的南进机场,即琼南航空十三基地。从 1942 年开始,日军驻三亚的第十六警备队向崖西沿海平原地区增设分遣队,在镇墟设立日伪维持会,推行"绥靖"措施。在各村建立保甲制度,实行 5 户、10 户联保制,加强户口管理。日军还勾结国民党顽固派、日伪维持会,用重金收买和扶植大批叛徒、汉奸为其服务,监视抗日军民的活动,对有抗日活动的村庄进行"扫荡",实施惨无人道的烧光、杀光、抢光"三光"政策。在日军的疯狂"蚕食""扫荡"下,琼崖特委给崖县委指明了领导全县人民抗战到底的斗争方向。1942 年夏,中共崖县委在梅山抗日根据地举办为期 1 个月的党员骨干学习班,讨论如何发动崖县人民开展反"蚕食"反"扫荡"的策略和斗争。

(一)红水沟村反"扫荡"战斗

1941 年冬,驻扎在佛罗、岭头据点的日军,调集 2 个分遣队 200多人进山对根据地红水沟地区几个村庄进行"扫荡"。根据地党组织和民主政府接到情报后,县委委员、区委书记黄世林,县常备队队长王伯,召集长老乡常备队、区委警卫驳壳班、红水沟村及附近几个村的民兵和青抗会等负责人召开紧急会议,讨论部署反"扫荡"的军事行动。次日拂晓,日军兵分两路从岭头村和长安村向红水沟村进犯。等日军进入埋伏圈，严阵以待的根据地军民，在黄世林、王伯的指挥下，步枪、机枪、弓箭、手榴弹一齐对准敌人，日军被打得晕头转向，陷入混乱，只好下令撤退。常备队和民兵中队趁机冲出战壕追击溃逃的日军，把日军赶出根据地。这次反"扫荡"，根据地军民大获全胜。战斗结束后，根据地的党政军各部门对这次反"扫荡"战斗作了认真的总结。为适应今后的反"扫荡"斗争形势发展需要，红水沟村组织一支 60 多人的支前运输队，为根据地抗日民主政府和武装部队运输战时物资、救治伤员。

1942 年 11 月中旬，日军又调集黄流日军宪兵司令部及佛罗、岭头据点的 3 个分遣队共 280 多人，兵分两路向红湖地区的村庄进行"扫荡"，妄图消灭驻守在红水沟村的党政军各级组织。进驻根据地的感恩县三区委决定，让三区区长张睦群率领区常备队 60 多人，前往长老乡和乡常备队会合，支援红水沟村的武装民兵中队，和红水沟村的群众一起抗击日军的"扫荡"。张睦群和县常备队队长王伯、乡常备队队长符家善召开紧急军事会议，严密部署各武装队伍作战方案，并作战前动员，分组把守进入根据地的各个道路狭口，埋地雷，挖陷阱。翌日，天刚亮，日军兵分两路沿着红水沟溪的南岸和北岸墓山向根据地进犯。等日军完全踏入伏击圈，常备队集中火力向日军开枪、投手榴弹、拉地雷，顿时枪声、炮声、地雷声响彻山谷，王伯带领一部分人马在暗处，符家善带领一部分人马沿岭上顺着溪流打击日军，把日军打得晕头转向，不敢向前进犯，只好收兵回营。

1944 年夏，日军又纠集黄流、佛罗、岭头 3 个据点的兵力 300 多人，在大批汉奸便衣队和伪军王谋书中队 100 多人的配合下，大举进攻红水沟等村庄。日军这次"扫荡"的兵力空前，企图踏平黑眉抗日根据地，消灭共产党在根据地的全部抗日武装队伍和根据地的抗日民主政权。我地下党组织将情报送到昌感崖联合县县长赵光矩和琼南抗日挺进队队长张应桓手中。为保卫黑眉抗日根据地，彻底粉碎日军的"扫荡"，联合县委命令挺进队政治处副主任徐清瑞、中队长吉向荣带领挺进队1个加强中队和区委书记黄世林带领的县常备队共250多人进驻红水沟村。张应桓还命令在湾溪、长田一带村庄活动的何如愚副区长带1个武装小分队30余人火速赶到红水沟村参加战斗。当天夜里，徐清瑞、黄世林代表县委主持召开红水沟村党政军民联席紧急会议和战前动员，具体部署部队的军事行动计划和作战任务。下半夜，一切准备就绪。天刚亮，日伪军分成三路，齐头并进向红水沟村扑来。日伪军正面来势凶猛，离村几里地就鸣枪助威，向村边的山丘开枪进行火力侦察。当日伪军进入伏击圈时，我军民猛烈向日伪军开火。但因日伪军武器装备精良，又有密集炮火掩护，正面的日伪军攻势尤其凶猛。抗日指挥部立即调整作战部署，采取"日军集中我分散，日军分散我集中"的战术，命令游击队正面的主力部队留下一部分兵力吸引日伪军，另一部分兵力组成精锐游击小分队迂回到日伪军左右两侧，牵制打击日伪军，以减轻正面部队作战的压力。由于指挥正确，战略战术灵活机动，加上广大指战员英勇善战、不怕牺牲，在红水沟民兵的配合下，歼灭日伪军10多人，打退日伪军进犯，黑眉抗日根据地的军民又一次粉碎了日军的"扫荡"。

1944年6月，伪军中队长王谋书不甘心失败，伙同崖县北部地区国民党黎家亚自卫中队，配合驻黄流、佛罗、岭头的日军，总兵力400人，由汉奸陈亚黄带路，出兵向红水沟村和葫芦门村进行"扫荡"。日伪军借鉴多次"扫荡"失败的教训，利用雨夜作掩护展开突击。日伪军兵分两路，一路从南面包围红水沟村，另一路从北面包抄葫芦门村，并在东北面2千米长的山路上派兵埋伏，企图阻止长老乡部队的增援。由于游击队和民兵麻痹大意，当日伪军趁夜突袭时，游击队和民兵仓促进行反击，为避敌锋芒，只能化整为零利用熟悉的地形向山里撤退。日伪军将在葫芦门村抓到的6人押到村边杀害，将在红水沟村抓捕到的游击队小队长周亚锐、邢亚娣、邢亚五及14个群众押到村前的红心梅坡，用机枪扫射。日军还将抓到的20名群众严刑拷打，逼他们供出根据地党政机关驻地或带路抓捕村里的共产党员、游击队员、民兵，但根据地的群众宁死不屈，没有一人出卖根据地的情况，最后被日军杀害。日伪军"扫荡"红水沟村和葫芦门村，烧毁民房340多间，杀害游击队员和群众40多人，抢走大量的粮食、财物和牛、羊、猪等家畜几百头，根据地军民遭受了重大损失。

（二）黑眉村反"扫荡"战斗

1943年6月，日军侦察到崖感抗日办事处和挺进队驻扎在黑眉根据地的情报后，调集黄流、佛罗、岭头、板桥据点的日军160多人，对黑眉村进行"扫荡"。由于崖感抗日办事处和挺进队成立不久，且驻地就在黑眉村，办事处主任林庆墀立即召开党政军领导人会议，部署反"扫荡"的军事行动，决定命张睦群区长带部队配合黑眉村民兵中队长方亚劳带领的民兵，在村外隘口埋地雷伏击日军。日军进入伏击圈后，游击队和民兵向日军开火，打得日军晕头转向，等日军准备组织反击时，张睦群指挥战士们撤出阵地，诱敌进入民兵预先埋好的地雷阵。日军伤亡惨重，不敢贸然向山里推进，害怕陷入重围，只好撤兵下山。

同年10月，日军又出动400多人，在汉奸的带路下，兵分三路向黑眉村进行"扫荡",妄图血洗黑眉抗日根据地,消灭驻扎在根据地的民主政府和游击队。驻在黑眉村的挺进队和昌感崖联合县委立即召开党政军民紧急会议,制定了"外线开战,三路防御,兵分合击,打一阵换一地,村前布雷,诱敌入围,以村为营,村外分兵两侧迂回,雷炸人击,三面合歼进攻之敌"的对敌战术方案。挺进队队长张应桓坐镇指挥这次战斗,王康宁副主任率领挺进队三中队、办事处警卫驳壳枪排、县常备队和部分游击队及民兵从正面打击日军。第二天中午,日军从岭头方向进入黑眉抗日根据地,当行到尖石坡时遭到挺进队第一中队和内冲村民兵的共同伏击。从板桥方向进入根据地的日军,行到道匹沟时遭到挺进队第二中队和沟盘业村民兵的迎头痛击,二中队和民兵边打边撤退,把日军引入早已布好的地雷阵中,然后三路兵马合围日军,日军被打得落花流水。

同年12月底的一天,中共昌感崖联合县委获悉日军一辆载满物资的军车下午将从南向北驶来,县委决定在沟盘业溪地段伏击日军军车。挺进队派出2个小分队配合根据地民兵伏击日军,同时派出部分兵力埋伏在沟盘业溪的南北险要地段,阻击增援的日军,2个游击小组埋伏在离阵地2千米处作为掩护。下午4时,当日军运输车行驶到溪桥中间时,游击队员从溪的两岸夹击,当场打死押车的日军5人,缴获一批武器弹药和军用物资。

运送物资的日军军车遭伏击后,日军决定伺机报复。1944年1月初,日军调动黄流、佛罗、岭头和板桥据点的兵力200多人,对黑眉根据地再次进行"扫荡"。崖感抗日办事处和挺进队立即召开会议部署抗击日军进山"扫荡"的准备工作。首先,把村里的老人、妇女、儿童转移进山安顿好;其次,挺进队,县、区常备队,游击队及民兵由张应桓统一指挥，伏击日军，伏击地点选择在村外两段陡峭的路段。张应桓部署挺进队第一中队，配合县常备队和民兵180多人，埋伏在黑眉村往岭头公路左侧的丛林中；挺进队第二中队和区常备队及民兵共150多人，埋伏在板桥通往沟盘业村小路右侧的山地密林中；指挥部设在黑眉村里。挺进队第三中队、驳壳排与办事处警卫排在村里的指挥部待命，作为预备队。另部署游击队1个排和乡常备队共50多人镇守在岭后，防止日军有汉奸带路，从后山的小道进入根据地偷袭。翌日天刚亮，日军从岭头方向出动向黑眉根据地扑来，顺着内冲村道进入伏击圈。随着张睦群的指挥枪声一响，在山上的战士们齐向日军开火。日军进行反击，并增加兵力强冲。总指挥张应桓发现日军只有一路的兵力进攻，立即调整作战部署，让埋伏的第二路兵力从右侧包抄过来，增援第一路兵力。战士们在山林中利用熟悉的地形，神出鬼没，运用"麻雀战"，出其不意地打击日军。战斗持续到下午1时许，日军进攻毫无进展，只好撤出根据地。

崖西地区沿海平原游击区和黑眉抗日根据地军民，在1942年5月底至1945年春初的反"蚕食"反"扫荡"斗争中，发扬大无畏的战斗精神，历尽艰难险阻，抗击日军对崖西地区各抗日游击根据地的"蚕食""扫荡"，抵挡住国民党顽固派的多次进攻。尽管崖西地区仍处于敌强我弱的不利形势下，但是根据地的抗日游击队坚持人民战争，以黑眉抗日根据地为依据，放手发动群众，不断补充壮大抗日力量，独立自主地开展敌后游击战争，积小胜为大胜，使日军、伪军、顽军企图摧毁黑眉抗日根据地的计划破产，挫败了敌人的军事进攻，成功地战胜敌人对抗日根据地的经济封锁。黑眉村和红水沟村多次取得反"扫荡"的胜利，使根据地不断得到发展壮大，使日本侵略者深深陷入崖西地区人民战争的汪洋大海之中，遏制了日本侵略者对琼崖西南地区资源的掠夺，为琼崖抗日战争的胜利作出了重大贡献。

三、积极策反日伪士兵投诚

1944 年冬天，在盟军空军飞机对海南岛内沿海日军军事设施进行轰炸、琼崖各根据地军民对日军四面出击的情况下，日军四面楚歌，军队中出现士气低落、厌战反战的情绪，被日军抓来参战的台湾籍士兵的反战厌战情绪更甚。为此，琼崖特委专门成立了台湾民族解放委员会，派情报人员进入日伪机关进行策反工作，重点对台湾籍日军士兵进行反侵略战争的宣传。在强大的政治攻势下，崖西地区的敌人营垒开始分化，日军士气日衰、军心动摇。驻扎在望楼港据点的日军分遣小队普遍出现了厌战的情绪，中共昌感崖联合县委决定拔除这个据点，指示中共崖四区委负责。崖四区委把任务交给区委民运部部长林志超来指挥。林志超密约早就潜伏在日伪维持会当公务员的中共地下党侦察员陈亚六和潜伏在望楼港据点里当厨师的陈焕生，把策反信交给陈焕生，指示他们利用特殊身份接触日军，在日军据点散发策反传单。主要的是做日军翻译官徐福山和徐福荣兄弟（台湾籍）的思想工作，提高他们的民族觉悟。徐福山、徐福荣兄弟俩看清日军将战败的结局，主动联系共产党，将自己真心投诚的想法通过粽子铺老板陈三姑、陈亚姨转告给望楼港党支部书记何庆安。之后，何庆安在粽子铺和徐福山进行深入交谈，并在当天就将跟徐福山的谈话情况转告给区委民运部部长林志超。过了几天，林志超、徐成佳（区委宣传委员）与徐福山、徐福荣进行接触，向他们讲明当前国际国内的反法西斯战争已进入最后的反攻阶段，日军注定战败，也说明共产党的抗日主张和统战政策，鼓励他们尽早投诚。策反徐福山、徐福荣成功后，昌感崖联合县委书记陈克文决定由张应桓、张开芳率挺进中队潜入望楼港拔除日军据点。拔除日军据点的战斗只用了 20 分钟，我军缴获长短枪 20 多支、子弹 1000 多发，还有一批军用物资，此外又有几名台湾籍日军士兵投诚。

四、夺取抗战的最后胜利

1945 年 7 月 26 日，中、美、英三国共同发表敦促日本无条件投降的《波茨坦公告》。8 月 8 日，苏联宣布对日作战。8 月 9 日，毛泽东在延安发表《对日寇的最后一战》的声明，号召共产党领导的八路军、新四军及其他人民武装力量在各抗日根据地向日伪军发起猛烈的全面反攻。8 月 15 日，日本天皇裕仁向全世界宣布日本无条件投降。9 月 2 日，日本代表在投降书上签字。至此，中国的抗日战争取得了全面的胜利。

由于信息闭塞，直至 1945 年 8 月 23 日，琼崖抗日独立纵队才得悉日本宣布投降的消息。在没有接到中共中央指示的情况下，琼崖特委立即召开会议，向全琼各级党组织、根据地全体抗日军民发出紧急指示：（1）立即开展新的军事行动，命令琼崖各地日伪军无条件投降，如拒绝投降，凡能消灭的就地坚决歼灭；（2）摧毁一切伪组织，建立民主秩序，组织民主政府；（3）放手发动群众，保卫胜利果实；（4）把大批后备队动员到纵队去，扩大部队，扩大解放区；（5）命令各支队向那大、榆林、北黎、海口前进，伺机占领这些城市。根据琼崖特委的紧急指示，崖西地区的抗日军民迅速投入接受日军投降的工作中。9 月 25 日，驻守在崖西五区的黄流日军宪兵司令部、黄流日军南进机场及崖西地区境内各个据点的日军全部撤离，崖西人民的抗战取得最终的胜利。

第四章　解放战争时期

（1945—1950 年）

　　抗日战争胜利后，蒋介石企图抢夺胜利果实，在美帝国主义的支持下挑起内战。国民党琼崖当局悍然出兵攻打解放区，琼崖内战全面爆发。崖乐沿海地区的各级党组织遭受到严重的破坏。麦家祠事件、土伦事件后，崖县西部地区的党组织力量大减，整个地区处于白色恐怖之中。乐东人民发起黑眉岭反击战、红水沟伏击战等抗击国民党军队的进攻，挫败了敌军的"围剿"。为了扭转革命斗争的局势，我党决意恢复和发展各级党组织，这一举措为崖西坚持艰苦的解放战争打下了坚强的组织基础。同时，开展锄奸细反恶霸斗争，开辟新区和建党建政，崖西区的革命形势也随之迅速发展。琼纵第五总队挺进乐东后，着手建立革命根据地，组织群众，建立群众工作委员会和组织地方武装，开展反恶霸、减租减息运动；开展多港峒运动战、黄流乡公所奇袭、佛罗据点奇袭、老颜田伏击战、青岭伏击战，歼灭乐东县城外围敌据点。乐东全县解放后，建立中共乐东县委和乐东县民主政府，党领导解放区的人民进行减租减息、土地革命、发展生产、建党建政、组织农会、发展民兵等多项工作，从政治、经济、文化等方面开展解放区的全面建设。在土地改革过程中，县委领导开展了除奸反霸斗争，打击一批破坏土改的地主恶霸，使土改运动得以顺利开展。同时，复办琼崖公学，发动青年参军，配合渡海作战部队解放海南全境。

第一节　抗日战争胜利后的乐东形势

抗日战争胜利后，国民党琼崖当局悍然出兵进攻解放区，崖西地区的党组织力量大减，整个地区处于白色恐怖之中。崖西区军民奋力抗击国民党四十六军的大举进攻，挫败了敌军的"围剿"。

一、解放区遭遇国民党琼崖当局进犯

抗日战争取得胜利后，琼崖革命力量不断发展壮大。在中共琼崖特委和琼崖民主政府（1945 年 9 月由琼崖东北区抗日民主政府改称成立，主席冯白驹）的领导下，全琼各县陆续建立了县（联县）、区、乡各级党组织和民主政权。中共琼崖特委和琼崖民主政府控制的地区人口 100 多万，占当时琼崖人口的近一半；党员总数 5000 多人；琼崖独立纵队有 5 个支队 7700 多人；还有各县地方武装（县、区基干队）200 多人和不脱产的防备队（民兵）9000 多人；党政干部（包括区、乡干部）7000 多人。为了保卫人民用生命换来的胜利果实，中共琼崖特委召开紧急会议，发出《七项紧急任务的指示》，在政治上，号召全琼军民为实现和平民主建设琼崖而斗争；在军事上，命令独立纵队各支队立即出师接受日军投降，收复失地。然而，国民党琼崖当局不但不支持共产党领导的抗日军队向日伪军受降，反而指令日伪军"就地驻防，维持治安"，甚至密令广东和琼崖国民党当局限期 3 个月内消灭琼崖共产党组织。

1945 年 9 月初，琼崖独立纵队各支队按照琼崖特委的部署，挺出外线接受日本侵略军的投降。琼纵第三支队奉命从万宁南进，直指榆林、三亚等地受降；陵崖保乐边区党委、崖乐县民主政府的领导人张开泰、林诗耀也奉命把陵崖保乐边区党委和崖乐县政府机关迁往六盘地区。正当第三支队队长符哥洛、政委莫逊率领队伍抵达荔枝沟时，驻荔枝沟据点的 2 名日军军官阻止第三支队前进，并用机枪进行威胁。通过盟军再与日军谈判，日军还是拒不向第三支队投降。基于斗争形势的变化和需要，第三支队在队长符哥洛的带领下，由陈明纲作随军向导，从六盘驻地出发，奉命西撤，从梅山乡角头海岸登陆。国民党崖县自卫大队队长郑绍烈调集部队包围梅山乡，妄图消灭琼纵第三支队，但郑绍烈扑了空，便对梅山乡大肆烧杀掳掠，抢走耕牛 100 多头和大批衣物，烧毁民房 40 多间。有些村民因病不能行走被活活烧死在屋内，有些被抓走后投进牢狱关押。当第三支队行经芒坡村刚准备宿营时，就遭到国民党崖四区区长陈恩绶纠集的 200 多名兵力的包围和袭击，造成 2 名战士伤亡。符哥洛沉着指挥，向敌人顽强反击，击退了敌人的进攻，胜利西撤，最后到达昌感。同年 9 月底，由于形势的变化和斗争的需要，昌感崖联合县民主政府撤销。

《双十协定》签订后，中共昌感崖联合县委尽量避免和国民党发生摩擦，维持和平局势，国民党崖县当局却屡屡派兵围攻游击区和根据地以及革命村庄，捕杀共产党人，残害革命群众。梅山革命根据地形势日益严峻。为了保存革命实力，崖县区委、区署以及梅山乡民主政府从梅山革命根据地撤往西南山区的土伦村一带。1945 年 11 月，崖县区委书记陈秋芙、区委委员徐成佳在望楼港执行任务时不幸遇难，崖乐沿海一带的各级党组织遭受到严重破坏。

二、国民党蓄意炮制麦家祠事件和土伦事件

1945 年 8 月 15 日，日本宣布无条件投降，但感城一带仍驻有尚未受降的日军和伪军。琼崖共产党的部队遵照中共中央关于号召各解放区军民迅速前进，收缴日伪武器，接受日军投降，向一切敌占城市和交通要道开展进攻的指示行动。中共昌感崖联合县委决定派副县长王廷俊（感城村人）和琼崖独立纵队二支队三大队副政委张开芳（张愚），率领新编第八中队和地方干部到感城外围活动，准备与张应桓的第九中队一起进入感城墟，接收日军武器。

9月2日上午，第八中队和第九中队来到宝上村。中午时分，昌感崖联合县政府粮食科科长王康宁奉命前来传达命令，即张应桓率第九中队到该县北部的新街地区活动，王廷俊和张开芳率第八中队和地方干部进驻感城墟接受日军投降，并召开庆祝大会。王廷俊和张开芳先派人潜入感城村了解情况，确认那里秩序稳定后，于当夜子时悄悄住进感城村有坚固围墙的麦家祠堂。感恩县国民党当局的苏秀谦和伪维持会会长庄继周得知消息后，当即与另一个反动头子林克裕，连夜纠集反动地方武装400多人，于9月3日中午，将麦家祠堂团团围住，发起疯狂进攻。面对敌人的汹汹来势，王廷俊等利用围墙作为屏障，沉着应战，并利用牌楼制高点还击来犯之敌，围墙外的敌兵死伤一片。双方僵持4个小时后，苏秀谦和庄继周等得到日军的暗地支持，将日军给予的几箱手榴弹投进面积不足1亩的祠堂之内，并冲进祠堂内补枪、毁尸。这就是"麦家祠事件"。据统计，共有107个干部和民兵牺牲，其中张开芳、王贡、王九爷、石良碧、石奇能、邢诒福、李亚层、李亚相、麦秋望、陈人珍、陈开发、陈文运、陈文祥、陈美安、林朝安、林朝辉、黄亚位、黄亚苦、梁其英等近20人是乐东籍指战员。

麦家祠事件充分暴露了国民党琼崖当局不接受琼崖特委提出的"分区受降"的合理建议，企图消灭中共武装的阴谋。它是国民党琼崖当局勾结日军、蓄意制造内战，抢夺抗战胜利果实的一个明显信号。

1945 年底，由于国民党在军事上不断"围剿"，一些革命意志薄弱者对革命丧失斗志和信心。尖峰土伦村的麦亚尚认为，国民党军事力量处于优势，跟着共产党走没有前途，加之国民党对他又恐吓又封官许愿，于是他投靠了国民党。当时中共崖县区乡党政机关从沿海地区转移到土伦村一带驻扎，区委领导虽得知一些村民有反叛的言论和行为，但有的领导人麻痹大意，不听取意见，甚至发给村民火药，这些火药后来成了叛变者用来攻打区署机关的武器。

1945 年 10 月，国民党第四十六军派新编十九师驻榆林、三亚、崖城至昌感一带，对琼崖革命根据地进行"清剿"。西南团原中队长陈亚相等人对革命前途产生悲观失望情绪，对党失去了信心，主动跑到佛罗国民党营部向国民党三区区长王茂恩提供共产党的活动、机关建制、住址、兵力、军队编制、军械装备等情况，还欺骗煽动不明真相的黎族群众投向敌人。12 月的一个夜晚，驻黄流、佛罗国民党军调集300 多人，以及跟随陈亚相叛变的西南团所属黎族游击中队几百人，组成 3 支队伍，由西南团打前锋。敌人的 3 支队伍分别包围长老乡、红湖村五区驻地，区长孙家本带一支主力分队杀出一条血路突围，突出重围的有五区委员孙家文、何赤、高俊德和助理温家林等 10 多人，但遭到捕杀的区乡党政军人员及工作人员 50 多人，崖县区委委员林吉典、梅山乡长孙有华等中共组织的骨干也被害。这就是敌人制造的"土伦事件"。孙家本在突围时受伤，但没有醒悟，返回去找其黎族"同庚"疗伤，"同庚"割下其头颅，拿到佛罗四十六军营部向国民党邀功请赏，得到了 50 块光洋和一头牛。土伦事件发生后，整个地区党组织遭受到严重的破坏，革命形势陷入困境，崖县西部地区的党组织力量大减。

　　土伦事件给党组织留下极其惨痛的教训，其发生是必然的：一是领导者思想麻痹，放松警惕，对发现的叛逆言行未引起足够的重视和采取相应的措施；二是区委、区署刚迁到土伦村，没有足够的武装力量来保卫驻地，以致事件发生时措手不及，无力反击和自卫；三是土伦地区是党刚开辟的新区，群众基础不牢；四是国民党反动派采取软硬兼施的手段，恐吓、封官许愿，或给予好处拉拢黎族有权有势之人，使他们倾向国民党反动派。

三、琼崖内战全面爆发和抗击国民党军队的进攻

　　1946年1月，国共两党的《停战协定》和停战令下达后，中共琼崖特委立即发出停止冲突、巩固和平的指示，要求琼崖党政军群严格遵守、切实执行，立即停止与国民党军队、政府冲突。然而，在国民党政府军事委员会参谋总长兼陆军总司令何应钦亲临琼崖作了指示和部署后，国民党琼崖当局挑起内战，其四十六军悍然撕毁《双十协定》《停战协定》，于1946年2月14日出动5个团的兵力，由师长甘成城率领，分四路向白沙解放区发起大规模进攻，其中一八八师及新编十九师各1个团由万宁、崖县分别进入保亭和乐东，配合其主力向白沙解放区大举进攻，琼崖内战至此全面爆发。

　　为了战胜敌人，中共琼崖特委根据牙叉会议的精神，作出了开展政治攻势、精简领导机构、整顿民兵组织和挺出外线、建立外线根据地等部署。根据琼崖特委的部署，琼崖独立纵队各支队立即开进指定区域，加强与民众结合，认真做好应战工作。中共广东区委派黄康到琼崖传达党中央关于"内战不可避免，国民党是势在必打，志在消灭我们，千万不可麻痹"的指示。琼崖特委和琼崖独立纵队更加坚定了抗击国民党四十六军大举进攻的决心。

从 1946 年至 1949 年，国民党军队和地方武装先后 10 多次对黑眉解放区进行疯狂"清剿"。1946 年 2 月，国民党军以 5 个团的兵力分成四路向白沙解放区大举进攻。其中，第一一八师及新编第十九师快速占领了琼崖西南部昌感崖一线。2 月中旬，国民党新十六旅 2 个营的兵力向黑眉解放区进犯。县、区武装队伍和根据地的游击队在群众的密切配合下，挖陷阱、埋地雷，严阵以待，敌军一进伏击圈，便将其打得溃不成军、落荒而逃，敌人的"清剿"计划最终被粉碎。敌军不甘失败，又沿着公路设据点，企图阻断黑眉解放区的给养，阻止武装队伍的行动。根据地的党组织决定消灭敌人在岭头路段的巡逻队，扫除这只"拦路虎"。6 月 30 日夜晚，由黄运秀带领的红湖村游击队 80 多人，配合张应桓和陈岩直接指挥的镇南队，趁夜在岭头桥埋伏，军民从南北夹击敌军巡逻队，歼敌 10 多人，缴获机枪 1 挺、步枪 7 支、子弹 100 多发。

国民党军队对黑眉解放区的"清剿"中规模较大的在 1949 年 12 月间。当月 3 日，国民党军出动 400 多人"清剿"黑眉解放区，被镇南队和民兵击溃。5 日，国民党集中兵力 1000 余人，分别从九所、黄流、佛罗和感城、板桥两头进攻黑眉解放区。7 日，国民党军 800 余人从岭头、新村、高茵村等三路开展第三次"清剿"，持续进攻 3 个昼夜，仍攻不下黑眉村。9 日，国民党利用军机投放汽油弹和炸弹，轰炸解放区军民驻地老抱岭，但被英勇的黑眉解放区军民击溃。在乐东县沿海一带的敌占区，中共领导的四区、五区地下游击队和武工队频繁出击敌军据点，开展肃奸反特的武装工作，有力地配合黑眉根据地军民粉碎了敌军"清剿"的阴谋。

1946 年 9 月，叛徒陈亚相、麦亚发、陈人忠勾结国民党四十六军新编十九师，调集佛罗、岭头村驻军 300 多人，对红水沟革命根据地发起进攻。三区委委员张应智、武工队队长符家善、常备队队长吴家敦和黑眉民兵队队长方亚劳率地方武装和民兵 100 多人，开进联乡驻地石遍洞参战；联乡驻地集中主力民兵 500 多人，由何如愚统一指挥反击作战。9 月 8 日拂晓，敌军进攻包围红水沟村扑空，据此认为村民闻风早已逃跑。于是他们纵火烧了村庄，接着沿崎岖的山路向石遍洞联乡驻地进发。当敌军主力进入伏击圈时，总指挥何如愚一声令下，埋伏在山上的民兵给敌人以狠狠打击，打得敌人喊爹叫娘。由于石遍洞出口路狭小，为敌军带路的叛徒对天然大石、出口、地形地势熟悉，又有迫击炮、轻重机枪、手提冲锋枪等精良武器装备向在石遍洞埋伏的民兵炮击和扫射，石遍洞顿时变成熊熊的火海，民兵们借着滚滚的浓烟掩护撤退，逃出了包围圈。这一次战斗持续了 2 个小时，歼敌 26 人，打伤多人，缴获机枪 2 挺、步枪 22 支、子弹及军用物资一批，挫败了敌军的"围剿"阴谋。

第二节　恢复发展党组织和开展锄奸反恶斗争

随着国民党崖县当局派兵围攻游击区、根据地以及革命村庄，捕杀共产党人，残害革命群众，特别是在制造麦家祠事件和土伦事件后，崖乐沿海地区的各级党组织遭受到严重破坏，崖县西部地区的党组织力量大减，革命形势陷入困境。为了保存革命实力，崖县区委、区署以及梅山乡民主政府不得不从梅山革命根据地撤往西南山区，昌感崖联合县民主政府也撤销。为了扭转被动的革命斗争局势，中共昌感崖联合县委决定重新组成中共崖县区委，恢复和发展党组织，开展锄奸细反恶霸斗争,开辟新区和建党建政。

一、恢复和发展党组织

为了扭转革命斗争局势,中共昌感崖联合县委派陈明纲(区委书记)、陈虞(组织委员)、林志超(宣传委员)、邢谷伍等回崖县重组中共崖县区委。1946年1月底,陈明纲、陈虞、林志超、邢谷伍等肩负党的重任,踏上返回崖县的征程,经4个昼夜的跋涉到了望楼港。抵达的当夜,即通过革命老屋主甘嫂和望楼港党支部书记冯兴华了解到当前敌人的反动气焰异常嚣张,戒备森严,暗探很多,恶霸横行,而我们的党组织涣散,群众情绪低落等情况。针对这些情况,区委分析了有利和不利因素,决定采取"胆大心细,摸石过河,分散活动"的方法,深入莺歌海、望楼港、乐罗、球尾灶等群众基础较好的村庄开展恢复党组织的工作。陈虞到梅山,林志超到球尾灶、望楼港,邢谷伍到新丰村并负责侦察莺歌海敌情,陈明纲到乐罗、望楼港并负责区委全面工作。望楼港甘嫂家成为区委临时联络点。

为了解除群众的思想顾虑,增强党的凝聚力,区委干部先依靠老屋主、军烈属帮做群众的思想工作,然后密切联系群众。经过深入、耐心的宣传教育,增强了群众对革命必胜的信心,群众的革命热情逐渐高涨起来。联合县委对恢复党组织也作了指示:一是共产党员在敌人镇压时,经组织安排以群众面目向敌人"妥协"而不暴露政治身份的,可以恢复党的生活;二是共产党员在敌人镇压时,与组织失去联系,同群众一起向敌人"妥协"、不出卖组织的,可以恢复党组织生活;三是对变节自首者,不予恢复党的组织生活。经过艰苦的工作,各地党组织逐步恢复和发展,恢复的党支部有乐罗东、乐罗西、球尾灶寮子坡、球尾灶外挺坡、望楼港、罗马、莺歌海、新丰村、新村、香山村，共 10 个，近百名党员重新回到党组织中来。通过恢复和发展各级党组织，为崖西坚持艰苦的解放战争打下了坚实的组织基础。

二、开辟新区和建党建政

1946 年 9 月，国民党四十六军撤回大陆，广东省国民党当局派蔡劲军带 4 个保安总队来琼接管防务。敌人的兵力比原来减少了 3/5。中共琼崖特委抓住有利时机派孙惠公、陈侃、罗群、蔡大元、孙鹤林、陈兴起等骨干回崖县恢复中共崖县委（同年 12 月昌感崖联合县委撤销），孙惠公为崖县委书记。1946 年 11 月，中共崖县四五联区委成立，陈虞为书记（1947 年 3 月由陈侃接任），委员有陈侃、吴清尧、林志超。1947 年 5 月，成立红五乡和千善乡民主政府，麦笃信任千善乡乡长。同月，崖乐边区工作委员会成立，并组成一个工作队，蔡大元为主任兼队长。开辟罗所、抱苟、罗浩、千家、抱善、雅亮、秦标等一批新区，同时派工作组到抱告、红墓、长兴、秦标一带开展清敌建政、筹款筹粮工作。

1947 年 1 月，中共崖县委在崖县区委原有的武装队伍的基础上，建立崖县前进队，人员从 10 余人扩增到 100 多人，王振雄任队长（后为符建熙），前进队于 12 月归属琼崖纵队第五总队。县委又组建南进队，卓飞任队长（后为符明盛），兵员 112 人。同年冬，为了开辟新区，县委派王振雄带领前进队拔除抱用的国民党地方武装，虽攻不下，但给敌人一定的威胁，该敌据点被迫迁往千家。前进队就在千家附近的公路上伏击敌人，用土地雷炸死国民党乐东县党部干事罗以志。在琼崖纵队第五总队的围攻下，终于拔除千家据点，为开展崖乐边区工作创造了条件。经过全琼革命军民的浴血奋战，国民党蔡劲军部的"围剿"被粉碎了。同年，蔡劲军因"剿匪不力"被撤职，广东国民党当局又派韩汉英来琼接任行政督察专员兼保安司令。

经过 1 年的艰苦工作，中共党组织不断发展壮大，又有木棉头、老陈田、赤宫、抱笋、老陈落、秦标、长兴、望楼、抱岁、老郑村、老邢园、田套、官村等 13 个党支部得到恢复或建立。至此，全县党支部共 27 个，党员人数从原来的 100 多人增加至近 200 人。同时，党支部发动组织群众建立民主政权和农会、青年会、妇女会等群众组织，组织地方武装和支前供应站、救护队、运输队，配合琼崖纵队作战。

1948 年 2 月，中共乐东县工委成立。张创任工委书记，符史、符岳为委员。县工委干部随琼纵部队在永明、抱由、三平、志仲等地宣传党的政策，组织民兵支前，动员青年参军参战，协助部队摧毁各村敌伪政权。同年春，中共崖县四五联区委受国民党"围剿"被迫迁往红五，并建立红五革命根据地。这期间，崖县四五联区委先后建立了冲坡、乐西等 12 个党支部。3 月，崖县四五联区委又建立铺村、赤命、抱本、镇远等 4 个党支部，并派出部分党员到龙浩、千家、福报、木棉、红五、抱洞、抱告等黎族乡村开展党的工作，布置支前任务。5 月，县委设立四五联区署，陈侃任区长。区署主抓继续发展党员，扩大党组织；发动青年参军参战，扩大武装队伍；建立各乡、村农会组织；大力搞好筹粮筹款支援前线工作；开展策反活动，搜集枪支武器支援部队工作。陈侃、林志超、陈虞、邢谷伍等经常到官村、老陈落、抱岁、秦标、老郑村等地组织农会，发展党员，建立党支部。8 月，新英乡、长老乡和丹岭乡在黑眉的内昌村成立联乡委员会，何如愚任主任，委员有符家善、陈正、黄世伍、陈尧，并成立一支武工队，由王泽香、符家善领导。

解放区和游击区等新区的开辟，基层党组织及民主政权的建立发展，为推进乐东解放战争创造了有利条件。

三、开展锄奸反恶斗争

1946 年 5 月，在广大群众的支持下，崖县区委按照"冤有头债有主"的原则，开始惩办汉奸，铲除特务暗探，以打击敌人的嚣张气焰，鼓舞人民的斗志。

国民党乐罗乡乡长吉锋是个反动贪婪者，紧跟国民党崖四区区长陈恩绥为非作歹。中共崖县区委决定首先除掉吉锋。短枪班班长王振雄带领刘礼仁、钟马仔冲入乡公所，吉锋企图翻墙逃跑，被王振雄开枪击毙。崖县区委就处死吉锋一事在望楼港街上贴出告示，劝诫像吉锋这样的人回头是岸。这对崖四、崖五区的反动分子起到震慑作用。

1946 年 6 月 16 日，陈明纲、吉鲁汉带领武工队 20 多人抓擒大地主、大汉奸陈德文，收缴其 2000 多块光洋和一批物资后将其处决。接着又逮捕了罗所乡乡长罗绍熙。同时捕获从感恩县逃亡来的罪大恶极的大汉奸陈正书，并将其枪毙。崖县四五联区署派何如愚带领 30 多名武工队队员除掉国民党崖县当局驻莺歌海工作组的主要成员王良土、方藩等，又派吴清尧、何多璋在莺歌海枪决吴清华。9 月，史中坚、文谦受、何如愚、吴清尧、何多璋、陈明纲等党员在九所、乐罗、利国一带开展活动，在乐罗村毙掉反共分子、汉奸陈亚侦及原日本维持会会长陈教仕。

1948 年 3 月中旬，崖县四五联区派吴清尧、陈侃、邢谷伍潜入莺歌海村活捉莺歌海叛党分子王良柏和严俭宁，将他们押到红五村枪毙。8 月中旬，崖县四五联区署先后处决国民党官乡乡长陈赞德、三青团分队长吉承桃、国民党崖四区指导员张绍斗等一批反动分子。

在 2 年多的时间里，党组织依靠人民群众，开展锄奸细反恶霸斗争，摧毁了地方上的反动势力，在一定程度上为乐东解放战争扫清了障碍。

第三节　解放乐东县城和乐东民主政府的建立

1947 年，五指山区的白沙、保亭等县已全部解放，乐东地区的番阳、万冲也建立了革命根据地，而乐东的千家、抱由、志仲等大部分地区都有国民党的乡公所，敌军较多，仅驻守乐城的敌人就有 200 多人。因此，解放乐东是解放海南的重要组成部分。同年底，琼崖特委召开军事会议，对解放乐东进行战略部署。琼崖纵队第五总队和第一总队的第一支队（暂归第五总队指挥）奉命开进乐东后，先后摧毁乐东县城外围的志仲、雅星、千家、黄流、佛罗等敌据点，解放乐东县城，建立起中共乐东县委和乐东县民主政府。

一、摧毁乐东县城外围的敌据点

1947 年 5 月，琼崖独立纵队前进支队攻下了番阳、万冲敌据点。8 月，琼崖独立纵队镇南队也奉命开进乐东，并于 9 月中旬攻打抱由乡公所，直逼国民党乐东县府。国民党榆林要塞守备司令部不得不派出 4 个中队和 2 个自卫中队给予增援，并派兵进犯万冲、番阳两地。镇南队阻击歼灭了进攻番阳、万冲的敌人。10 月，前进支队又粉碎了由乐城向番阳、万冲进犯的国民党军队。11 月，琼崖纵队司令部命令陈武英等率领琼崖纵队第五总队和第一总队第一支队 5 个中队向乐东挺进，积极开展多港峒运动战、老颜田伏击战、青岭伏击战，奇袭黄流乡公所和佛罗据点，先后摧毁乐东县城外围的志仲、雅星、千家、黄流、佛罗、东孔等敌据点，解放乐东县城，建立起中共乐东县委和乐东县民主政府。

（一）多港峒运动战

1948 年 5 月 5 日拂晓，国民党乐东城守军榆林要塞总队 2 个连和县政警队、义勇队及多港（峒）还乡团等 5 个中队共 500 多人，从乐城出动，直奔多港乡抢劫粮食。琼纵五总队闻讯后，命令一总一支队副支队长刘英豪率部迎击，命令五总十三支队队长韩飞率领 3 个中队在有利地形阻击敌人，由十五支队队长梁仲明率领 2 个中队从多港左侧截击、断敌退路。上午 8 时，战斗打响。十三支队先与敌先头部队交战，刘英豪率领 4 个中队以迅猛的动作插到敌人右侧后面，配合十三支队，构成三面包围。敌军被围后仓皇逃跑，刘英豪立即指挥部队追击，但由于十五支队在迂回时走错了路，敌人从迂回部队留下的间隙中突围。此次战斗，毙伤敌人 30 人，缴获步枪 18 支、土药枪 14 支和一批粮食。

（二）奇袭黄流乡公所

1948 年 5 月下旬，琼纵十三支队获悉黄流乡公所将壮丁送往崖城的情报后，决定化装奇袭国民党黄流乡公所。送壮丁的前一天晚上，十三支队副支队长张积成和第四大队队长郑南锦穿着国民党军官服，率领化装成国民党军的 50 名战士从乐东旧村出发，翌日拂晓到达崖城。在通往黄流的公路上，巧遇一个骑着马从黄流方向奔来的国民党士兵，张积成用粤话询问得知，佛罗据点已被挺进队包围，这位士兵正赶往崖城求援。张积成将计就计，说他们是援军，敌兵信以为真。张积成从敌骑兵的话中了解到黄流乡公所的详情，便向敌骑兵说："先找黄流乡公所孙家才乡长办点事，再去佛罗乡。"带路的敌骑兵找来孙家才，并向孙家才说这是崖城守备大队的张大队长和郑副大队长。

张积成立即给孙家才一个下马威，厉声责问："你不知道国军在扫水战斗中损失很大，急需壮丁补充兵力吗？你乡的壮丁为什么迟迟不送到崖城去？你胆大包天，胆敢违抗国军的命令！"孙家才吓得直发抖，说："不敢，不敢，3天之内一定将壮丁送去。请大队长息怒。"张积成更加严厉地说："不行，你马上叫乡自卫队全都出来集合，不要带枪，看看有多少能当国军的，我要带走。枪支留给乡公所。"孙家才不敢违令，老老实实地将乡自卫队集合起来。张积成见时机已到，指着孙家才大声说："先把他抓起来。"战士们立即把孙家才捆了起来，迅速收缴了屋内的枪支弹药。前后不到20分钟，一枪未发，黄流乡公所自卫队40多人全部被擒。此役缴获长短枪56支、子弹3000多发、手榴弹116枚。

（三）奇袭佛罗据点

1948年5月28日，琼崖纵队五总队三大队队长李永耀利用国民党崖县政府派政警队前往佛罗据点催缴壮丁费的机会，率领一个中队化装成政警队，抢先一步到佛罗"催缴壮丁费"。进入敌据点后，李永耀对敌人说："我们是政警队，奉县座之命，来催缴壮丁费。你们赶快集合听命，分头下乡收缴壮丁费，违者，以军法制裁。"国民党乡长和自卫队队长听后，下令士兵集合。李永耀见敌人上当，按原定好的战斗暗令说："兄弟们！"战士们听到战斗暗令后，迅速将敌人包围，收缴了敌人的枪支。此次奇袭佛罗敌据点，一枪未发，俘敌乡长、自卫队中队长等官兵50多人，缴获长短枪53支、子弹2000多发、手榴弹108枚。

（四）老颜田伏击战

1948年5月底，琼纵五总十三支队队长韩飞从东孔情报员处获悉驻东孔村据点的国民党榆林要塞总队某排要调防，便率领 3 个中队，连夜赶往赤龙老颜田南进机场布兵伏击。5 月 31 日早上 9 时，敌军 30 多位换防官兵向琼纵伏击阵地走来。在敌人进入伏击圈后，韩飞发出战斗命令："打！"战士们集中火力进行突袭，不到 20 分钟，就消灭敌人 20 多人，9 名敌人狼狈逃窜，躲进原日军南进机场的防空洞。韩飞命令驳壳班到洞口，向敌人宣传优待俘虏政策。不久，9 名敌人从洞里走出，举手投降。老颜田伏击战，歼敌俘敌 30 多名，缴获捷克式轻机枪 2 挺、长短枪 27 支、子弹 1000 多发。

（五）青岭伏击战

1948 年上半年，国民党琼崖当局委任陆军少将韩云超为乐东县县长，榆林要塞守备总队派出 4 个中队，由一大队队长朱挺英率部"护驾"，强行突入乐城赴任。琼纵第五总队估计韩云超和"护驾"的敌人可能从志仲方向来，决定由陈武英和吴文龙率领十三支队前往伏击。但狡猾的敌人却从千家方向来，若从志仲调回部队已来不及。这时，前来乐东检查作战的琼崖纵队参谋长马白山和副总队长郑章决定：从包围乐城的十五支队抽 3 个连，在敌人途经的青岭一带埋伏。当韩云超、朱挺英等敌军进入伏击圈时，琼纵部队各种武器齐发，消灭了敌人尖兵排 30 多人，击伤朱挺英，击毙韩云超，缴获轻机枪 2 挺、步枪 10 多支。伏击部队考虑到自身的力量较弱，难以全歼敌人，便就此撤退。"护驾"的援敌进入乐东县城后，国民党琼崖当局便电令朱挺英兼任县长。

琼纵第五总队在扫清乐城外围敌军据点后，便部署了对乐城的包围。

二、打响扫水战斗和解放乐东县城

乐东县城外围全部解放后，乐城守敌成了瓮中之鳖。琼崖纵队指挥部迅即作出决定，攻打乐东县城，解放乐东全境。

　　1948 年 6 月初，龟缩在乐东县城的国民党守军共有 400 多人，他们被琼崖纵队围困 10 多天后，粮草断绝，士气低落。在走投无路的情况下，为了得到粮食，他们决定到附近的扫水村抢粮。6 月 6 日清晨，乐城守敌留下 100 多人守城，其余到扫水村抢粮。接到情报后，琼纵五总队决定，由驻扎在扫水村里的第一支队以一个大队的兵力吸引敌人进攻，主力部队则迂回包抄，切断敌退路，将其歼灭。

　　乐城到扫水村途经一条小河，部署在河岸上的琼纵部队与敌军接触后立即撤退。敌人以为是小股部队骚扰，追过河后直奔扫水村。在扫水村外，琼纵一个排边打边退，敌军蜂拥而至将整个村庄围住。这时，十三支队的一个大队插进扫水村，一支队第一大队队长张博飞、政委方建三率领 2 个中队迂回到敌后，十三支队的另一个大队从旧地村包围过来，内外夹攻。敌军抵挡不住，便退到村边的一条水沟里进行抵抗。张博飞集中 8 挺轻机枪，掩护突击队匍匐前进。突击队把几十颗手榴弹一齐投向敌人，30 多名敌兵被炸得血肉横飞，敌人乱作一团。一支队和十三支队越打越勇，敌军溃退到水田洋的隐蔽地形作垂死挣扎，第一支队的战士利用灌木丛为掩护，迅速接近敌人，集中 8 挺机枪和所有手榴弹，向敌群猛烈攻击。敌人无路可逃，只好举手投降。这次战斗从上午 8 时一直打到下午 3 时，毙伤或俘虏敌人共 180 多人，缴获重机枪 1 挺、轻机枪 12 挺、掷弹筒 6 具、冲锋枪和步枪 52 支、刺刀 26 把。

　　琼崖纵队取得扫水战斗重大胜利，敌人损失惨重，守卫在乐东县城的敌人闻讯后连夜弃城逃跑，琼纵第五总队乘胜前进，占领了乐东县城，至此五指山区全为解放区。

第四节　根据地建设

乐东全县解放后，党领导解放区的人民进行减租减息、土地革命、发展生产、建党建政、复办琼崖公学，从政治、经济、文化等方面开展解放区的全面建设。

一、中共乐东县委和县民主政府的建立

在琼崖纵队主力向白沙、保亭、乐东中心革命根据地挺进的同时，琼崖区党委（特委）加强了白沙、保亭、乐东地区的建党建政工作。1946年11月，建立崖县四五联区委。为更好地发展新区工作，扩大党组织力量，崖县委决定成立崖乐边区工作委员会，主任蔡大元，委员孙鹤林、陈兴起。下设1个工作队，蔡大元兼任队长，队员有孙鹤林、陈兴起、高俊德、孙才干、陈之运、陈明，后来还发展黎族青年唐宗海、唐宗泗、唐保墀、罗家瑚等人。工作队在县委委员孙珠江、陈明纲的领导下，开辟新区，建党建政，发动武装，组织农会，筹饷筹粮。他们开辟的新区有两大片，一片包括老陈田、罗浩、抱管、龙鼻、赤官、木棉头、福报、千善等村，由孙珠江、蔡大元领队；另一片包括抱赤乡、官村、老陈落、秦标、长兴、老邢园、田套等一带村庄，由陈明纲领队。

1948年2月，中共乐东县工作委员会成立，张创任书记，委员是张创、陈家光、邢惠民。县工委组织工作队随琼纵部队在永明、抱由、三平、白地、旧地、扫水等村庄宣传党的民族政策，开展诉苦、清匪、反霸、土地改革等运动，组织黎族、苗族群众发展生产，动员青年参军参战，组织民兵协助部队摧毁各村敌伪政权，成立新的民主政权，

从而调动了黎族、苗族人民的革命积极性。当年,乐东县有1000多名黎族青年参加了琼崖纵队,还有大批青年参加地方武装和民兵组织。同年6月,琼崖区党委决定撤销中共乐东县工作委员会,正式成立中共乐东县委员会和乐东县民主政府,符史任县委书记兼县长,委员有符史、王波、张睦群、林木青、陈家光、陈模烈。县委、县政府两大机构一套人马,县委下设组织部、宣传部、民运部、县委秘书室等;县民主政府下设民政科、文教科、财政科、县武装指挥部。同年,成立乐东县武装指挥部,下设1个中队,符史兼总指挥,陈家光任副指挥,叶明烈任中队长。为加强少数民族地区的工作,调动黎族、苗族等少数民族群众的革命积极性,适应斗争形势变化的需要,1949年2月,乐东县调整区域,将昌感县区域的边区少数民族乡村划归乐东县管辖,县委下辖3个区委和区政府,招正平任乐一区委书记兼区长;王泽香任乐二区委书记兼区长;麦笃信任乐三区委书记兼区长。县政府下辖的乡级政府有长老乡、田沟乡、红戈乡、光益乡、差俄乡、俄隆乡、陀烈乡、乐中乡、南头乡、万胜乡、官德乡、雅林乡、戈大乡等13个。乐东县委隶属琼崖南区地委领导,后又隶属中共琼崖少数民族自治区工作委员会领导。

二、开展土改试点工作

乐东地处山区,当地的黎族、苗族人民深受地主恶霸的残酷压迫和剥削,生活非常贫穷困苦。为使他们摆脱困境,发展生产,改善生活,县委、县民主政府组织土改工作团下乡,向群众宣传党的土改政策,使党的土改政策深入民心,在全县掀起了土改运动高潮。

早在1947年8月,区党委和琼崖民主政府先后在五指山根据地的水满、阜龙、牙叉、白沙和番阳等乡开展土改试点工作。同年,乐东县的高业、广益二乡农民也进行了清算分田斗争，乐东县解放区开展减租减息、清算恶霸地主斗争。1948 年上半年，南区地委和行署加强乐东等县土改工作的领导，全区共清算地主恶霸 118 人，没收田地551.5 亩，分给农民 1293 户 7043 人，把土改运动引向深入。1948 年下半年，乐东县的万阳、官德、万信、加南、富业、璧霞、马璧、广益以及琼山县的加林等乡的土改工作，按照中央和区党委的指示作了新的部署，在减租减息、清算地主恶霸罪行的基础上，没收地主的土地和财产，进行平分土地，评定阶级，完成填平补齐工作。至 1948 年底，全琼有白沙、保亭、乐东等 12 个县 71 个乡进行不同程度的减租减息，清算地主恶霸罪行、分田、分财的斗争。据不完全统计，共清算与逮捕地主、恶霸、特务 584 人，其中镇压 217 人；减租减息获得的稻谷共有 4680 石，破仓分粮济贫的仓谷 2053 石；没收汉奸、恶霸地主的田地共有 3069.5 亩，没收牛 1936 头、猪羊 429 头、白银 9518元、农具 1543 件、槟榔树 20 余万株和一批物资，分配给 2.8 万余位农民。

　　土地改革和减租减息经过试点取得初步成效后，扩展到全县各乡村，让土地回到广大黎族、苗族群众手中。

三、南美兵工厂、琼崖纵队军械厂及军工局

　　1947 年 10 月，为便于对驻乐东、保亭等地的武装部队提供武器弹药，琼崖独立纵队从昌感县北黎村（今属东方市）将兵工厂转移到南美村。初建时设备十分简陋，只有 2 个维修车间，专门维修步枪一类的轻型武器和制造手榴弹，全厂职工 70 多人。1948 年末发展成拥有300 多人的初具规模的兵工厂。兵工厂设有熔化、兵器维修、组装、入药、制造弹壳、装雷管、制造子弹箱等 10 多个车间（车间全为茅草

房），能制造步枪子弹、手榴弹、六零炮弹、迫击炮弹、地雷、炸药等十几种弹药，修理、组装重机枪、六零炮等中、重型武器。1949 年 10 月，国民党军调集乐东、昌感附近的兵力偷袭兵工厂，因敌众我寡，兵工厂被迫撤离。

1948 年，为了支持解放战争发展，解决琼崖纵队军事装备及武器缺乏等问题，在番阳当地群众的大力支持下，琼崖区党委创办了琼崖纵队军械厂。军械厂创建初期只有 90 多人，设备简陋，只能修理枪械，随后发展到 200 多人。随着生产设备的增加，军械厂规模也逐渐扩大，分设熔化、改造、入药、制弹壳、装雷管、组装兵械等 7 个车间，能够制造手榴弹、迫击炮弹、六零炮、竹筒炮、枪尾炮、地雷、各种子弹和炸药，以及修理大炮。军械厂生产的各种武器，大大提高了部队的作战能力，为琼崖纵队发动的 1948 年秋季攻势和 1949 年春、夏两季攻势三大战役，提供了有力的装备保障。1950 年海南解放后，军械厂搬往海口。

琼崖纵队军工局设在番阳孔首村（今五指山市管辖），与琼崖纵队军械厂相邻，两地距离约 1000 米。军工局除了负责军械厂军火原材料的供应和军火分配工作外，还对军械厂所生产的各种兵器的性能进行论证和试验，达到要求的才装配部队；同时指导维修各种兵器，制造手榴弹、迫击炮弹、地雷、子弹、刀具等。1950 年海南解放后，琼崖纵队军工局迁到海口。

四、南流后方医院

1947 年 11 月，琼崖纵队在乐东县南流乡南流村（南克村）建立后方医院。琼崖纵队发动南流村群众用了 3 个昼夜的时间为医院建起茅草房作为医院的病房、宿舍，病房有 6 间，每间约 100 平方米。医院占地面积约 50 亩，有医护人员 20 多人，女护士以讲海南话者居多。医院建立后，每天都有从八所、昌江、九所、扫水等前方战场用担架抬来的伤员，从 1947 年至 1950 年 5 月海南解放，住院治疗的伤员有 1000 多人。伤员不治身亡的，就埋在附近小河田边，其中有团长、营长、连长等级别的人员。

五、复办琼崖公学

随着乡村新政权的诞生，各项事业必将兴办，在这个时候，必然急需大批干部来管理和领导。然而，由于根据地地处少数民族地区，文化落后，缺少干部来领导新政权的工作。区党委根据新形势作出决定，复办琼崖抗日公学，并更名为琼崖公学。

琼崖区党委认为，乐东县土地肥沃，粮食丰富，特别是番阳乡，自从实行土地改革后，黎族、苗族人民的政治思想觉悟高、基础好，把琼崖公学建在那里，一旦遇到困难时，这里的人民一定会大力支持。于是，决定将琼崖公学学府设立在番阳乡。番阳乡人民听到琼崖区党委决定将琼崖公学校址设在家乡的消息，在乡民主政府的领导下，自觉地上山伐木、砍竹、割茅草，建起了 6 间木泥结构为墙、茅草盖顶的教室。学校领导班子到校后，发动师生们向当地同胞学习，上山砍竹伐木建设宿舍，仅用 20 天便建成 7 间宿舍和 1 间可容纳几百人的礼堂。接着又用砍伐回来的木材，制作各种睡床和办公室桌、凳。琼崖公学是当时琼崖地区造就人才、建设解放区的最高学府。

琼崖区党委还对琼崖公学的领导班子和干部、学校的教育方针以及招生对象和范围等作了具体的安排和部署。区党委总结美合时期、阜龙时期的办学经验，对学校的领导干部和教师都作了适当调剂，配备一支精干的教师队伍。因史丹在中共琼崖第五次代表大会后，于

1947年7月调任南区地委书记，故决定调吴乾鹏为校长。不久，吴乾鹏因病不能担负学校的繁重工作。冯白驹根据学校工作需要，将史丹从南区地委调回琼崖公学担任校长。史丹到校前，琼崖公学的人事已做好了安排：符气临任政治处主任，唐海光、梁定坤任副主任；陈实任教务处主任（不久调离，由林树兰接任）。1949年12月，政治处与教务处合并为教务处，林树兰为主任，唐海光、梁定坤为副主任。郑兰茂任总务处主任，伍英任副主任。学校实行校长负责制。为了使党团组织在学校中发挥模范作用，还成立了党总支。符气临担任党总支书记，协助校长抓党的组织建设工作。全校教职员共50多人。

1949年3月20日，琼崖公学正式开学。入学的青年有340余名，其中女生22名。这一天，区党委副书记黄康出席会议并讲话，他号召学生们确立为人民服务的人生观，学会为人民服务的本领。这一天，全校师生精神焕发，高唱着吴乾鹏谱写的校歌：

从城市和村庄，一切不同的方向，汇合到这块温暖而新鲜的地方。我们的意志受着锻炼，我们的情绪受着鼓荡，时刻前进着是我们的理想，学习、劳动、团结、紧张，我们的身心都炼得坚强。我们要跟着共产党，走上人民解放的战场，把建设新琼崖责任放在自己的肩上。

琼崖区党委复办琼崖公学，触怒了国民党反动派。1949年9月，以薛岳为首的国民党海南防卫总司令部成立。薛岳认为琼崖公学就是为共产党培养军政干部，给他的"剿共"计划带来阻力，便下令派飞机要把琼崖公学炸平。此后，每隔几天，就有敌人的飞机在番阳乡的上空盘旋，寻找琼崖公学的校址。为了安全，学校动员师生挖防空洞，预防敌机的轰炸。敌机有时投弹，有时扫射，但什么都炸不到、打不着。薛岳不甘心，又派2个团的兵力向琼崖公学进攻。当时琼崖纵队主力在东线行动，调兵增援已来不及，总部动员乐东的民兵配合总部警卫连和琼崖公学的警卫连，在万冲区一带把敌人挡住，并把敌人引进密林之中。敌人对地形不熟，被民兵和警卫连打得落花流水。战斗持续了1个昼夜，我方消灭敌人2个营，缴获榴弹炮1门及其他枪械一大批，保卫了琼崖公学。

第五节　解放乐东沿海地区

乐城解放后，国民党在乐东仅有今黄流、佛罗、九所等几个沿海据点。1948年9月至1949年7月，琼崖纵队连续发起规模空前的秋、春、夏季三大军事攻势，有力地打击了敌人，取得了重大胜利。其中，九所战斗规模最大、歼敌最多，战果辉煌，成为解放乐东沿海地区的一个转折点。

一、乐东老区人民掀起参军支前热潮

1947年12月26日，冯白驹在发布《琼崖临时民主政府关于建军工作的训令》中，号召全区党政军民要一致为争取前线的胜利而奋斗，并要求增加军事人员的枪支，壮大军队，以便更好地消灭敌人。乐东县坚决执行上级的指示，积极做好动员青年参军工作，为琼崖纵队输送兵员和扩大地方武装。各乡里党组织响应上级的号召，轰轰烈烈地掀起募捐和支前运动。1948年2月，中共乐东县工委派干部随琼崖纵队在永明、抱由、三平、志仲发动了700多名青年参军，3000多名民工支援和配合琼崖纵队作战。1948年上半年，乐东县动员了1000多名青年参军，另有1242人配合前线部队行动。1948年6月，为了支援琼崖纵队和迎接解放军渡海作战解放海南岛，各级党组织和各地民主政

府做了大量的工作。至年底，组织了 6 万多人的民兵队伍参战支前。在送子送亲戚参军方面，人人都不甘落后，出现了父送子、妻送夫、兄送弟参军的动人场面。如赤楼村吉永骏送夫参军，官村陈炳作送弟参军、陈业宫送子参军，乐罗村周亚辉母亲送子参军，抱旺村罗才榜兄弟齐参军，新村王光生不但送独子参军，还动员外村亲戚送子参军。

在支前工作中，通常采用缉没、向商人富户和进步人士摊借、向基本群众筹借等 3 条渠道筹集粮款。千善乡（今千家镇）群众支援前线捐献粮食 10 万多斤、黑豆 1 万斤、牛和猪 100 多头、棉被和草席100 多张、火药枪 20 支。佛罗丹村支前委员会发动群众捐献粮食 90石、生猪 10 头、光洋 3000 多元，并组织 7 名青年参军参战。1949 年上半年，乐东县群众捐光洋 9251 元、被服 1000 多张，以及大量的稻米、花生、杂豆等物品。1950 年初，又组织了 6 万多人的民工运输队，征集粮食 13000 多担，全岛共征集 5 万多担。1950 年春，我人民解放军渡海作战捷报频传，志仲区 1000 多名群众挑粮牵牛、口唱山歌，到三亚慰劳渡海大军。

二、九所战斗

九所镇为崖四区属地，位于海南西线交通要道上，是一个很重要的交通据点，国民党的区署就设在这里。后来，国民党军又派崖县自卫大队第二中队和榆林要塞 1 个中队在此驻防，企图切断崖县至昌感的地下红色交通线，控制共产党在这一地区的活动。

1948 年 9 月 17 日起，琼崖纵队发动了为期 2 个多月的秋季攻势。各区的琼纵部队也相继出击，配合秋季攻势，打击敌人。九所战斗就是其中的一役。

1948 年仲冬，驻扎在九所的国民党自卫大队第二中队一班长陈人育看到国民党大势已去，产生投奔琼纵的念头。他首先与海塘乡乡长陈正接触，然后党组织派工作人员邢谷伍同他联系。经过邢谷伍的教育，他决定弃暗投明，做琼纵拔除九所敌据点的内应。崖县委决定派民运部部长陈明纲前往乐罗部署这项兵变工作。陈明纲指定乐罗村党支部书记颜海光和地下党员容亚十为联络员，前往九所联系陈人育，并指示他绘制敌第二中队的驻防、火力点图。陈人育完成了任务。11月26日晚，辜汉东、张积成、林庆墀、陈明纲等按照部署带领部队和县南进队，前往九所附近的海棠林待机。当与陈人育接头后，南进队立刻令突击排（驳壳排）分为2个战斗小组：一组由排长陈作新率领，负责冲击敌机枪排；另一组由副排长孙家璋带领，直插敌中队部。要塞军据点由辜汉东指挥第五总队留守部队进行牵制。

战斗一开始，陈作新、孙家璋等首先机警快速地解决了哨兵，接着，全体指战员一齐冲入敌营房，枪口对着酣睡的敌兵，收缴了敌人全部武器。敌副中队长邢诒香从昏睡中惊醒，企图反抗，当即被击毙。敌中队长容琼风趁乱逃走。隔墙的敌要塞兵，眼见二中队挨打，便杀气腾腾地冲出据点，企图为其解危，但被辜汉东指挥的部队迎头痛击，只好仓皇缩回"乌龟壳"里虚张声势，图保自己。在攻打第二中队的同时，驻九所的国民党罗所乡乡长周承炳，按以前立过的"戒条"，令其乡兵向琼纵投降。

这场战斗，打得干净利落，琼纵共歼灭国民党自卫大队第二中队80多人和乡兵10多人，缴获英制机枪2挺、炮1门、短枪2支、步枪50多支和一批弹药。秋季攻势战役前后历时68天，琼纵部队总共作战20余次，歼敌1570名，缴获轻重机枪20挺、迫击炮1门、掷弹筒和枪榴筒9具、长短枪502支，攻克和解放了18座城墟，拔除了20

余处中小据点，大片地区获得解放，解放区得到进一步扩大和巩固。

秋季攻势之后，琼崖区党委和琼纵总部决定乘胜发动一次规模更大的、主攻方向在琼西的春季攻势。琼纵集中 6 个团的兵力，成立春季攻势前线指挥部，由吴克之任前线指挥部总指挥兼政委，马白山任副总指挥，符荣鼎任副政委兼政治部主任，符振中任参谋长。琼崖纵队春攻主力部队在消灭了昌感县境内的敌人后，由副司令员吴克之率领，挥戈向崖县进发，计划解放崖县城进而解放榆林、三亚两地。九所镇是崖县和榆林西部的重要墟镇，在这里的敌人有 300 多人，它成了琼纵攻打崖县和榆林、三亚的拦路虎，故琼纵决定先除掉它。

1949 年 6 月 2 日，天刚发亮，围歼九所敌人的战斗打响。琼纵主攻部队从东、西、北三面向敌人发起猛烈攻击，敌军凭借坚固的工事、精良的武器，拼死抵抗；琼纵则发扬敢打敢拼的革命英雄主义精神，轮番向敌人进攻。战士们不怕牺牲，勇敢冲杀，经过 4 个昼夜的激战，终于攻克九所据点。这场战斗共计毙、伤、虏敌官兵 270 多名，缴获重机枪 2 挺、轻机枪 12 挺、自动步枪 3 支、长短枪 148 支和大批物资弹药。至此，从 3 月 4 日起至 6 月 4 日历时 3 个月的春季攻势胜利结束。

春季攻势，是琼崖纵队作战史上最伟大的一次攻势战役。这次攻势在地方党政和全琼各族人民群众的大力配合和支持下，转战澄迈、临高、白沙、昌感、乐东、崖县等县，从琼西北一直打到琼西南，取得了辉煌的成果。据不完全的统计，共歼敌 2296 名，缴获迫击炮 7 门、掷弹筒和枪榴筒 53 具、重机枪 6 挺、轻机枪 116 挺、冲锋枪 6 支、步枪 1784 支、短枪 104 支、各种子弹 14 万余发及大量军用物资。

三、解放乐东全境

1949 年 4 月，中国人民解放军渡过了长江，一部分国民党反动军败逃海南岛，企图据守海南，作垂死挣扎。为了挫败敌人的阴谋，琼崖区党委于 1949 年 7 月 15 日和 7 月 26 日，分别发出了《关于目前斗争的紧急指示》《关于迎接大军南下工作的再指示》，对今后的斗争形势作出了分析，号召人民不要被在岛上的国民党残兵败将吓倒，要树立必胜信心，敢打敢拼，迎接琼崖的解放。琼崖区党委根据党中央的指示，对全琼的斗争相应作出了具体部署。

同年 7 月末，国民党军一五六师向乐东县步步逼近，在占领了乐东县的千家之后，沿着公路直逼乐东解放区。琼崖纵队第五总队奉命在乐东县的平坡营一带，抗击敌人的进攻。8 月 1 日，敌一五六师四六六团先向琼纵六团三营网守的平坡营村进攻，遭六团的反击后，仓皇向乐东千家溃逃。第五总队五、六团一鼓作气，乘胜追击，逃敌在沿途中又被民兵阻击，敌一五六师向乐东解放区的进攻遂告失败。

12 月，国民党军派 1 个团的兵力，向黑眉解放区发起进攻。南区行政专署驳壳班战士配合黑眉村的民兵，凭借早已挖好的战壕，英勇阻击来犯之敌，击毙敌人 1 名，缴获步枪 1 支。敌人没有善罢甘休，集中 2 个团的兵力，再次发起进攻，都被黑眉解放区军民击退。敌人的 2 次进攻都以失败告终，恼羞成怒，便又集中了 3 个团的兵力，对解放区发起第 3 次进攻。敌人利用飞机大炮对阵地狂轰滥炸，但解放区的军民已有多年对敌斗争的经验，利用地形与敌人展开了游击战，击退了敌人的 6 次攻击，英勇地保卫了黑眉解放区，捍卫了解放区的胜利果实。

1950 年 4 月 16 日，中国人民解放军第四野战军四十三军和四十军开展大规模渡海作战。在琼崖纵队和琼崖人民的大力支持和配合下，野战军横扫敌军沿海防线残敌，冲破了敌人苦心经营几个月的"伯陵防线", 野战军主力和琼崖纵队胜利会师。4 月 19 日, 野战军攻占美台、加来, 击溃敌六十四军。4 月 21 日, 野战军攻破黄竹、美亭守敌, 打垮了敌六十二军和敌三十二军的主力。接着直向海口、府城追击残敌。4 月 23 日, 野战军攻占海口, 解放了海口市。4 月 24 日, 野战军在琼崖纵队的配合下, 兵分东、中、西三路, 分兵南追残余逃敌, 直捣天涯海角。4 月 30 日, 解放榆林、三亚, 盘踞在九所、乐罗、黄流一带的国民党六十三军一五二师溃败逃离。至此, 崖西沿海一带全部获得解放。1950 年 5 月 1 日, 海南岛获得全面解放, 海南的历史从此翻开了崭新的一页。

第五章　社会主义革命与建设探索时期

（1950—1978 年）

从 1950 年 5 月海南全境解放到 1978 年 12 月党的十一届三中全会召开，乐东地区走过了极不平凡的 28 年历程，历经土改、"三反"、"五反"、"大跃进"、人民公社化、"四清"等运动和"文化大革命"。乐东县委领导乐东人民自力更生、艰苦奋斗、百折不挠、励精图治，取得了社会主义革命和建设的巨大成就。

第一节　人民政权的建立和国民经济的恢复

1950 年 5 月 1 日，海南岛解放后，乐东县委在海南军政委员会（海南区党委）和海南黎族苗族自治区（州）委的领导下，肩负起建立新秩序、建设新社会、创造新生活的重任，带领全县各族人民开展各项社会改革与生产运动。

一、人民政权的建立和巩固

为有利于海南岛解放初期的统一领导，1950 年 5 月 1 日，成立海南军政委员会，撤销琼崖临时人民政府，全岛各级人民政权相继建立起来。

1951 年 4 月，乐东县第一届各界人民代表会议第二次会议召开，选举孙惠公为县长。1952 年 3 月，乐东县第二届各界人民代表会议第一次会议召开，选举王波为县长。1954年4月，乐东县第二届各界人民代表会议第三次会议选举胡国珍为县长。这一时期，县人民政府工作机构不断调整。1950年6月，在原有的民政科、文教科、财政科、县武装指挥部4个直属机构的基础上增设供销合作社。1952年，又增设公安局、粮食科（于1953年12月改为粮食局）。至1955年6月，县人民政府下设机构为县人民政府秘书室、财经委员会、民政科、文教科、粮食局、供销合作总社、公安局。

1955年6月起，乐东县人民政府改为乐东县人民委员会，设县长、副县长，通过县人民代表大会选举产生，卢亚雅（黎族）任县长。县人民委员会下设2室5委25局（科），即人民委员会办公室、财贸办公室、计划委员会、经济委员会、基建委员会、财经委员会、科学技术委员会、公安局、税务局、工商局、财政科、民政科、人事科、文教科、统计局、劳动局、物价局、粮食局、商业局、供销合作总社、物资局、五料局、农业局、畜牧局、水电局、卫生局、交通局、工业局、水产局、二轻局等。

乐东县还加强基层政权建设，于1950年划分为6个区、62个乡。1952年7月，全县设立抱由区、三平区、志仲区、千家区、雅亮区5个区共53个乡。区设区公所，区公所设区长、副区长；区下设乡，乡设乡公所，乡公所设乡长、副乡长。

同时，县公检法机构也建立起来。1951年，设立乐东县公安局，由副县长张睦群兼任局长。1952年，在抱由区、三平区、千家区、志仲区、雅亮区派驻公安特派员。此外，在乐东县城还成立中国人民解放军乐东公安中队。1950年6月，成立乐东县人民法院，唐宗海任院长。乐东县人民法院先后设立志仲、大安、三平、抱由、千家等法庭，负责审理民事案件和轻微的刑事案件，指导人民调解工作。1950 年至 1956 年，乐东县人民法院刑事审判工作主要围绕和服从土地改革，镇压反革命，开展"三反""五反"等运动，主要工作是对特务、土匪、反革命分子、攻击党和政府各项政策以及抢劫盗窃等反动分子，实行审查和专政。

全县各级人民政权建立后，随即开展征粮、剿匪、恢复生产等工作，通过召开农民代表会议、成立农民协会等组织，普遍提高了农民的阶级觉悟，培养出一批农民骨干分子，为巩固乡村基层政权奠定了基础。

值得一提的是，新中国成立后，国内外反动势力妄图推翻新生的人民政权。乐东县委按照党中央、广东省委、海南区党委和自治州委的部署要求，领导全县人民积极恢复国民经济、支援抗美援朝、组织剿匪斗争、镇压反革命、围歼国民党武装特务、进行城乡社会改造、禁毒禁娼禁赌、废除旧的婚姻制度，巩固新生的人民政权，稳定社会秩序，为全面开展新民主主义建设和向社会主义过渡奠定了坚实的基础。

一是开展剿匪和反特斗争。海南解放前夕，国民党海南防卫总司令薛岳在海南败逃前就密谋组织"国民党中央大陆工作会琼崖反共突击军"，计划于 1950 年 9 月至 11 月，在乐东、崖县、陵水等县建立"琼崖南部反共救国军游击区"，炮制了《琼崖重建区纲领》，提出同中共争时间、争地域、争力量和反宣传、反征粮、反清算、反社教、反土改的"三争""五反"等反动纲领。据统计，流窜于崖县、乐东交界的抱龙峒，保亭、陵水交界的二弓乡、三弓乡，以及保亭番什，昌感、乐东交界的罗望、保平一带的国民党武装特务就有 4000 余人。乐东县委根据琼崖区党委和剿匪总指挥部的部署，号召全县人民和民兵同心协力，迅速掀起清匪反霸的群众运动。1951 年 10 月 15 日 12 时，台湾国民党统治集团在白沙县土均、帮溪两乡间的牙叉岭空投降落番号为"海南人民反共救国军"的敌特一组 15 人，乐东县组织 250 名民兵参加围剿和追捕，全歼了这股敌特，缴获了枪支、电台等一批军用物资。1952 年 5 月 11 日夜，台湾当局又在梅山村空投降落番号为"海南人民反共救国军"的敌特一组 10 人，乐东县委派出民兵 425 人，配合九所驻军包围芙蓉岭展开作战，当即击毙敌特 2 名、俘虏 1 名。5 月 17 日，在抱告峒又击毙敌特 4 名。5 月 22 日，在尖峰岭顶击毙敌特 1 名、生擒 2 名。7 月 10 日 0 时，番号为"大陆工作处突击队"的敌特一组 22 人空投降落在白沙县南溪乡的南开岭附近。接到命令后，乐东县派出民兵 360 人，与海南区公安局和自治州、白沙、保亭公安队等配合部队开展围剿和追捕，经 1 个月的围剿战斗，毙敌特 14 名，俘虏 8 名，缴获卡宾枪、电台等一批军用物资。1952 年，台湾当局通过偷渡、空投等方式，在乐东县的南开、红五地区空投特务 35 名。县公安局获悉情报后，立即派出公安干警，配合人民解放军、民兵和群众，进行了为期 4 个月的围剿，捕获美蒋特务 35 名，缴获枪支 35 支和其他军用品一批。

在围歼敌特的战斗中，乐东县先后共派出民兵 1835 人，有力地配合了部队的剿匪斗争。至 1952 年 8 月，全县土匪、敌特基本上被剿灭，巩固了新生的人民政权，保证了乐东土地改革、社会稳定和经济社会的发展。

二是开展镇压反革命运动。海南解放初期，一些溃败的国民党军政人员与武装匪特，进行反革命活动，企图颠覆无产阶级专政。1950 年 9 月起，反革命分子在各地有计划、有部署地进行传播谣言活动，制造恐慌事件，破坏社会稳定。11 月，国民党军统特务组织在乐罗组建"中央直属琼崖总队"，派遣特务潜入机关、刺探情报、腐蚀干部，偷取短枪 3 支，大肆窃割电线，潜入县政府造谣投毒等。1950 年 10 月 10 日，中共中央发出《关于镇压反革命活动的指示》。11 月 2 日，中共华南分局发出《执行中央关于〈镇压反革命的指示〉的指示》，要求全面贯彻党的镇压与宽大相结合的政策。12 月 29 日，华南分局发出紧急指示，指出"今后以镇压反革命为中心，其他工作均以围绕中心工作进行"。1951 年 2 月，中央人民政府颁布《中华人民共和国惩治反革命条例》，为镇反斗争提供法律武器和量刑标准。

按照华南分局、海南区党委的工作部署，乐东县委决定从 1951 年 1 月至 1953 年 7 月，分 3 个阶段在全县大张旗鼓地开展镇压反革命运动。第一阶段（1951 年 1 月至 6 月），主要是发动群众，大规模地搜捕反革命分子。第二阶段（1951 年 6 月至 1952 年 12 月），主要是谨慎收缩、清理积案和追歼残余反革命分子。第三阶段（1952 年 12 月至 1953 年 7 月），是镇反运动进入复查、补课、巩固运动成果的扫尾阶段。

在镇反运动中，县委还按照海南区党委的部署，集中力量取缔反动会道门。1952 年下半年，县委又集中一段时间，专门开展取缔反动会道门和肃清隐藏的反革命分子的斗争。1953 年 7 月，县公安局派出 4 个工作组，在九所、冲坡、黄流、莺歌海等地，全面取缔反动会道门组织，打击首要分子，教育了一批会员，使 150 人自首、退道。乐东县还组织力量配合上级工作组清理了所谓"乐东县青年反共救国 CCC 队"等冤假错案，挽回了党的威信。

三是开展抗美援朝运动。1950 年 6 月 25 日，朝鲜内战爆发。为了国家安全，中共中央作出"抗美援朝，保家卫国"的决策。10 月 19

日，以彭德怀为司令员兼政治委员的中国人民志愿军奉命开赴朝鲜战场。12 月 27 日，乐东县委在广场召开党政机关干部和各界群众参加的抗美援朝动员大会，成立乐东县抗美援朝动员委员会，开展"保和平，卫祖国，就是保家乡"的宣传教育活动。1951 年 5 月，乐东县委成立抗美援朝乐东县分会，全县掀起了参军、参战和支前的热潮，短短几天，邢益成（尖峰镇黄流村人）、李金生（佛罗镇白井村人）、陈金华（佛罗镇老孔村人）、陈庚太（黄流镇孔汶村人）、郑亚清（佛罗镇白井村人）等上百青年报名参军，县政府从数百人中挑出 82 人参加志愿军，开赴朝鲜战场，涌现出许多母送子、妻送夫、兄弟争相参军的感人事迹。在抗美援朝的战斗中，许多志愿军战士献出了宝贵的生命。1951 年，乐东县的人民群众自愿为志愿军捐款 12.57 万元。

四是开展禁毒、禁赌、禁娼活动。海南解放后，乐东县沿海地区还遗留烟毒、卖淫嫖娼、赌博等现象，危害着人们的身心健康。乐东县委和县人民政府高度重视禁毒工作，制定了具体的禁毒实施办法，发动群众掀起禁毒运动。1950 年 8 月至 1951 年 2 月，县公安局共处理涉毒犯罪案件 12 宗，基本清除烟毒。乐东县委、县政府还广泛开展禁赌活动，坚决取缔赌博场所，封闭赌场，没收赌具、赌资，处罚赌头、赌棍。1950 年 11 月 10 日，乐东县人民政府采取统一行动禁娼，以县公安局为主，县妇联、团县委、民政局、文教局、劳动局等部门密切配合，端掉卖淫窝点 5 处，逮捕 4 名顽固的妓院老鸨。同时，乐东县委对封建迷信活动进行大力破除。1953 年至 1956 年，全县党员干部采取说服与教育的办法，耐心地、深入细致地发动和教育群众，使广大群众明白落后风俗习惯的危害性和改革的必要性。县公安局联合妇联、青年团、民政，开办各种类型的座谈会，对广大群众进行科学教育，提高群众的思想认识和觉悟。到 1956 年，全县公开的迷信活动基本绝迹。

此外，乐东县委、县政府号召广大干部群众做到家庭和睦、尊重婆媳、夫妇互助互爱、保护子女利益，建设民主家庭，不准虐待迫害妇女，不准包办买卖婚姻，不准干涉婚姻自由，不准早婚，不准限制妇女参加社会活动。为扫清贯彻执行婚姻法的障碍，乐东县委、县人民政府加强对基层干部的思想教育，经常检查贯彻婚姻法的情况，使广大干部群众弄清封建婚姻制度对社会、对人民的危害性，从思想上打下贯彻婚姻法的坚实基础。

二、推动各项社会改革

（一）进行土地改革

海南解放初期，由于历史的问题，乐东县沿海平原地区和少数民族山区的土地占有形式不同。沿海平原地区 50% 以上的土地为地主、富农占有。此外，还有公产田、庙田、祠堂田等。农民占有的田地是自己开荒的土地，这部分田地多数贫瘠、干旱、低产。少数民族聚居的山区中，部分地区为"合亩制"，即以一个峒或一个宗族为单位占有田地，在首领或亩头的带领下，从事农业生产劳动，生产成果一部分给"合亩制"成员及其家庭成员平均分配，一部分为首领占有。农民自己开荒的山兰稻地归农民所有。

1951 年至 1953 年 6 月，乐东县委进行土改运动，提出 3 个步骤：第一，掀起反霸斗争；第二，在反霸斗争中划分阶级分田分地；第三，将地主富农的田地没收，全部分给贫农雇农。1951 年 4 月，县委以冲坡乡为重点、以佛罗乡为附点进行第一批土改试点工作，6 月试点工作结束。1952 年 8 月，第二批试点在三区的 9 个乡进行，12 月结束。

1953年1月，一、二、四、五区全面铺开土改运动，6月结束。县委组织土改工作队387人进村实行"三同"（同吃、同住、同劳动），进行访贫问苦，扎根串连，组成阶级队伍，确立贫雇农优势，团结中农，孤立地主富农。发动群众，在政治上彻底斗垮地主恶霸。土改的中心任务是开展划定阶级成分，没收、征收地主富农的田地、耕牛、房屋"三大财产"分给贫苦农民。原属崖县管辖的四、五区共划地主58户，由于民愤极大而被枪毙的地主恶霸11个。尖峰乡划出18名地主，没收房屋43间和水田553亩。在土改全面铺开阶段，由于改变了以往"在稳的基础上加快"的方针，发生了一些"左"的偏差，遗留了不少问题。1953年6月，乐东县土改运动进入历时25天的复查阶段，实事求是地纠正了一批问题。

土改复查工作完成后，县土改委派出验收组对土改各阶段的工作进行评价验收。乐东县（即四、五区）土改运动取得成效，沿海地区（不含渔改的莺歌海乡）划定地主647户、富农360户，没收、征收田地67933亩、耕牛17844头、房屋1210间、余粮701万斤。有贫雇农12757户42006人分到了土改果实。农会组织已遍布全县的多数村庄，仅四、五区就有农会会员3749户，占农民总户数的38%。

考虑到少数民族地区的特点，中共中央对民族地区的民主改革采取"慎重稳进"的方针，以"和平协商"方式进行，即只要剥削阶级分子愿意放弃剥削，接受改造，人民政府就在经济上给予适当安排，不采取面对面的斗争，以减少改革阻力。乐东县少数民族地区早在1948年、1949年就开展以清匪反霸为中心的土改分田运动，全县少数民族农民基本上实现了"耕者有其田"的目标。1953年春，乐东县少数民族地区拉开了"和平分田"的序幕，按政策规定，先由政府与地主协商，让其交出"五大财产"，分给没地少地、缺粮缺衣和无房居住的农户。县内少数民族土地改革运动由"敌我混斗"，至2月19日发展到"阶级划分，陷敌孤立"，至3月25日没收五大财产（土地、房屋、耕牛、家具、余粮），至4月5日顺利完成"和平分田"。6月，全县范围内第一次开展土地、房屋的登记、确权和发证工作。确定地权发证工作于1954年全面开展，当年11月上旬胜利完成。全县共14926户74467人，确权耕地总面积为180692.23亩。确定地权发证，稳定了农民的生产情绪，提高了农民的生产积极性，为今后开展互助合作运动打下基础。土改运动初期，全县临时互助组有1348个20049人，土改后，农民互助组织有1632个26464人。

（二）进行海洋渔业民主改革

乐东县沿海的九所、乐罗、冲坡、黄流、莺歌海、佛罗、尖峰等是渔业之乡，当地渔民世代以海为田、靠海吃饭。海南解放以前，乐东县沿海乡村渔民长期受不法渔霸、国民党乡保长的欺压，引起广大渔民强烈愤恨。1951年下半年，乐东开始开展海洋渔业改革运动，先在佛罗乡搞试点，为九所、乐罗、冲坡、黄流、莺歌海、尖峰6个渔业乡开展海改运动提供借鉴。乐东县认真贯彻"依靠渔工和贫苦的劳动者，团结大多数渔民，肃清反革命分子与封建残余，安定情绪，恢复生产，巩固国防"的海改政策，深入渔村，扎根串连，发动渔民群众，培养骨干，建立渔业协会，在渔民中广泛开展阶级教育，引导渔民积极参加海改运动，先后清算渔霸36人，没收渔船15艘，并将所没收的生产资料分配给渔民。全县广大渔民积极参加渔民协会，积极开展互助合作。

(三) 首次普选人民代表和召开人民代表大会

根据中央、广东省委指示，自 1953 年 7 月 13 日起，乐东县开始了首次普选人民代表工作，历时 38 天，分 3 个阶段：第一阶段 11 天，成立乡选举委员会，开展普选宣传，进行人口调查，办理选民登记；第二阶段 17 天，继续做好人口及选民复查工作，审查选民资格及发放选民证，受理选民资格的申诉问题，由乡选举委员会根据绝大多数选民的意见公布正式候选人名单，召开选举大会；第三阶段 10 天，收集群众意见，召开乡人代会，选举正副乡长及乡人民政府委员。乡、镇人民代表大会的代表，由乡、镇选民以直接选举方式产生；县人民代表大会的代表，采取间接选举方式产生，即由乡、镇人民代表大会选出。广大人民群众十分珍惜选举权，主人翁意识空前提高，全县选民占登记选民的 93% 以上，选举产生乡代表 1530 人。首次普选人民代表是乐东县政治体制的重大变革。1955 年 6 月 25 日至 28 日，乐东县第一届人民代表大会在县城召开，出席会议的正式代表 58 名。其中，黎族代表 55 名、苗族代表 2 名、汉族代表 1 名，列席代表 9 名。会议审议通过《乐东县人民政府工作报告》《乐东县人民政府组织条例草案》《爱国爱民公约》《乐东县一九五五年下半年工作决议》；讨论开展增产节约运动和增强民族团结，妥善解决土地遗留问题；选举产生乐东县第一届人民政府，县长卢亚雅 (黎族)，副县长李坚 (黎族)、吉青钠；选举出席海南黎族苗族自治州第一届人代会代表。人民代表大会制度的建立，标志着乐东县人民政权建设进入了新阶段。

三、国民经济的恢复发展

海南解放初期，乐东县委、县政府贯彻落实党的新民主主义时期的经济政策，坚持公私兼顾、劳资两利、城乡互动、内外交流，开展对私营工商业的整顿与改造，建立国营、集体经济，开展城乡物资交流，恢复和发展地方经济，提高了人民群众的生活水平。

（一）工农业的恢复和发展

为迎接农村农业的社会主义改造，适应广大群众提高农业生产技术的要求，县委设立了农业、水利2个科，建立了1个农业示范场、1个农业技术推广站。同时，县委、县政府大力发展经济作物，增加农民收入和财政税收。1952年，全县槟榔种植面积292亩，产量93.5吨；芝麻种植面积300亩，产量5吨；甘蔗种植面积1800亩，总产量3315吨。至1956年，全县种植甘蔗3300亩，总产量9310吨，分别比1952年增长83.33%和180.84%。全县花生播种面积由1952年的3100亩增加至1955年的6900亩。1953年，全县椰子种植面积840亩，总产量1.7万个；大豆种植面积2700亩，总产量95吨。1950年，全县耕地播种面积35.86万亩，粮食总产量28085吨。1956年，全县耕地播种面积55.53万亩，粮食总产量为44960吨，分别比1950年增长54.85%和60.85%。1954年全县各项税收为1.2万元，1956年全县各项税收为3.6万元，1956年比1954年增加2倍。

渔业也是乐东县国民经济一个支柱产业，渔业加工也是渔民一项重要的经济收入。莺歌海、望楼港、岭头等沿海地区的村民素有加工水产品的传统，加工产品主要有鱿鱼干、红鱼干、马鲛鱼干、虾米、虾酱等，其中以虾酱风味香美，远近闻名。1953年，全县水产品总产量达4042.4吨。

恢复和发展地方工业，是乐东县委、县政府的一项重要工作。海南解放后，县政府把分散的个体手工业者组织起来，成立铁木社、缝纫社、建筑工业社、木工社、酿酒厂、照相馆等12家区办企业，从业人员 802 人。主要产品有铁制品、木制品、成衣等。县委、县政府积极发展工业生产。1952 年，县粮食加工厂建成投产，这是乐东县第一家国营工业企业。1956 年，兴建县国营联合厂，主要生产犁、耙、打谷机、风谷机、锄头、铁铲、镰刀、勾刀等农具。在县委的领导下，汉族聚居乡镇有不少个体行商户恢复正常经营，有些私有小商得到县委扶持。经过 1 年的努力，基本上形成了乡镇商品交流舒畅的局面，并逐步扩大汉区与内区的物流途径，贯彻了中央"国营商业和合作商业逐步壮大"的路线。

乐东县委、县政府还重视基础设施建设，掀起了基础设施建设的高潮。县城（抱由）火力发电厂是乐东县最早兴建的火力发电厂，于 1952 年初兴建，1952 年 7 月建成发电，功率 2 千瓦。此后逐年扩建，有效改善了县城及周边乡镇的照明供电及生产条件。海南解放后，乐东县委、县政府十分重视水利建设，加大资金投入力度。1952 年，修筑蓄水工程和大、中、小水陂工程数百处，建大、中、小水库等几十宗。1953 年建成的航空水库是小（一）小型水库；小（二）型水库有新村水库、抱隆水库等几十个，全县提水灌溉面积约有 3.6 万亩。至 1953 年，国家共投资 12 万元开挖并装抽水机抽水，能灌溉农田 2260 余亩。莺歌海盐场还修筑一条长 5000 米的防洪堤。九所、山荣、佛罗等地区先后把传统的提水工程改造为自流灌溉及机电排灌站，各地田头都开挖井抗旱，开展"千塘万井"运动，灌溉耕地 5000 多亩。1951 年至 1956 年，全县大力开展拦溪筑坝，引水灌溉早稻苗；堵沟筑坝，大造水库，挖引泉水，大大减少了受旱面积。

这一时期，县委、县政府努力建设地方公路网络，修复了侵华日军遗留在乐东县境内的 4 条简易公路，维修了番阳、白沙、望楼、千家4座简易木桥。

（二）文化、教育、卫生等社会事业蓬勃发展

海南解放后，乐东县委加大对社会事业的投入，文化、教育、卫生等社会事业得到了恢复和发展。

1956年以前，乐东县委继办志仲中学、千家中学、尖峰中学3所初级中学。1956年7月，县政府创办了九所中学、冲坡中学、乐东初级中学（抱由中学）3所初级中学，缓解了广大人民群众对教育的需求。至1951年底，乐东全县已办起公立小学25所；1952年发展到46所，共有教学班19个，学生5579人。1956年，全县小学生达到7317人，比1955年增加40%，学生巩固率在90%以上。1956年，乐东县委在乐东县城创办幼儿园1所。在社会主义过渡时期，县委、县政府组织一批人员对城乡成年文盲者进行文化教育（简称"扫盲"），农民夜校不断增加。

全县的文化事业开始恢复和发展起来，逐步呈现出欣欣向荣的景象。1952年，县委在少数民族地区建立了53个宣传站，宣传员有326人（其中一区80人，二区65人，三区75人，四区60人，五区46人）。县委成立了总宣传站，由15名辅导员（县委书记与副书记、宣传部部长与副部长、县团委书记、各区委书记和一部分小学教员担任）组成。1953年，乐东设立县文化馆、图书馆2间办公室。县文化馆重视农村的文化工作，创建农村文化站，给文化站购置了报纸、杂志和图书等读物，日夜开放，供人民群众学习。1953年，相继成立了莺歌海剧团、黄流剧团、佛罗剧团等剧团。1955年，成立县新华书店。1956年秋，设立县城广播站。

乐东县委、县政府高度重视卫生、体育事业。1950年，在县城设

立海南黎族苗族自治区中心卫生院（1952年迁往通什）。1952年，创办三区乡卫生所（今千家镇卫生院）、崖县莺歌海渔民医疗所（今莺歌海卫生院）和崖县四区卫生所（今九所卫生院）。1953年，创办崖县五区卫生所（今黄流乡中心卫生院）、乐东县五区卫生所（今志仲乡卫生院）和四区卫生所（今三平乡卫生院）。1953年6月，兴建乐东县人民医院，建院时有医务人员28名、病床25张，办公用房全是茅草房。1952年，乐东县计划委员会、卫生工作协会、交通科、农业合作部建立起县保健站。1952年，县公费医疗预防实施管理委员会成立，负责全民所有制事业单位职工的公费医疗。1956年8月，县麻风病防治站成立，全县进行麻风病大检查，发现患病者809人。1954年，县委成立乐东县卫生工作者协会，这是乐东县最早的有组织的医药科研活动。1955年，全县有私人诊所21间。

（三）加强救灾和赈灾工作

乐东是个多受自然灾害的地区，主要有水灾、旱灾、虫灾和冻灾。海南解放后，县委、县政府十分重视赈灾工作，及时给灾情严重的地区拨救灾资金、物资，帮助受灾人员恢复家园。1952年，全县发生严重的自然灾害，受灾人员占全县人口的42.53%，上级部门及时拨下社会救济粮1452819斤、救济款26928元，县人民政府下拨820元，并发动干部募捐1572元。灾后，县委发放贷款46561元（其中耕牛贷款3170元、农具贷款11962元、种子贷款2899元），扶助灾民恢复生产。1954年，全县8个月气候大旱，乐中河一带受旱面积63.82公顷（1公顷＝10000平方米），60%的农作物失收；抱由、大安、千家一带的农作物大面积歉收。县政府及时调入180万斤大米救济。1954年7月下旬，全县出现剃枝虫（行军虫）灾害，啃食晚稻秧苗2万余亩，每亩秧田有虫数万只。1955年1月初，全县的气温急剧下降到1℃，出现严重的霜冻灾害，沿海地区的丹村港、望楼港等水面有鱼冻死；山荣、志仲、抱由等地冻死200头牛和大面积的番薯苗。县委、县政府及时组织人力财力，帮助受灾地区农户解决问题。

1953年6月，广东省人民政府拨款80万元，帮助海南黎族、苗族特困农民修建住房，县委把广东省人民政府下拨的专款落实到各区特困户手中，解决了一部分无能力建房的农户的住房问题。

此外，乐东县还开展"三反""五反"运动，针对"三反""五反"的对象，采取"治病救人"的方针，把他们拉回到人民这边来，再通过教育，使他们肃清封建主义和资产阶级思想，回到革命队伍中。

四、三大改造基本完成和社会主义制度在乐东确立

1953年9月，中共中央向全党和全国人民提出了党在过渡时期的总路线：从中华人民共和国成立，到社会主义改造基本完成，这是一个过渡时期。党在这个过渡时期的总路线和总任务是在一个相当长的时期内逐步实现国家的社会主义工业化，并逐步实现国家对农业、手工业和资本主义工商业的社会主义改造（简称"一化三改"）。

乐东县委根据党在过渡时期的总路线，制定了对农业、手工业和资本主义工商业改造的规划，有计划有步骤地开展了三大改造运动，顺利完成对私营工商业社会主义改造任务，建立了社会主义制度，为全面进行社会主义建设开辟了道路。

（一）农业合作化和社会主义改造

1953年2月，乐东县委根据中共中央《关于农业生产互助合作的决议》，按"自愿互利、等价交换、民主管理"的原则，组织互助组。至1954年10月，农民在自愿互利的原则下，组成常年互助组和临时互助组，1955 年逐渐开始兴办农业社。至 1955 年底，全县有农业生产初级社 4 个，参加农户 80 户，占总农户数的 0.48%；互助组 1802 个（其中常年互助组 48 个，临时互助组 1754 个），参加农户 10102 户（其中常年互助组 946 户，临时互助组 9156 户），占全县总农户数的 57.3%。1955 年 10 月，乐东县委派出工作组到千家乡，开展初级社转高级社试点工作。同年 12 月，将千家乡的试点经验推向全县，先是宣传发动，组织申请，成立筹委，掀起生产高潮。1956 年以前，乐东县的农业合作化运动总体比较稳妥。

1956 年 1 月，《中国农村的社会主义高潮》公开出版发行后，琼山县红旗合作社的经验传遍全国。1 月 21 日，海南区党委发出《关于建立高级社工作的紧急指示》，决定在 3 月底前组织占总农户 20%左右的农民参加高级社。按照海南区党委的要求，1956 年全县农业合作社由初级社联合成为规模较大的农业生产高级社，原来的互助组和初级社全部并入高级社。到 1956 年底，全县有高级社 112 个，参加农户 14226 户，占总农户数量的 96%。

农业生产高级社成立后，全县的土地、耕牛、农具等生产资料归集体所有，社员实行评工记分，调动了群众的生产积极性，解放了生产力，各地广泛兴修水利，把单造田改成双造田，提高复种指数，改进耕作技术，推广良种，粮食生产迅速发展。1957 年全县粮食总产量为 49830 吨，比 1956 年增加 4870 吨，增长率为 10.8%。

乐东县农业合作化的完成，使广大农村建立起劳动群众的社会主义集体所有制经济，走合作经济的发展道路。但是，运动初期曾出现社员退社现象，中后期曾因县委迫于上级的目标任务压力，出现了要求过急、工作方法简单粗暴等问题，有的地方甚至出现强迫命令农户等现象，给农村工作和农业发展产生了一定的负面影响，也为农业合作社的后续巩固带来了一定困难。

（二）手工业和资本主义工商业的社会主义改造

海南解放前，乐东县工业主要是家庭手工业。有制糖、打铁、竹器、建筑、缝纫、酿酒、木屐、照相等行业。1952年后，乐东县政府欢迎外地手工业者前来设坊开业。1956年1月，县委组织成立九所综合社、乐东综合社、黄流日用社、黄流五金社。2月，县委成立黄流缝纫社。此外，还成立了黄流建筑社、冲坡综合社、乐东水运社。到该年底，全县成立的各类手工业社从业人员达399人，占全县手工业从业人员的49%，手工业社会主义改造基本完成。

海南解放前，乐东县没有资本主义工业，仅有一部分私营商业，且资本总额小，经营困难，抗市场风险能力极差。1952年，乐东县在建立发展国营商业和供销社合作商业的同时，保护扶持私营商业，使之恢复发展。年底，全县私营商业达184户，从业人员248人，资本额3.2万元，营业额94.6万元。1954年，乐东县政府根据国家《私营企业暂行条例实施办法》规定，对私营商贩和手工业者进行登记，共有个体商业860户，从业人员1300多人。

1956年，乐东县对资本主义商业的改造取得胜利。全县720户个体商业经过整顿，重新登记发给执照继续经商。同时，将私商的经营纳入国家计划的轨道，有计划的市场代替了自由市场。对私营商业改造后，劳动力得到了合理组织，解决了原来个体经济及经营方式中有资金或劳动力缺少的问题，组织起来的商户经营品种多，营业额多，收入多。

第二节　社会主义建设在探索中曲折发展

　　1956 年社会主义改造基本完成后到 1966 年"文化大革命"前，乐东县委积极贯彻党的八大精神和海南开发建设道路的精神，全面展开大规模的社会主义建设，解决团结问题，开展整风运动，顺利完成第一个五年计划。但由于在探索社会主义建设道路过程中急于求成，加上受党内"左"的错误影响，乐东县社会主义建设步入了曲折发展的阶段。这一时期，开展了反右派运动、反"地方主义"斗争、"四清"运动等政治运动，在经济上开展了"大跃进"等运动，逐渐偏离了八大路线，给经济社会发展造成一定的影响。这时期所走的是一条顺利和挫折、成就和破坏、正确和失误交错的路。1961 年后，乐东县通过贯彻中央"调整、巩固、充实、提高"的八字方针，对国民经济进行调整，全县的社会主义建设事业在经历曲折后有所好转。

一、社会主义建设全面进行和第一个五年计划的完成

（一）社会主义建设全面开展

　　1956 年 9 月，党的八大在北京召开。海南区党委第一书记张云在华南分组讨论的会议上作积极发展热带作物发言，阐述了海南区党委对开发建设海南的总体思路。乐东县委认真学习张云在党的八大会议上的发言，认为乐东阳光充足，雨量丰富，种植热带经济作物的条件得天独厚，对乐东县发展农业生产的总方针进行了初步探索。

　　（1）关于增产节约。1957 年 2 月 15 日，中共中央发出《关于1957 年开展增产节约运动的指示》，要求各地适当调整基本建设规模，大幅度节减行政、机关、事业和企业单位的行政管理费用，全国掀起

了增产节约运动。于是，乐东县委在全县开展一次有领导、有计划的增产节约运动。1957 年 3 月 28 日，县委成立乐东县增产节约委员会，县委第一书记符浓任增产节约委员会主任。各乡也成立了增产节约机构。3 月 29 日，乐东县召开增产节约动员大会，县委第一书记符浓在大会上部署开展增产节约运动的工作，为国家积累更多的建设资金，为社会创造更多的财富。

（2）关于农业发展。1957 年 8 月 12 日，中共乐东县第一届委员会第二次会议召开，县委第一书记符浓在工作报告中提出："乐东县下半年主要工作任务，认真做好农村工作，争取农业大丰收。全县人民团结一致，加强社会主义建设，为实现农业大丰收而奋斗。解决当前农村中有关的矛盾，做好农村工作，争取全年农业大丰收，实现农业社与农业社员的增产增收计划。在生产方针上坚持以粮食为主，因地制宜，开展多种经营和全面生产的方针，在保证粮食种植的前提下发展经济作物、畜牧业和副业生产。"同年 12 月 1 日至 5 日，中共乐东县第一届委员会第三次会议召开。县委第一书记符浓传达中共广东省委一届二次会议精神，县委书记麦笃信作《积极贯彻执行以生产粮食为主、全面发展的农业生产方针》的报告，指出："乐东县人民在过渡时期的总任务是实现农业发展纲要 40 条和十年农业规划，要贯彻执行以生产粮食为主、全面发展的农业生产方针。"报告中强调，提倡两条腿走路，既要搞好粮食生产也要发挥海南气候地理优势，搞好经济作物种植生产。要实现乐东县"既是粮食之乡又是经济作物之乡"的目标。会议决定，坚持以生产粮食为主、全面发展农业生产的农业生产方针。

（3）关于工业发展。为了推动工业发展，1958 年，县委设立工交部，管理工业、交通工作。1959 年底，设立工业局和手工业管理局，工业局管理国营工业，手工业管理局负责集体工业和社办工业管理。1958 年，乐东县委强化党对企业的领导，实行党委（支部）书记和厂长责任制，厂长对企业的生产、调度、经营管理、人权、财权、物权等全面负责。随着经济体制改革的发展，指导性计划的比例逐步扩大，指令性计划逐步减少，企业拥有了更多的生产、经营自主权。同时，兴建乐东县地方国营联合厂。1957 年，筹建利国糖厂。1958 年，创建莺歌海盐场、尖峰林业公司、通用机厂、炼铁厂、水泥厂、化工厂等企业，全县共有国营工业企业 12 家，工业总产值达 648.37 万元。

（二）第一个五年计划基本完成

1953 年至 1957 年，即在第一个五年计划期间，乐东县委根据中共中央、广东省委和海南区党委指示精神，确立指导农村生产的方针是粮食生产和经济作物并重，因地制宜，大力发展畜牧业、渔业、林业等多种经济。

（1）农业迅速发展。"一五"时期，全县各级党组织全力抓农业生产，通过合作化的集体力量，农业生产取得很大成绩。1957 年，全县农业总产值达 556.63 万元，比 1952 年增加 1.37 倍；耕地面积 2.15 万公顷，比 1949 年增长 18.4%；粮食增产 80.7%，每年递增 16.5%；稻谷增产 100.1%，每年递增 20%。其他经济作物都有较大幅度增长，如油料增产 14 倍，大豆增产 14 倍多。

（2）林业等筹备发展。县委成立县农林水利局，全县掀起种植橡胶、香茅等热带作物的热潮。畜牧业逐年增产增收，水牛 1957 年 21200 头，比 1952 年增加 55%；黄牛 1957 年 13668 头，比 1952 年增加 53%；生猪 1957 年 27800 头，比 1952 年增加 53%；山羊 1957 年

2241 头，比 1952 年增加 2 倍多。其他鸡鸭鹅等畜禽也逐年大增产。随着采伐木材、开发山区土特产等，副业生产收入年年增加。全县副业收入合计，1955 年 24 万元，1956 年 32 万元，1957 年 55 万元。渔业因地制宜，充分发挥山区水库水塘作用，既灌溉，也养鱼。有航空、乐城、浮沟等 5 个大水库 440 亩，养鱼 17.5 万尾。

（3）工业从无到有。"一五"时期，乐东县委成立了县手工业社和建筑合作社、渔业合作社，办起一批手工业综合社。设立联合加工厂、乐东服装厂、国营地方碾米厂、火力发电厂，兴建长茅水库发电站，装机 25 千瓦。1950 年，中共华南分局决定开发乐东莺歌海盐场，列为海南工业建设的重要项目，成为当时全国最大的盐业生产基地之一，年产一等盐 50 万吨以上。1956 年底，莺歌海盐场的勘测工作基本完成，1958 年 1 月 7 日动工兴建。

（4）学校教育不断完善。"一五"时期，全县各区乡兴办中心小学，创办抱由初中、九所初中、冲坡初中、三平初中等 5 所中学。1957 年，上学的小学生 8087 人，比 1952 年增长 60%。还创办县城幼儿园。此外，全县建民校 221 所，参加学习的农民 2.25 万人，占农村青壮年的 71.8%。1953 年，创办海南黎族苗族自治区干部业余文化学校。

（5）文化生活亮点多。县文化局创办了电影放映队、俱乐部、县业余海星剧团、县广播站、县文化馆、新华书店、图书阅览室、县广播接收站。电影放映队经常在全县农村巡回放映国内外电影。全县各农业社设立了 20 个俱乐部，1956—1957 年，乐东县文化建设呈现出良好的发展势头。1957 年，成立乐东县总工会筹备处，工会组织开展丰富多彩的群众性文化生活活动。

（6）卫生事业明显进步。"一五"期间，医药治疗已受到乐东各族农民的重视，全县人民卫生保健迅速发展。1952年，创办三区乡莺歌海卫生所（今千家镇卫生院）、崖县莺歌海渔民医疗所（今莺歌海卫生院）、崖县四区（今九所）卫生院。1953年，创办崖县五区公所卫生所(今乐东黎族自治县第二人民医院)，有功能比较全的县人民医院、卫生所5家，防疫站1家。全县开展麻风病大检查，在抱由多建村建立自治州第一个隔离治疗麻风病的麻风村（防治站），全县普及注射预防天花、霍乱的药剂，扑灭了天花、霍乱等传染病的威胁。县卫生科组织人员收集和整理偏方、秘方，编写《乐东祖传偏方秘方》一书印发全县医务人员交流学习。实行公费医疗每人每月1.5元。

（7）交通邮电起步发展。1956年，崖县706车队派1辆载重汽车驻乐东，从事货运，开启乐东用汽车运货的历史。乐东各族人民义务劳动建设了乐崖公路，全长59.6千米，于1957年7月1日通车。扩建县城至九所的乐九公路，全长53千米，从海口到乐东县城的客运班车开通运营。动工兴建黄流至莺歌海公路，全长11.5千米。1957年，崖县704车队派2辆客车（38个座位）驻乐东县城，一辆车从县城至黄流，另一辆车从县城至崖城。这些交通的发展为繁荣全县经济文化起了很大作用。此外，成立了县邮电局，至1957年，全县有5个区36个乡102个农业社通邮，邮路长达644.8千米，比1952年增长338.9%。

"一五"时期，随着各项社会主义建设事业的发展，全县人民收入也逐年增加，购买力不断增长；市场比较繁荣，出现了很多新特色、新亮点、新景象。全县基本完成第一个五年计划的各项任务。

二、"大跃进"和人民公社化运动

（一）"大跃进"在乐东的发动

1957 年 11 月 13 日，《人民日报》发表社论，第一次提出"大跃进"。1957 年冬季，乐东县掀起以兴修水利为中心的农业生产高潮，掀起"大跃进"运动。

1958 年 2 月 21 日至 24 日，乐东县委召开三级干部大会，主要是"反右倾，鼓干劲，全面推进生产大跃进"，公布了《乐东县生产大跃进计划》。2 月 26 日至 28 日，乐东县召开 1957 年度先进集体、先进个人表彰大会，全县进一步掀起"大跃进"高潮。

在全面推进农业生产"大跃进"期间，乐东县各行各业也"全面跃进"，工业、卫生、教育、文化等系统也步入"大跃进"。

"大跃进"运动激发了乐东县广大干部群众空前的社会主义建设热情，在县委的领导下，群众发扬战天斗地的大无畏精神通过努力劳动取得了一些成就，掀起一个社会主义经济建设的高潮。然而，和"大跃进"相伴而来的虚报高产、竞放"卫星"的浮夸风，给乐东的农业生产和人民生活带来极大的破坏，对社会造成极坏的影响；给中央决策层造成了判断上的失误，粮食部门开始大幅上调公粮征购任务指标，各社完成公粮派购任务后，余粮所剩无几。

（二）人民公社化运动

1958 年 8 月 17 日至 30 日，中共中央政治局在北戴河召开政治局扩大会议，讨论和通过《关于在农村建立人民公社问题的决议》，指出，"人民公社是建成社会主义和逐步向共产主义过渡的最好的组织形式"。9 月 11 日，海南区党委发出《人民公社宣传提纲》。9 月 16 日，海南区党委召开扩大会议（广播大会），号召全党全民动员起来，掀起人民公社化运动的高潮。乐东县委立即召开扩大会议，部署建立人民公社工作。仅仅过了一个星期，全县就实现了人民公社化。10月1日，县委将原来的7个乡和抱由镇合并为4个人民公社，下设24个管区。

人民公社的实现形式是"一大二公"。"大"是指人民公社规模和经营管理的范围比农业合作社大得多。那时，乐东平均每个公社有4.4万多人。工、农、商、学、兵（民兵）各行各业都属于人民公社管辖范畴。"公"是指人民公社的公有化程度比农业生产合作社高得多。主要做法是大办公共食堂，实现公共食堂化。1958年11月，海南区党委决定实行社员每人每天三顿干饭、吃饭不要钱的粮食供应制度，要求以生产大队为单位办公共食堂，统一用餐。在乐东，几天时间就办起公共食堂955间。因一日三餐吃饭不要钱，广大农村出现了户户不起烟火、一日三餐都去公共食堂排长队吃饭的现象。1959年4月，乐东县大多数的公共食堂都因粮食供应不上而被迫解散。

人民公社化运动违背了客观经济规律，没有顺应社会经济和生产力发展要求，以计划取代了市场，使得工农业生产遭到极大破坏，国民经济比例严重失调，人民生活出现严重困难。

三、经济困难局面的出现

1958年"大跃进"的错误，造成粮食产量锐减。1958年上半年，由于对全面发展生产的方针掌握不够，县委出现了只注重粮食生产的片面性和单一化的倾向，挤掉了其他副业生产。还有，上半年计划指标含有一些盲目性，一般的指标偏高偏大，尤其是不根据实际制订了保雅、南流两乡为"千斤乡"，提出普遍掀起千斤运动，集中力量搞"千斤社"，造成农村劳动力过分紧张，挤掉了其他生产。肥料的供应也不能达到要求（如平均每亩2000斤），而大部分的肥都不是通过技术来精制，肥的质量无法保证，造成施肥产生只顾数量不顾质量的倾向。1958 年，全县粮食总产 35155 吨，比 1957 年减少 28.2%。

1959 年春节后，乐东县开始出现市场供应全面紧张的情况。首先是农副产品供应紧张，"三鸟"（鸡、鸭、鹅）、蛋品、米面制品、粉丝、腐竹普遍绝市，肉类供应量不断缩小，蔬菜大部分地区时有时无。四五月份，紧张商品由副食品到工业品，紧张范围从城市到农村，从个别商品到绝大多数商品，副食品类大部分地区除定量供应的食糖、少量鱼类、肉类，以及蔬菜和销量很少的胡椒粉外，基本上脱销；日用工业品如电池、搪瓷面盆、口杯、竹壳水瓶、香皂、长全胶鞋，文化用品如新闻纸、钉书钉、回形针、大头针，以及一般五金制品、小五金等，由半脱销转为全脱销；烟酒类一些地区完全脱销，其他地区时有时无，基本上是半脱销或脱销状态；肥皂、火柴实行凭证定量供应。6 月之后，市场供应紧张状况加剧，肉类基本上全面停止供应，蔬菜只有少数地区能满足或基本满足供应，全区各地市场上货架空空如也。市场供应紧张导致涨价、抢购、到处排队等现象的出现。与此同时，全县出现粮食严重短缺的严峻局面。

四、经济社会的恢复与发展

1961 年 3 月，中共中央工作会议通过《农村人民公社工作条例（草案）》（简称《农业六十条》）。4 月 9 日，广东省委召开三级干部会议，传达中共中央广州工作会议精神，认为《农业六十条》是迅速恢复和发展农业的唯一的正确道路。

乐东县委认真贯彻《农业六十条》，并采取有效措施。首先，坚持人民公社"三级所有，队为基础"的根本制度，正确地解决了公社各级之间的关系，调动各级管理的积极性，着重发挥生产队的积极性，充分发掘生产队的生产潜力。其次，在大队对生产队方面实行了包总产、包死产、包上调的分配，大包干和实行了包总产、包死产、全奖全罚的办法，生产队对社员贯彻推行了按劳分配原则，大大地调动了生产队和广大社员的积极性。再次，贯彻执行在大集体下的小自由，允许社员在一定范围内开荒种植，调动了社员集体生产的积极性，有利于集体经济的发展。最后，在农村副产品分配方面，贯彻执行兼顾国家、集体和个人的方针，合理规定了农民留用和国家征购、配购比例，定死任务。农民完成交售任务后，允许生产队和社员拿到农村集市自由出售，活跃了市场，促进了生产。

（1）农业方面。1962年，乐东县委坚决贯彻党中央提出的以农业为基础，以工业为主导的发展国民经济总方针，认真贯彻"以粮为纲，大办粮、油、猪"，有重点地加快恢复主要经济作物和积极发展渔业生产。1962年，县委贯彻"土、肥、水、种、密、保、管、工"农业"八字宪法"，农业生产得到恢复和发展。全县共有大、小农场12个，各种热带作物种植面积达17522亩。其中，直属国有农场3个，种植橡胶5328亩；地方国有农场1个、公社集体所有制农场8个，种植油棕9821亩、腰果573亩、可可159亩、香茅90亩。在贯彻落实《农业六十条》，把人民公社基本核算单位下放到生产队的过程中，乐东县农村同全国许多地方一样出现农民自发搞的"包产到户"。1965年，全县粮食总产量为57430吨，比1957年增长15.3%；全县耕地面积提高到34万亩，比1956年增长了5.6%。

（2）畜牧业方面。乐东县委贯彻实行生猪以公私并举、私养为主，耕牛下放生产队所有，实行"四统一，三奖励"，以及开放猪苗和耕牛的农贸市场，打破地区封锁，实行了生猪、"三鸟"合理派购，调整购留比例等各项政策，促使广大农民发展畜牧业生产的积极性大大提高。生猪养殖的发展较快，1962 年，全县生猪养殖发展到 43822 头，比 1959 年增长 99.3%。

（3）工业方面。乐东县委通过贯彻《国营工业企业工作条例（草案)》（简称《工业七十条》）对战线进行调整压缩，保证重点，把人力、物力、财力用到最需要的单位，使工业的工作真正发挥起支援农业生产的作用。在 1962 年经济调整中，关、并、退原材料不足、市场不需要的企业 3 个，压缩劳动生产率低、劳动力剩余的企业 5 个。地方国营工业经过调整后，1962 年全县共有国营工厂 5 个，工人 295 人。1960 年至 1963 年，生产食糖 95729 吨、食盐 558.64 吨、小农具 49603 件，发电量 115379 千瓦时。1962 年总产值达 699400 元，比 1959 年的483140 元增长 44.8%。1962 年，全县共有手工业工厂 34 个，职工 796 人，总产值达 141.21 万元，比 1961 年增长 93%。

（4）交通运输方面。由于认真贯彻了支援农业生产的方针，积极组织长途汽车运输和民间短途运输相结合，对于农业的生产资料和生活资料及时调运供应，对促进工农业生产的发展和城乡人民的物资供应起了巨大的作用。1962 年，乐东县公路通车里程达 235.8 千米，比1959 年增长 7%。

（5）财贸方面。贯彻落实政策，开展购销活动，合理组织收入，大力支援生产，稳定物价，活跃市场，在完成国家计划、促进经济发展、支持农民生活等方面取得了巨大成绩。1960 年至 1962 年，全县总购进商品金额达 984.5 万元（其中供销社 95 万元），销售金额达 2600 万元（其中供销社 300 万元）。为农业生产提供各种农具 149762 件、化肥 177.7 吨、农药 137.58 吨。3 年来收购牛 2594 头、生猪 10853 头、山羊 1063 头、"三鸟" 30563 只，总产值 600 万元。这对促进生产、支援社会主义建设起了很大的作用。

（6）教育方面。乐东县委着手于事业、政策两大方面的调整。1961 年至 1963 年，贯彻"调整、巩固、充实、提高"八字方针和"百花齐放，百家争鸣"的方针，调整党和知识分子的关系。1962 年底，全县有 8 所中学，在校学生 2181 人，比 1959 年增长 10%；有 156 所小学，在校学生 22468 人，比 1959 年增加 1%；有其他学校 20 间（包括民办、农中、企业部门办的学校），在校学生 1210 人，比 1959 年增加 76.9%。1965 年，乐东县委还创办乐东县劳动大学（校址在长茅水库附近），开设水稻栽培、热带作物栽培、养殖等专业，学制 3 年。同年，还创办 2 所初级中学。同时，遵照"教育必须为无产阶级政治服务，必须与生产劳动相结合"的教育方针，1964 年下半年，全县各中学按照"政治空气浓、学习风气好、校园环境美、好人好事多"的要求，开展革命化运动。

（7）卫生事业方面。1962 年，乐东县有 2 所医院、14 所公社卫生院、53 间卫生所，医师 54 人，一般医务人员 100 人。此外，人民公社、生产大队普遍建立保健保育机构和卫生人员，极大地方便群众就医。由于保健卫生事业的发展，许多的流行性疾病得到有效控制和减少。此外，出生率大大提高，死亡率相对下降。

（8）文化体育方面。乐东县成立发展几个业余琼剧团，如莺歌海村新华会剧团（后改名为人声剧团）、黄流村和声剧团和佛罗村佛罗剧团，县文化部门还成立了农村文艺轻骑队。1964 年，县琼剧团参加广东省文艺汇演，女主角胡梨花被评为广东省优秀演员。在参加县、地、省三级的多项体育运动比赛中，共获得团体冠军 31 次。

第三节　"文化大革命"的影响

经过对国民经济的调整，乐东县经济社会得以恢复与发展，各项事业呈现出蓬勃生机。正当全国开始执行第三个五年计划的时候，"文化大革命"席卷全国，乐东县同全国各地一样卷入这场运动中，乐东县委和县政府等各级机构陷入不正常状态。但是，乐东县在克服频繁的政治运动的各种干扰后，经济建设仍取得一定发展。

一、"文化大革命"在乐东发动

1966 年 5 月 16 日，中共中央政治局扩大会议通过了《中国共产党中央委员会通知》（简称"五一六通知"）。"五一六通知"标志着"文化大革命"的全面发动。

1966 年 6 月，乐东县黄流中学首先出现"大鸣、大放、大字报"。6 月 6 日，乐东县委在县政府前面广场举行县机关、企事业单位干部、职工、学校师生、社会群众等千人大会，拥护中共中央改组北京市委的决策，声讨"三家村黑帮"。永红中学通过学校广播站向全校师生大张旗鼓地宣传会议精神，县委派出工作组进驻学校，确定了"依靠左派学生，争取中间学生，孤立偏激学生"的工作方针。学校成立了以"左派"学生为主体的文化革命委员会，各班成立以"左派"学生组成的文化革命小组。随后，"文化大革命"运动发展到城乡，到处出现"声讨会""批判会"，上街"游行"，组织"红卫兵"串联，停课"闹革命"，各种"造反派"组织纷纷成立，揪"黑帮"、斗"走资派"、抓"叛徒"，武斗时有发生，社会秩序混乱，工农业生产和其他工作受到严重影响。

随着"文化大革命"形势的发展，乐东县委工作陷入十分艰难的阶段，为了维持好正常的生产生活秩序，保持全县社会形势的稳定，1966年下半年，县委在自治州工作组的配合下，在学习毛泽东著作运动中强调发展生产，努力摆脱工作上的被动局面。乐东县委将冲坡公社赤塘大队、番阳公社番阳大队、抱由公社保定大队的党支部树立为全县"学习毛泽东著作"先进模范单位。为更好地活学活用毛泽东著作和"抓革命，促生产"工作顺利进行，自治州工作组于当年5月22日下到乐罗公社乐罗大村四大队驻队，和农民一起活学活用毛泽东著作，掀起了学习毛泽东著作热潮。为使农民带着浓厚的感情学习毛泽东著作，提高农民的阶级觉悟，在乐罗公社四大队掀起一个"诉苦挖根，忆苦思甜，新旧社会对比"活动。"忆苦思甜"活动在乐东蔚然成风，各地连续在4个晚上召开忆苦思甜大会，有2180多人次参加，诉苦人员72人。1966年10月29日，在乐东县学习毛泽东著作经验交流会上，佛罗公社丹村四队介绍了《思想革命化，生产大发展》的学毛著心得体会；抱由公社保定大队王亚球、抱由大队符亚民、千家妇代会、万冲妇代会、抱由公社抱由大队符亚黎等16个农民代表作了学习毛泽东著作的心得体会发言。

二、"文化大革命"对乐东的影响

1968年4月21日，乐东县革命委员会（简称"革委会"）筹备办公室成立。7月，乐东县15个公社、4个国有农场和各工厂、企业、中学都建立革命委员会。乐东县革委会的成立，标志着全县长达1年多的"夺权"斗争基本结束，逐步恢复正常的生产工作秩序和社会生活秩序。

1968年6月，乐东县革委会组建"三查"办公室，破坏了最基本的民主和法制，人民的民主权利没有保障，领导干部被任意批斗、关押、审讯，刑讯逼供十分盛行。少数派性分子趁机污蔑干部群众，捏造黑材料、假材料，公报私仇，打击报复，使乐东县"清队"情况陷入复杂局面。

1969年1月，《人民日报》《解放军报》和《红旗》杂志（简称"两报一刊"）发表元旦社论，传达关于"清理阶级队伍，一是要抓紧，二是要注意政策"指示。当年底，全县的"清队"运动基本结束。

1970年，乐东县应建党委的16个单位全部成立了新的党委，222个党支部经过整顿，成立了220个新党支部。各级党支部共吸收了881名新党员。1971年，乐东县各级党组织通过整党建党工作，进行组织整顿，对生产起到一定的促进作用，抓党的经常性建设，建立和健全了党的生活制度，使党组织的生活趋于正常。

1968年12月22日，全国各地掀起了知识青年上山下乡的高潮。同月，3000多名外地知识青年到乐东县农村插队落户。从1972年到1976年的各年间，全县参加"上山下乡"运动的人数分别是203人、196人、447人、503人、444人。1975年撤离178人，1976年撤离196人。到了1978年8月10日，中共中央在北京举行第二次全国知识青年上山下乡工作会议，提出积极妥善地解决好知识青年上山下乡以来存在的问题，大批知识青年陆续回城，宣告了知识青年上山下乡运动的结束。

1969年11月下旬，为贯彻"五七指示"，乐东县革委会决定党政干部（除少数民族干部外）分期分批下放到工厂、农场，接受工人阶级和贫下中农的再教育，参加劳动锻炼，培养无产阶级革命思想。最先动员县委、县人委一批老干部、教师职工下放到乐东五七干校（校址设在抱由镇向阳村委会）参加劳动改造，大批干部、教师坚持"一面学习，一面生产"，以自觉改造世界观。但是，他们长期被排除在工作之外，耽误了为社会主义建设贡献力量并继续深造的宝贵时光，给乐东县的经济建设和社会发展造成很大的损失。

1972 年 4 月，《人民日报》发表《惩前毖后，治病救人》的社论。海南地委于同年 9 月 8 日召开为期 11 天的干部工作会议，研究干部工作中的路线和政策思想问题，提出 5 条意见：一是必须划清干部工作中两条路线的界限；二是加强各级领导班子革命化建设；三是进一步落实党的干部政策；四是进一步落实党的知识分子政策；五是加强党委对干部工作的领导。乘此东风，乐东县迅速推动干部解放工作，使一大批干部职工放下包袱，身心解放，重新工作。

三、"农业学大寨""工业学大庆"运动

1971 年后，乐东全县掀起了轰轰烈烈的"农业学大寨""工业学大庆"的学习高潮。

1971 年 2 月 25 日，乐东县革委会发出《关于努力学大寨，实现各公社变大寨的规划》，以大寨为榜样，狠抓根本，坚持用毛泽东思想教育人，改造人；狠抓阶级斗争，坚持社会主义方向；狠抓路线教育，加强各级领导班子革命化建设；发扬自力更生、艰苦奋斗的革命精神，实现农业生产大飞跃。具体措施是大搞水利建设，实现水利水电化；大搞农田基本建设，实现稳产高产；攻破肥料关，使高产更高；积极培育优良品种；大力发展早稻生产，改变过去的不良习惯；实行科学种田；根据山区特点，全面推广农业机械化。

同年 6 月 8 日至 12 日，乐东革委会召开贯彻海南"农业学大寨"现场会议，会议要求各级党委、革委会要向广大干部、群众进行"农

业学大寨"伟大意义的宣传教育，大造"农业学大寨"的革命舆论，使大家提高认识，增强信心，夺取农业生产的更大胜利。

1972年1月，乐东县召开"农业学大寨"经验交流大会，提出在第四个五年计划期间，建设农田10万亩，粮食亩产1000斤，收入水平每人100元。至1976年，县革委会每年组织召开一次"农业学大寨"经验交流会，一年一总结，一年一评先，不断推动"农业学大寨"向纵深发展。

1971年至1973年，全县以屯昌县为榜样，坚持领导干部带头，排除各种政治运动的干扰，大干农业。随着农村形势的渐趋稳定，乐东县农村大规模地开展以治山治水、改田改土、兴修水利、植树造林为中心的农田水利基本建设，下大力气改建了石门水库和三曲沟水库，取得了成效。

在开展"农业学大寨"运动的同时，乐东县委、县革委会领导在全县广泛开展"工业学大庆"活动，要求广大企业要发扬大庆人"一不怕苦，二不怕累，艰苦创业，迎难而上"的精神，做到各项工作有安排，有检查，有考核验收，有总结评比。1972年，全县工业战线大张旗鼓地开展宣传、学习和推广大庆先进典型经验；开展劳动竞赛，厂与厂竞赛，班组与班组间竞赛活动；坚定不移地建设一支革命化的"铁人"队伍，充分调动广大干部职工的积极性和创造性，为企业的大发展作出贡献。乐东县农机厂是广东全省学大庆先进单位，也是海南区党委表彰的活学活用毛泽东著作先进单位。在深入学习大庆的群众运动中，该厂的干部职工认真执行"勤俭办厂"的方针，一面厉行节约，一面努力发展生产，继续保持自力更生、艰苦创业的光荣传统。县食品厂米面车间贯彻"三老四严"的作风，以一丝不苟的革命精神搞好企业管理，使产品质量不断提高，成本下降。乐东县红旗糖厂在"工业学大庆"运动中，大胆使用知识分子，创新技术，提高生产效率。

乐东县的"农业学大寨"和"工业学大庆"运动虽然在初期受到极左思潮的干扰，但随着"九一三"事件爆发，全党开始纠正"左"的错误，这两个运动实际上成为乐东县经济工作中纠正"左"倾错误的主要抓手，全县的工农业生产取得较大的发展。1972年上半年，粮食夺得新丰收，总产比1971年同期增长15%左右。1973年，全县水稻播种面积达534755亩，总产量达96305吨，分别比1970年增加235676亩、44588吨，增长率分别为78.8%和86.21%。同年，全县食糖产量达10286吨，比1970年增加5640.5吨，增长率121.1%。其间，乐东农垦事业也逐渐恢复和发展起来。1958年创办乐东农垦事业，1969年全县有乐光、乐中、保国、保显4个国有农场，至1971年乐东县农垦系统共有7个农场。

四、乐东县各项事业逐步恢复

1970年起，乐东县委按照海南区党委和自治州委的指示，大力整顿文化、教育、体育和卫生事业，加大对社会事业的投入，使乐东县文化、教育、体育和卫生事业逐步得到恢复和发展。

（一）教育

（1）幼儿教育。1970年，复办幼儿园，在园幼儿87人。1974年至1976年，每年平均有240名幼儿入学。

（2）小学教育。1968年，全县352所小学下放到生产队接受贫下中农再教育，县中心小学下放到工厂办学，接受工人阶级的再教育。1976年，全县小学校有202间1431个班，汉族学生有26792人，少数民族学生有25057人，入学率98.6%；任教教师有1330人，其中少数民族教师 529 人；另外有民办教师 817 人，代课教师 1693 人。

（3）中专教育。1969 年 7 月，为贯彻上级培养"无产阶级革命事业接班人"方针，乐东县师范学校在县城复办，开办短期训练班；1975 年改为普通班；1976 年有学生 583 人，教师职工 30 人。乐东县卫生学校于 1967 年复办，1975 年与广州中医院联合办学，改为六二六大学。1975 年，县革委会创办五七大学，当年从回乡知识青年中招收 100 人，开设农机驾驶、农机修理、水稻栽培等专业。

随着经济的恢复和发展，县委、县革委会对教育的投入逐渐加大，从 1971 年开始，县财政每年投入教育事业的经费均在 100 万元以上，至 1976 年的 6 年间，年均教育经费投入 130.87 万元。

（二）文化

（1）文艺宣传。1966 年以来，全县文化事业因"文化大革命"遭受重灾，县剧团并入毛泽东思想文艺宣传队，只演小节目，大部分演员改行当工人。1973 年，在县委的支持下，县剧团召回改行人员，排演样板戏，送戏下乡。

（2）图书馆。"文化大革命"期间，红卫兵冲入县图书馆，对图书清库封存，停止借阅。1971 年后，全县文化单位陆续恢复。1972 年，县图书馆恢复正常开放，可对外借阅图书。

（3）广播电影。1966 年至 1974 年，县广播电影配合"文化大革命"开展政治宣传，放映的影片有《地道战》《地雷战》《南征北战》等，以及 8 个样板戏影片和纪录片。1975 年，各公社办起电影队，每队有 8.75 毫米电影机 1 部，人员 2 人。1967 年至 1969 年，各公社相继建立广播站。1970 年，县委成立广播工作领导小组，由 1 名县革委会副主任和 1 名县武装部副部长分别任组长。全县掀起大办广播热潮。

至 1973 年，全县各大队、生产队 100% 通广播。1974 年，县城到各公社全部实现广播载波化。

（三）医疗卫生

"文化大革命"时期，县农村医疗卫生工作排除干扰，发展较快。1968 年，县革委会组织召开贯彻毛泽东"六二六"指示大会，提出以"六二六"指示为方针，认真整顿全县医疗机构。会后，落实"六二六"指示，整顿医疗机构。1969 年，全县各大队办起合作医疗，每个生产队都有不脱产的赤脚医生，实现了"有病必有医，小病不出队"。全县赤脚医生有 700 多人。同年，县革委会发出《乐东县关于巩固和发展农村合作医疗试行方案的通知》，要求在全县进一步巩固农村合作医疗制度，合作医疗经费管理实行公社统筹，两级（公社、大队）管理，两级核算，以大队为基础。参加合作医疗的社员每人每年平均 1.2 元，社员个人负担 70%，公社、大队、生产队各负责 10%，社员看病、医药费一律免收，只收挂号费和住院费。

当年，县医疗人员参与中国医学科学院寄生虫病研究所在乐东县进行的丝虫病流行病学调查和防治研究，取得显著成果，《海南岛居民丝虫感染与蚊媒的研究》填补了广东省内空白，被卫生部授予三等奖。1968 年上半年，中山医学院林泽教授下放到什玛医院工作，培训防麻治麻人员，为全县防治麻风病作出很大贡献。1969 至 1971 年，中山医学院徐升溢讲师下放到千家卫生院，帮助该院建立起手术室，培训基层外科手术人员；3 年间共做大小手术 100 多例。1972 年，在全县范围内开展糖丸的普服工作，人数最多时达 7 万人次。

1971 年，乐东县开展 3 次群众性灭疟运动，全县普遍开展预防服药、喷洒灭蚊药，疟疾发病率比 1970 年降低 65.7%，带虫率比 1970 年降低 21.4%。同年 4 月 15 日，县革委会印发《1971 年除害灭病工作意见》，提出除"四害"、讲卫生，灭疾病。县革委会广泛深入宣传中共中央关于计划生育工作的指示，掀起群众性的计划生育运动，提倡和鼓励每对夫妻一生生育 2 个孩子，争取 1 年内全县人口出生率下降到 25%以下。

（四）体育事业

"文化大革命"初期，全县体育教学秩序混乱，体育课改为军体课。1973 年 4 月 23 日至 26 日，乐东县召开纪念毛泽东题词"发展体育运动，增强人民体质"发表 20 周年体育工作会议，全县的体育工作逐渐步入轨道。1973 年，县革委会成立县业余体校，分设田径班、技巧班、篮球班、排球班。1973 年，海南黎族苗族自治州体委在乐东县举办乒乓球、羽毛球邀请赛。1974 年，全州田径运动会在乐东举行，乐东县代表队获团体总分第一名，有 8 名运动员被选入自治州田径队，参加同年 9 月在广州举行的广东省第五届运动会。

五、全面整顿，夺取胜利

1974 年 1 月，中共中央下发开展"批林批孔"运动通知。乐东县委按照上级党委的部署开展整顿工作。

1974 年 2 月，乐东县委设立"批林批孔"办公室，办公室派出工作组到工厂、企业、农村组织开展"批林批孔"运动，并将大安公社大炮大队作为试点。同月，杨洪在县委常委扩大会议上传达区党委扩大会议精神，部署乐东县的"批林批孔"运动。会议对"批林批孔"运动的工作进行安排，特别强调"批林批孔"运动中应注意的几个问题。会议还强调解决大干快上的问题，即抓大事促大干，集中劳力把早造插秧搞上去；千方百计解决肥料问题；以粮为纲，全面发展；等等。广大干部和群众对阶级斗争的规律和党的基本路线加深了解，走大寨之路的自觉性不断提高。

1974 年，公社领导干部参加集体生产平均每月有 10 天以上，大队干部平均每月有 15 天以上。同年，乐东县完成新建、续建、配套、维修水利工程 49 宗，扩大灌溉面积 3400 多亩。

从 1973 年冬季以来，乐东县投放了 2079600 个劳动工日，广大群众发扬了愚公移山的精神，战天斗地，改造自然，大干快上，使农业生产条件不断改善。1974 年，新开挖的灌溉沟 876 条，平整和改造低产田 10 万亩，十大田洋初步得到了改造，乐东县增加旱涝保收的农田 173000 亩，农业"八字宪法"不断落实，科学种田水平也不断提高。

1974 年，粮食总产量从 1973 年的 548 万斤上升到 580 万斤，为国家贡献粮食 200 万斤，比 1973 年增加 30 万斤，比 1970 年增加 80 万斤。乐东县各行各业也涌现出一批为农业大干快上服务的先进典型。

第四节　国民经济的初步恢复与发展

1978 年，乐东县委广泛发动群众，深入揭批"四人帮"，拨乱反正，开展整风，解放思想，纠正了"文化大革命"时期的一些错误，逐步实现全县政治局势稳定。同时，大力减轻农民负担，促进工农业发展，推动全县社会事业的进步，继续开展"农业学大寨""工业学大庆"运动，全县国民经济有了一定的发展，为改革开放奠定一定的物质基础。

一、继续开展"农业学大寨"和"工业学大庆"

1976 年 10 月，乐东县委响应党中央关于"全党动员，大办农业，为普及大寨县而奋斗"的号召，提出了"学理论，讲路线，革命加拼命，大干六七年，建成大寨县"的口号。全县组织 843 名干部，由 8 名县委常委带领，深入农村大力宣传贯彻第二次全国"农业学大寨"会议精神，积极推广大寨的根本经验，继续开展党的基本路线教育，动员全县各族人民向大寨县进军。乐东县委制定实现大寨县的规划，提出实现大寨县的主要措施。按照普及大寨县 6 个条件标准，1976 年，乐东县初步建成大寨式公社的有番阳、冲坡、三平、志仲，占公社总数的28%；初步建成大寨式大队 39 个，占大队总数的 29%。

1977 年 1 月 15 日至 19 日，乐东县委组织召开了 4000 多人参加的四级干部会议，对照大寨县标准找差距，修订计划，决心鼓起更大的干劲，为尽快建设高标准大寨县而努力奋斗。会议决定，1977 年，全县继续建成大安、抱由、山荣、千家、九所、乐罗、黄流、英海、佛罗 9 个大寨式公社。同年，全县办起 16 间党校、153 间大队政治夜校、1376 间生产队政治夜校，培养理论骨干 1 万多人。全年大搞农田基本建设，春季组织 6.5 万多人，大干 20 天，完成 319 万土石方，整治农田 5.4 万亩。全县人民发扬"天大旱，人大干，大干压倒大旱"的精神，上半年全县粮食总产量达 1.23 亿斤，比去年同期增长 241 万斤，向国家交售粮食 3300 万斤，超额完成了任务。

同时，乐东县也继续开展"工业学大庆"运动。1977 年 3 月 10 日，乐东县委召开了全县"工业学大庆"运动先进集体、先进个人代表表彰大会。县委常委陈人忠在大会作《学好文件抓好纲，深入揭批'四人帮'，掀起'工业学大庆'群众运动新高潮》讲话。全国"工业学大庆"会议后，乐东县委又用 5 天时间组织企业管理骨干 143 人，深入学习，进一步解决是真学大庆还是假学大庆的问题。11 月初，县委又进行了为期 5 天的整风，解决工业进一步支农的问题。1977 年，县农机厂修理拖拉机、柴油机 275 台，修理各种农机具 3272 件，派出维修小组共 83 人次深入社队修理共计 7743 台（件），培训农机手 237 人次。县车站调运支农物资 64880 吨。各企业还结合工业生产发展农副业，全县工业企业共饲养猪、牛、羊659 头，开挖鱼塘 12 亩，养鱼 7 万多亩，开荒种植各种作物 211 亩。

乐东县在继续开展"农业学大寨"和"工业学大庆"运动的过程中，不同程度地纠正了过去一些极左的政策和措施，开始走向实事求是，农业上注意多种经营，工业上重视企业经营管理，按劳分配，注意调动职工的生产积极性。

二、国民经济的恢复和发展

乐东全县各级党委、政府在抓揭批查的同时，努力恢复被"文化大革命"严重破坏的国民经济。经过 2 年努力，工农业生产，以及教育、文化、科学、卫生、体育等事业基本得以恢复和发展。

（1）农业生产方面。经过 2 年的整顿，全县经济作物和其他作物产量都有大幅度提高。1978 年，全县芒果种植面积 60 亩，总产 875 吨；菠萝种植面积 695 亩，总产 261.5 吨；蔬菜种植面积 8600 亩，总产 3215 吨；橡胶种植面积 10785 亩，干胶总产 98 吨（不包括农垦）；腰果种植面积 81360 亩，收获壳果 117.75 吨；椰子种植面积 2019 亩，总产 56 万个；槟榔种植面积 1360 亩；甘蔗种植面积 4910 亩，总产 76240 吨。

（2）工业生产方面。1977 年，全县企业克服原材料、燃料、电力严重不足的困难，努力恢复生产，取得了一定的成绩。计委战线全年完成工业总产值 2549.6 万元，超额 5%完成了国家计划，比 1976 年增长15.9%。其中，10个县属企业产值比1976年有所增加：利国糖厂增长16.7%，农机一厂增长13.8%，农机二厂增长49.5%，食品厂增长74.5%，抱由糖厂增长6.4%，望楼盐场增长41.2%，二轻工艺厂增长27.8%，铁木厂增长2.6%，黄流农具厂增长1.2%，砖瓦厂增长5.6%。食糖、食盐、电动脱粒机、人工降雨机等产量比1976年有较大幅度的增长，同时全县工业可比产品成本下降11.9%，劳动生产率提高27.8%。1978年，县属工业总产值达2065.7万元，比1976年增加76.3万元，增长率3.8%；抱由糖厂总产值达302万元，比1976年增加127万元，增长率72.57%。

（3）文化教育方面。全县文化部门的工作逐步恢复正常。1977年，县新华书店图书发行量为207万册。县文化馆1977年建成670平方米的新馆，1978年从中分出图书馆。1978年，乐东县建筑一幢钢筋水泥结构的影剧院，面积165平方米，座位1590个（包括楼座）。县文艺宣传队1977年改编的大型古装神话琼剧《天仙配》在全岛巡回演出；1978年编导的黎族舞蹈《清甜的椰水》获全州业余文艺调演一等奖。1978年，县文化部门将莺歌海剧团、黄流剧团、佛罗剧团3个剧团重组，进一步活跃农村文化生活。

1978年，县教育部门对全县小学教学点进行调整，科学规划小学分布和教学点分布，对生源不足的教学点进行合并，小学开班达1869个，比1976年增加456个；小学汉族学生达29008人，比1976年增加2216人；小学专职教师达1467人、民办教师达930人、代课教师达1815人，分别比1976年增加177人、42人和122人。其中，小学少数民族教师达663人，比1976年增加134人。1978年，全县考上大中专院校的学生达438人，其中考上大专以上院校的学生有137人。

1978 年，县委给教育事业拨款 203.53 万元，比 1976 年增加 39.03 万元，增长率 23.72%。

（4）卫生工作方面。县委对卫生系统进行了整顿，陆续推行了党委领导下的院长负责制和科主任负责制，恢复了行政查房制、三级护理制等，医院正常工作秩序逐步恢复，医疗事故逐步减少。1977 年，县人民医院建起面积 1570 平方米的门诊大楼，内设外科、内科、妇科、中医科、传染科；还建起主治医师宿舍楼、职工住宅。县保健站恢复，工作日趋正常，1978 年改名为妇幼保健站。1977 年至 1978 年的 2 年间，县妇幼保健机构普查妇科病 6600 人，确认患病 1444 人，治疗 1071 人。

（5）体育工作方面。全县竞技体育取得了一定的成绩。1977 年 5 月，全州少年田径运动会在乐东县城举行，乐东县代表队夺得团体总分第一名，打破了 112 项州少年纪录。1978 年 8 月，全州少年田径选拔赛在乐东县城举行，乐东县代表队获团体总分第一名。同年，全州职工排球队在乐东县城举行，乐东女子队荣获冠军，男子队获亚军。1978 年 10 月，广东省射箭队来乐东县访问，同大安乡代表队进行表演赛，乐东县黎族射箭运动员逐渐成为广东省射箭队的主力。

第六章　改革开放和社会主义现代化建设新时期

（1978—2012 年）

中国特色社会主义道路是马克思主义发展史和社会主义运动史上崭新的历史性课题，是中国共产党人在命运攸关时刻的正确抉择和社会主义实践中的伟大创造，它以十一届三中全会党的伟大历史转折为起点，从拨乱反正的完成、中国特色社会主义道路命题的提出到成功开辟，经历了长达 34 年艰辛探索的历程。党的十一届三中全会后，乐东县进行农村体制改革，撤销人民公社，实行家庭联产承包责任制，对原来的农业生产计划管理体制实行全面改革，变农业生产计划的指令性为指导性，农村经济取得较快的发展。加大水利建设和投入，加强对水利的管理监督，水利及电力建设飞跃发展。同时，落实国民经济"调整、改革、整顿、提高"的方针，进行供销系统的经济体制改革。重视和加强教育、文化、卫生等事业的建设。这一时期，乐东的各项事业开创了新局面。

第一节　家庭联产承包责任制的推行

1978 年 12 月，党的十一届三中全会在北京胜利召开，结束了粉碎"四人帮"之后的 2 年中党的工作在徘徊中前进的局面，实现了建国以来党的历史的伟大转折。十一届三中全会后，乐东县进行农村体制改革，撤销人民公社，分田到农户，实行家庭联产承包责任制，全面改革原来的农业生产计划管理体制，变农业生产计划的指令性为指导性，农产品按承包合同完成定购任务后，其余由农民投放市场，由市场调节。农产品的价格实行市场调节价，农业生产所需要的资金、种子、化肥、农药等一律取消计划供应。县计划部门和政府农业主管部门主要是从方针、政策方面进行宏观指导和协调平衡。推行多种形式生产责任制、加强和完善"双包"生产责任制，农村经济取得较快的发展。

一、实行家庭联产承包责任制

从 1979 年开始，乐东县推行定额管理、评工记分、联产到组、联产到劳、包产到户、包干到户等多种形式的生产责任制。1980 年，全县有生产队 1700 个，实行包产到户、包干到户的有 1622 个，占总数的 95%。实行生产责任制后，广大群众的生产积极性得到充分调动，农村面貌焕然一新。

二、加强和完善"双包"生产责任制

家庭联产承包责任制极大地调动广大群众的生产积极性，但全县有 144 个生产队出现有些社员占用集体土地、耕牛等现象。据统计，占用田地 35 亩，坡地 442 亩，耕牛 63 头。1981 年，结合宣传贯彻中共中央〔1981〕1 号文件精神，教育社员退还所占的土地和耕牛。同时，进一步加强和完善包产到户、包干到户"双包"的生产责任制，全县除了 24 个生产队实行定额计酬外，其余 1666 个生产队实行"双包"生产责任制，占总数的 98%；对农村产业结构进行调整，利用一部分旱田改种甘蔗、花生等经济作物。

随着联产承包责任制的建立和完善，农民生产积极性空前高涨，剩余劳动力转向多种经营。1984 年，全县共有专业户 1563 户，占总户数的 3%，其中，种植业 403 户，林业 44 户，畜牧业 122 户，渔业 161 户，工业 119 户，运输业 225 户，商业服务行业 357 户，建筑业 66 户，等等；投入劳力 4072 个，占总劳力的 3.5%；共收入 1238 万元，其中，种植业收入 278 万元，林业收入 10 万元，畜牧业收入 208 万元，运输业收入 213 万元，建筑业收入 111 万元，商业及服务行业收入 262 万元，渔业收入 6 万元，等等。当年，全县经济联合体共有 410 个，其中，种植业 209 个，工副业和服务行业 201 个；参加农户 1373 户，占总农户的 2.7%；参加劳力 2969 个，占总劳力的 2.3%；总收入 477 万元，其中，种植业收入 347 万元，工副业和服务行业收入130 万元。

第二节　农业发展成效显著

十一届三中全会后，在"文革"期间遭受冲击影响的产业逐渐恢复生产或重新建设。此时期，乐东加大对水利、电力、工业的投入和管理监督，落实国民经济"调整、改革、整顿、提高"的方针，对消耗高、质量差、产品滞销、长期亏损的企业实行承包经营，立足老企业挖潜和技术改造。全县进行供销系统的经济体制改革。水利、电力、工业及商业发展方兴未艾。

一、水利及农田灌溉设施建设

1986 年，乐东在冲坡镇（今利国镇）望楼河西岸修筑一条长 1600 米的长堤，以防止望楼河水冲刷河岸和人们扩地建房。九所、乐罗（今属利国镇）、冲坡、黄流、三平、抱由、志仲、山荣、佛罗等乡镇先后将传统的提水工程改造为自流灌溉及机电排灌站。1990年7月2日，乐东设立水利行政管理委员会。县人民政府在《关于明确县水电局是县水利行政主管部门的通知》中明确县水电局主要任务是加强对贯彻执行《中华人民共和国水法》以及有关水利法规的监督，以法治水，实现对水资源的统一管理，合理开发利用和保护水资源，防治水害，充分发挥水资源的综合效益，满足人民生产、生活的需要，促进国民经济的发展。1991年，为加强对水利的管理监督，共配水利行政管理监督员64名，全县16个乡镇的水利管理委员会改为水利管理站，各配1名监督员。截至1991年，全县共打农用机井24眼，其中黄流村东4眼，黄流村中1眼，黄流村西3眼，多能一村2眼，多能二村2眼，赖元村1眼，赤命村5眼，田头村1眼，青山村3眼，福元村1眼，响土村1眼。国家投资12万元开挖并装抽水机抽水，能灌溉农田2260余亩；兴建大小陂40个。从1992年至2000年，县水电局先后在莺歌海新兴村，尖峰镇志孔园、长安村，佛罗镇白井、丹村，黄流镇赤龙、黄新洋等打农用机井共826眼。这些机井设备配套齐全，安装有柴油机、发电机，除了解决村民生活用水需求外，另有灌溉面积达8530亩。

二、推行农业综合开发

1989年12月，海南省农业综合开发办同意乐东1989年至1991年的三年农业综合开发规划方案，乐东充分利用农业资源优势，实行农业综合开发，以增加粮、糖、油产量为主要目标，以改造中低产田为中心，以水利项目为重点，进行山水田林路综合治理。三年项目实施完成后，完成改造中低产田14.5万亩，农田增加灌溉1.8万亩，恢复灌溉4.7万亩，改善灌溉4.6万亩。农田整治2.25万亩，旱涝保收面积 5.08 万亩，营造防护林 1.8 万亩。进入 20 世纪 90 年代，农业生产条件大大改善，项目综合生产水平不断提高。为适应农业产业化的要求，适时调整农业生产结构，发展多种经营，全县出现许多种植养殖专业户，出现了许多生产联合体，如香蕉生产联合体就有 570 多个，大力地推进生产的规模化、集约化。截至 2012 年，乐东扎实推进国家现代农业示范区建设，进一步优化农业产业化布局，完善农业发展支撑体系。

三、产业结构调整

1999 年至 2005 年，乐东进一步调整产业结构，大力调整产业布局。推进热带高效生态农业产业化进程，发展优质、高值、高效作物，做大做强香蕉、反季节瓜菜、海洋渔业、畜牧业、天然橡胶业等特色产业。切实加强农业基础设施建设，大力推广农业技术。如今，乐东产业结构得到调整优化，形成以香蕉为主的热带水果种植业、反季节瓜菜种植业、民营橡胶种植业、海淡水养殖业等特色产业，科技、订单以及绿色农业发展迅速，创立一些热带水果品牌，被评为"全国香蕉产业十强县"；提出建设资源型新兴工业强县的新定位，重点开发钼矿、盐化工、油气和农副产品深加工业等资源型工业。2006 年至 2010 年，乐东大力实施"一县三地"产业发展战略，提高农业产业化水平，突出发展资源型新兴工业，优化产业结构，提升经济总量和质量。

四、建立土地流转制度

1996 年，乐东采取一系列措施建立起土地流转制度。制定《乐东农业土地利用规划》《乐东黎族自治县土地管理若干暂行规定》，在坚持土地集体所有的前提下，允许和鼓励集体或农民将自己承包的土地出让。此举有效地促进了撂荒土地的复耕，促进了农业生产要素优化配置和农村剩余劳动力向二、三产业转移。土地使用权流转方式主要有以下 4 种。一是土地出租。政府鼓励集体和农户以出租形式将承包的土地转让给公司、企业、种田能手、机关事业单位办种植基地,进行规模经营。当年全县办理出租土地 110 宗,面积 2.74 万公顷。土地出租过程中政府部门严把审批关,承租土地面积和使用必须符合《乐东农业土地利用规划》,价格和使用年限必须符合《乐东黎族自治县土地管理若干暂行规定》,即租金不得低于每年每公顷 750 元,使用年限不得超过 30 年。二是土地转让或转包。允许土地使用权拥有者将土地转让给他人承包或经批准转让给他人经营。当年全县转让土地 73.3 公顷,转包土地 1333.3 公顷。转让或转包的土地主要用于种植反季节瓜菜和热带水果,每公顷产值 6 万多元,比转让 (或转包) 前增加 1 倍多。三是土地入股。允许土地使用权拥有者以土地入股发展规模经营。四是土地抵押。土地承包者在生产、经营过程中为解决资金问题,可将承包的土地作为抵押物向集体和银行贷款。

五、农业生产总值逐年增加

据了解,1994 年,全县农业总产值 4.83 亿元,比上年增长 14.2%;年末实有耕地 30263 公顷;当年造林面积 1118 公顷,森林覆盖率 45%。1996 年,乐东实有耕地面积 3.01 万公顷;农业总产值 6.04 亿元,增长 12.6%;粮食生产在遭受严重自然灾害情况下仍获得好收成,产量达 17.28 万吨,增长 6%;人工造林 706.6 公顷,超额完成当年计划任务;森林覆盖率 56%。1997 年,乐东粮食总产量 18.19 万吨,实现粮食生产连续 5 年丰收。1998 年,农业总产值 14.63 亿元,增长 9.2%;粮食产量 18.9 万吨,增长 3.9%。2010 年,乐东耕地面积 3.11 万公顷;农业总产值 46.21 亿元,增长 7.4%;农业机械总动力 49.01 万千瓦,化肥施用量 7.68 万吨,农村用电量 3872 万千瓦时,农田有效灌溉面积 1.34 万公顷；年内被农业部确定为"国家现代农业示范区"。2011 年，农业总产值 64.01 亿元，增长 7.2%；农业机械总动力 50.67 万千瓦，化肥施用量 8.08 万吨，农村用电量 5580 万千瓦时，农田有效灌溉面积 1.36 万公顷。2012 年，农业增加值 66.67 亿元，增长 6%；粮食产量 15.02 万吨，增长 0.2%；农业机械总动力 54.08 万千瓦，化肥施用量 10.5 万吨，农村用电量 6215 万千瓦时，农田有效灌溉面积 1.39 万公顷。

六、区域化经济建设

在推进产业化的进程中，乐东大力抓好区域化经济，发挥龙头企业的作用，提高了农业的商品化和集约化水平。1998 年以来，乐东形成了沿海冲坡、黄流、九所、佛罗、尖峰、乐罗几个乡镇以发展香蕉生产、反季节瓜菜生产为主，莺歌海以发展海水养殖业为主，内区乡镇以发展热带水果生产和橡胶生产为主的区域化生产格局。香蕉生产、反季节瓜菜生产实行连层开发，从规模化要效益。依托这新的生产格局和连片生产基地，乐东充分发挥一些龙头企业和运销大户的作用，发挥城镇批发市场和遍布城乡的香蕉代收点以及产地批发市场的作用，把农户和生产同大市场联系起来，把香蕉生产、反季节瓜菜生产的产前、产中、产后几个环节结合起来，使生产、运输、销售相互衔接，相互促进，协调发展，使乐东支柱产业具有一定的生产专业化水平。此外，一些龙头企业实现企业化经营。万钟公司等一些龙头企业，用管理工业企业的办法经营和管理香蕉生产，特别在香蕉的砍运、采收、保鲜、运输等方面下功夫。这在很大程度上促进农业增长方式从粗放型向集约化转变，赢得了较好的社会效益和经济效益。

第三节　工业经济加快发展

这一时期，乐东工业取得一定的发展。1979 年，乐东县委、县政府认真贯彻落实中共中央和国务院关于国民经济"调整、改革、整顿、提高"的方针，对消耗高、质量差、产品滞销、长期亏损的企业实行承包经营；扩大腰果、琼脂等新产品生产；立足老企业挖潜和技术改造，国营工业企业又有发展。1980 年，全县机械工业产值共 76.8 万元，1985 年达 96 万元，1988 年达 510 万元。1991 年是乐东工业发展较快的时期，这年全县国营工业企业 27 家，其中省属企业 3 家、县属企业 24 家，共有职工 9193 人；固定资产原值 14708 万元；工业产值 10527 万元，占全县工业总产值的 98.96%，比 1978 年增长 164.8%。其中，县属工业产值 6903 万元，比 1978 年增长 296.3%，比海南建省前的 1987 年增长 69.2%。

1992 年后，工业企业遍布各乡镇，大部分设在沿海地区，冲坡镇是主要工业区。全县工业企业有糖厂、腰果综合加工厂、机械修造厂、印刷厂、变电站、琼脂厂、粮食加工厂、电机厂、水泥厂、自来水厂、砖瓦厂、石灰厂和制盐、采掘工业等 39 家 (不包括农垦系统)。其中，轻工业 20 家，重工业 19 家；全民所有制工业 27 家，集体所有制工业 12 家。1994 年，全县有工业企业 370 家。2010 年，全县有工业企业 450 家，其中规模以上企业 6 家，工业总产值 4.33 亿元（当年价），增长 37.1%；规模以上工业增加值 1.48 亿元，增长 29.5%。主要工业产品产量：原盐 11.04 万吨，增长 15.8%；发电量 4036 万千瓦时，下降 22.3%；塑料制品 1765 吨，增长 39.5%；黄金 646.16 千克，增长

57.6%。2011 年，全县有工业企业 450 家，其中规模以上企业 3 家；工业增加值 2.63 亿元。2012 年，全县有工业企业 451 家，其中规模以上工业企业 3 家；工业增加值 2.61 亿元。

第四节 交通事业不断发展

乐东的交通发展主要体现在公路、桥梁修建方面。1985 年 9 月至 1987 年 9 月，将海榆西线乐东路段改建成二级路面，把原路面 8.5 米加宽至 12 米，乐东境内全长 54.65 千米。1985 年，乐东县与海南黎族苗族自治州共同筹集资金 2500 万元兴建永明大桥，大桥于同年 4 月 20 日动工，1987 年 8 月 24 日竣工通车。该桥主桥长 265.3 米，宽 12 米，高 20 米，栏杆高 1.1 米，桥墩 14 个，跨度 20 米，桥面两侧安装照明灯。1987 年 7 月，将望楼大桥进行扩建，由原来 8.5 米宽的桥面扩建至 14 米，车道为 9 米，两旁人行道为 2.5 米，桥面两侧安装照明灯。1988 年 10 月，望楼大桥竣工通车。同期，扩建黎沟桥、散田沟桥，由原来 8.5 米宽的桥面扩建为 12 米。1999 年至 2005 年，全社会固定资产投资累计完成 16.4 亿元，年均递增 2.9%。乐九公路、天涯至江边公路、毛阳至抱由公路改建通车，西线高速黄流、尖峰出口路建成通车，黄流至莺歌海公路改造项目已进入实施阶段，全县已构建成四通八达的高等级公路网络。

2006 年至 2010 年，乐东加强建设农村公路网络，实现全县行政村通公路和符合条件的行政村通沥青（水泥）路，符合条件的行政村开通公共汽车。2010 年，全县公路、水路货运量 624 万吨，周转量 5.18 亿吨千米，投入 9567.90 万元，修建农村公路 74 条，长 236.82 千米。截至 2012 年，乐东完成农村公路改造项目 32 个 109.09 千米及黄流高速路出口沙土路改造项目。

第五节　电力事业发展突飞猛进

1988 年 3 月，乐东在县城建火力发电厂，同年 9 月建成试产运行。该厂安装 1 台 500 千瓦的柴油发电机组，年发电量 432 万千瓦时。受水电快速发展的影响，这个火力发电厂从 1988 年底停止发电，只作为枯水期县城照明备用电源。莺歌海盐场动力厂，又叫火力发电厂，于 1958 年兴建，安装 4 台柴油发电机发电，供应莺歌海盐场的生活、生产、照明用电。1981 年，该厂的发电量为 54 万千瓦时。从 1988 年开始，该厂发电机组改为备用电源，盐场用电主要由金鸡岭供电所供应。利国糖厂动力车间于 1958 年兴建，1959 年建成使用，共安装 300 千瓦、90 千瓦的柴油发电机各 1 台，1500 千瓦、750 千瓦的汽轮发电机各 1 台，年发电量可达 1900.8 万千瓦时，但每年榨季实际发电量仅 950 万千瓦时。从 1982 年开始，榨季才使用动力车间的电力，其余时间均由利国供电所供应水电。抱由糖厂动力车间于 1975 年兴建，安装 300 千瓦、80 千瓦的柴油发电机各 1 台和 1000 千瓦的汽轮发电机 1 台，年发电量 1108.8 万千瓦时，但每年榨季实际发电量仅 554.4 万千瓦时。从 1985 年开始，除了榨季期间使用动力车间的电力外，其余时间用电均由县城供电所供应。

乐东还于 1979 年兴建尖峰水力发电站，于 1989 年兴建友谊水力发电站。这两座水力发电站共安装水轮发电机 5 台，总装机容量为 4000 千瓦。此外，原海南黎族苗族自治州和乐中、保国、乐光、保显等国有农场在乐东境内兴建水力发电站5座，装机容量为2278千瓦。1985年至1988年，乐东的小型水力发电站，由于经营管理不善，已报废33个，报废水轮发电机34台、装机容量618千瓦。1991年，全县仅存9个较大的水力发电站，水轮发电机17台，总装机容量7304千瓦。其中，属县管理的水力发电站有友谊水力发电站，装机容量3750千瓦；长茅水力发电站，装机800千瓦/台，发电量1600千瓦时；石门水力发电站，装机630千瓦/台，装机容量1260千瓦；抱由水力发电站，装机100千瓦（2台），容量300千瓦；响水电站，装机容量8000千瓦，年发电量1500万千瓦时。属乡镇管理的水力发电站有红水水力发电站，装机12千瓦；佳西水力发电站，装机40千瓦；志仲水力发电站，装机40千瓦（2台）；抱伦水力发电站，装机12千瓦；尖峰水力发电站，装机250千瓦。

1990年，乐东的电力基本实现供求平衡，当年用电量为1570万千瓦时。其中，工业用电608万千瓦时，农业用电70万千瓦时，生活照明用电892万千瓦时。工业用电的单位主要是莺歌海盐场、利国糖厂、抱由糖厂和县农机一、二厂。

乐东还架设输电线路。1979年，对10千伏线路进行改造，重新架设长茅—响水—石门—利国—金鸡岭的35千伏输电线路，导线断面为90平方毫米，全长42千米，初步形成全县的小水电网。1991年11月，架设友谊—县城的35千伏输电线路，全长16千米，输电导线选用断面为90平方毫米的钢芯铝胶线。

乐东变电站的建设是从1981年开始的。利国变电站兴建于1985年，容量2000千伏安。该变电站的电力主要供应九所镇、冲坡镇、乐罗镇、利国糖厂、县腰果综合加工厂、县水泥厂、县琼脂厂等乡镇和企业单位。金鸡岭变电站兴建于1981年，变电容量16350千伏安，电力主要供应佛罗镇、莺歌海镇、黄流镇、莺歌海盐场等乡镇和企业单位。县城变电站兴建于1987年，变电容量8000千伏安，电力主要供应县城、抱由糖厂、抱由镇、山荣乡、永明乡、县农机二厂等机关、学校、企事业单位。

县供电公司，原称县城发电厂，于1952年创建，由县工业局管理，1967年起由县水利电力局管理。1980年1月，成立县城供电所，有职工23人，下属单位有抱由电站、县自来水厂。1985年3月，县城供电所改为乐东县供电公司，下属单位有石门电站、长茅电站、利国供电所、金鸡岭供电所、抱由电站、县城营业所，共有职工50人。1988年，经县编委批准该公司为副局级单位，公司设立生产技术股、财会股、行政股，下属单位有县城营业所、县城变电站、抱由电站、金鸡岭供电所、利国供电所、石门电站、长茅电站等。

第六节　社会事业蓬勃发展

1978年党的十一届三中全会召开以后，乐东各项社会事业得到恢复与发展。

一、档案馆、文化馆和图书馆

1980年，成立县档案科，恢复县档案馆，科馆合一办公，一套人马两块牌子。1982年，档案科改称县档案局，保留档案馆。1986年，县档案局为县人民政府的直属局，档案馆由档案局管理。1991年底，库藏面积达到250平方米，库藏61个全宗11313卷册，其中历史档案46卷，党政档案7621卷。是年，利用档案255人次，卷册315册，查全率达 95%，查准率 98% 以上。

县文化馆设立于 1953 年，1978 年从中分出图书馆。县文化馆为股级单位，设办公室、美术室和展览室；配备正副馆长各 1 人，文学、音乐、舞蹈等辅导干部 11 人。文化馆定期下乡辅导，每年举办中小学美术、书法培训班和剪纸艺术创作班。

图书馆前身为 1953 年设立的县图书阅览室，"文革"期间，该室藏书被窃、毁，所剩无几。1978 年改为图书馆后，藏书量大增。1985 年已有 3.57 万多册。馆存《二十四史》《中国历代战争史》《琼州府志》等较有价值的图书。图书馆为股级单位，内设成人阅览室、儿童阅览室、资料阅览室，每天接待读者逾百人。1991 年馆藏图书 42500 册。1992 年投资 185 万元，兴建 1 幢 5 层 2500 平方米的新图书馆大楼，1996 年落成使用。

2010 年，有县文化馆、图书馆各 1 个，向 80 个行政村送书 8 万册，为 11 个镇文化站、48 个村委会配发文化信息共享工程服务设备。2011 年，有县文化艺术馆、图书馆各 1 个，建成农家书屋 124 间。2012 年，建成农家书屋 178 间。

1979 年，冲坡、九所、佛罗、千家等乡镇业设立文化站，1983 年普及各乡镇。1990 年，莺歌海文化站被评为"全国先进文化站"。莺歌海文化站、黄流文化站、佛罗文化站、尖峰文化站、九所文化站、冲坡文化站、抱由文化站、千家文化站、福报文化站、永明文化站、县歌舞团、县工商银行等 12 个单位被省授予千里环岛文化长廊建设达标单位。2012 年，有乡镇文化站 11 个。

此外，1985 年，县新华书店大楼落成，此后图书种类和数量不断增加，发行量逐年增长。

二、县电影公司、影剧院

县电影公司的前身是 1956 年成立的乐东县电影放映队，1959 年更名为乐东县电影管理站，1980 年更名为乐东县电影公司。县电影公司成立后，乐东电影事业发展较快，1991 年底，全县已有放映点 158 个，放映机 86 部，其中 16 毫米的 73 部、35 毫米的 13 部。1989 年至 1994 年，全县农村电影队发展到 118 个，沿海乡镇建成电影长廊；年发行电影拷贝达 10080 个，年放映最高收入 165 万元，观众达 78 万人次。1989 年至 1992 年，县电影公司连续 4 年被评为海南省先进电影公司。

县影剧院建成于 1978 年，是当时比较高档的县级影剧院，面积 165 平方米，座位 1590 个 (包括楼座)。院内装有双层排座自折椅、电风扇，音色清晰。1982 年，县总工会又增建露天影剧场 1 个，设长条石和水泥座位 2600 个。1989 年至 1994 年，全县建成大型影剧院 6 间。

三、琼剧团、民族文工团和文化市场

1978 年，莺歌海剧团、黄流剧团、佛罗剧团等 3 个剧团重新组团，经常到县内外演出。1980 年，县文化局还专门组织剧团在黄流墟会演。1985 年后，因经费缺乏和没有"压台演员"而解散。

能长期坚持演出的是 1957 年县成立的业余海星剧团。该剧团 1958 年改为县琼剧团；1965 年至 1977 年，曾先后改名为"文艺宣传队""毛泽东思想文艺宣传队""文艺轻骑队"；1979 年 3 月又改回县琼剧团，与文艺宣传队同一机构。1981 年取消琼剧团和宣传队名称，原机构改为县民族文工团，是年编制 50 人。1990 年县民族文工团整顿，1991 年共有演员及工作人员 32 人。1993 年更名为乐东黎族歌舞团。县民族文工团曾于 1980 年 10 月，代表广东省赴京参加少数民族文艺会演，《春米舞》等 4 个舞蹈获优秀奖。1989 年参加全国第三届艺术节，《长寿舞》获三等奖。

1978 年后，乐东文化市场逐渐兴起，录像放映点和报刊书摊（包括租书室）不断增加。至 1991 年，全县已有录像播放点 58 个，报刊书摊（含海南民歌歌册）销售点 16 个，群众观看、购买较为踊跃，文化市场较为繁荣。尤其是中小学生辅导资料、农技书籍、民歌册极为畅销。1989 年，县成立社会文化管理领导小组，对文化市场进行管理。1991 年，全县共有电影场 26 个、舞厅 39 个、书摊 42 处，绝大部分按照《海南省文化市场管理条例》从事经营活动。2011 年，建成民族文化体育广场、青少年活动中心、大安黎族剪纸基地培训中心；创办有线电视乐东频道，开通利国、佛罗无线数字电视微波发射台，实现沿海镇有线、无线数字电视全覆盖。有线电视用户 2.13 万户。广播、电视综合人口覆盖率分别为 94% 和 96%。2012 年，完成 "村村通" 工程 7367 户，基本实现有线电视全覆盖。

四、学校教育事业迅速发展

（一）幼儿园教育

1978 年起，幼儿园的规模逐渐扩大，当年已招 6 个班 242 人。1983 年增招 1 个班。1985 年，建成 1 幢 3 层 974 平方米的楼房，改善了教学条件。1991 年，在园幼儿达到 14 个班 526 名。20 世纪 80 年代初附设学前班。1987 年有 5 间小学设学前班，学生 866 名。1991 年发展到 10 个学区的学校都附设学前班，学生人数增加到 1693 名，其中少数民族幼儿 363 名。

1983 年，农村兴起办托儿所的热潮，有 99 个班 2426 人。1986 年至 1991 年，乐东中学、民族中学办简易的幼儿班，两校的幼儿共 40 多名。

1984 年，由县妇联直接组织，教育局资助，在大安、三平、莺歌海等乡镇，曾办过早晚班 22 个，入学儿童 1136 人；学前班 15 个，幼儿 573 人，其中大安乡大炮村办的学前班较好，受到海南区的表扬。1987 年后，这些班均停办。

2010 年，全县有幼儿园 17 所，在园幼儿 3988 人。2011 年，全县有幼儿园 21 所，在园幼儿 4303 人。2012 年，全县有幼儿园 28 所，在园幼儿 6289 人。

（二）小学教育

1976 年粉碎"四人帮"后，拨乱反正，为被批斗的教师平反，小学教育秩序逐渐恢复，教学质量迅速提高。1981 年，切实加强学校的思想政治工作，注意纠正了轻视德育、体育的倾向，使党的教育方针得到全面贯彻。1984 年，普及小学教育取得较大成效。经广东省和自治州人民政府检查验收，全县适龄儿童入学率在 98% 以上，符合国家普及小学教育的标准。1985 年起，着重抓小学教育普及的巩固和提高，为全县普及九年义务教育创造条件。1990 年，全县儿童入学率高达 99.1%，1992 年升到 99.2%。这两年在校生分别为 61022 人、61094 人。1982 年起，县城小学开始恢复 6 年制，彼时乐东其他小学还开设 5 年制试验班，后来乡镇中心小学也恢复 6 年制，但是直至 1991 年有些乡村小学仍为 5 年制。

2010 年，全县有小学 190 所，在校生 4.93 万人，入学率 99.96%。2011 年，全县有小学 183 所，在校生 4.68 万人。2012 年，全县有小学 179 所，在校生 4.52 万人。

（三）中学教育

1977 年开始对中学教育结构进行调整，压缩了普通高中，改变了初中的布点。1980 年起，全县只办乐东中学、黄流中学、冲坡中学、民族中学 4 间完全中学和 14 间初级中学。1985 年，制定九年义务教育规划，逐年增加初中招生人数，分期分批对城乡儿童实行九年义务教育。1985 年，初中生 12766 人，1987 年增加到 14526 人。1991 年降至 10679 人。在未设高中班前，全县初中的学制均为 3 年。1984 年后，所有的完全中学改为"三三制"。

2010 年，全县有普通中学 30 所，在校生 3.58 万人。2011 年，全县有普通中学 21 所，在校生 3.38 万人。2012 年，全县有普通高中 5 所，在校生 1.07 万人；初中 25 所，在校生 2.22 万人。

此外，还有职业教育。乐东县职业中学于 1987 年 6 月开始筹办，同年 9 月开学。招收高二班 1 个、高一班 2 个，学生 170 人，教职工 20 人。1988 年至 1989 年，招收高一班 6 个。1990 年至 1991 年，招收高一班 8 个。至 1991 年，共有学生 600 多名，教职工 109 人。由于学生就业存在问题，从 1991 年起报考职业中学的学生逐年减少。2011 年，全县有中等职业学校 1 所，在校生 1181 人。2012 年，全县有中等职业学校 1 所，在校生 1072 人。

1977 年，全国恢复高考制。1977 年至 1987 年，全县考上大中专院校的共有 3092 人，其中有 170 多人被重点大学录取。海南建省后，招生逐年增加。1988 年至 1991 年，考入大专院校的学生共 1260 名，中专生 919 名，超过了海南建省前的总数。"十五"期末，8297 人考上普通高等院校。

1980 年至 1983 年，初中毕业生只能报考中师，1980 年全县录取 144 名，1981 年录取 117 名，1982 年至 1983 年录取 237 名。1984 年起，初中毕业生不仅可以报考中师，还可以报考 4 年制的中专，当年全县考入中师的有 91 名，考入中专的有 104 名。1985 年至 1987 年，考入中师（含幼师）的有 200 多名，考入中专的有 40 多名。1985 年，县民族中学 15 名黎族、苗族学生入围，其中 14 名被录取。1988 年至 1991 年，考入中师（含幼师）的有 300 多名，考入中专的有 140 多名。

1999 年至 2005 年，乐东"科教兴县"战略得到贯彻实施，5 年投入资金 5740 万元，建成乐东中学教学楼、黄流中学教学楼、职业中学教学楼、民族中学科学馆、冲坡中学教学楼等基础设施，改造中小学危房和校舍 7.86 万平方米。义务教育阶段全免杂费，农村和城镇困难家庭中小学生免收课本费，少数民族特困班和寄宿班学生补助生活费。2010 年，投入 1.61 亿元用于提高义务教育教师岗位绩效工资、教育扶贫、农村初中改造、中学扩建、"两免一补"补助等。2011 年，对 83 所中小学校舍进行改造。

（四）卫生学校

乐东县卫生学校创办于 1959 年秋，1962 年停办，1967 年复办，1975 年与广州中医学院联合办学，更名为六二六大学（纪念毛泽东 1965 年 6 月 26 日对卫生工作的指示）。至 1978 年秋季，六二六大学撤回广州中医学院。这期间共 2 届学员，学制 2 年，每届招生 50 名。同时共培训赤脚医生 640 名。1978 年至 1983 年，招收护理生 206 名；1984 年至 1985 年，招收卫生员 102 名；1985 年至 1989 年，年招收医士班学生 179 名。在这些学生中，有一部分是自费生。复办后所招的学生，国家不包分配。1988 年，又更名为乐东黎族自治县中等卫生职业技术学校，招收乡村医士生，培养具有中专水平的乡村卫生人员，学制 3 年，国家承认学历，不包分配。1989 年至 1991 年，共招收学生 166 名。此外，1989 年至 1990 年，吉林省中国乡村医生函授学校在该校设乐东函授站，委托代培 3 年制中专乡村医生 67 人。

（五）师范学校、教师进修学校

乐东县师范学校创办于 1959 年 7 月，当年招收 3 年制普师班 2 个，学生 101 人，教职工 8 人。1980 年开始，招收 4 年制中师函授生。1983 年，更名为乐东县教师进修学校。1984 年至 1988 年，共招收普师班 13 个、进修班 15 个、函授班 31 个，毕业的学生达 1429 人。同时举办多期短训班，培训小学教师 1294 人次、小学行政领导 390 人次，进行巡回辅导 29 次，辅导 1015 人次。1989 年至 1991 年，招收进修生和函授生，其中有东方县 100 多名学生。从 1988 年起，普师班的学制改为 2 年，函授班的学制改为 3 年。

（六）农民夜校

早在 1951 年，乐东就在抱由专办 1 间农民夜校。1979 年，全县办起文化夜校 316 间，开设 321 个速成班，7218 人参加学习。1984 年 8 月，经省、州两级检查验收，乐东县脱盲率在 90% 以上，完成了扫盲任务。但扫盲工作并未结束，1988 年，在 16 岁至 40 岁的农民中仍有 3465 人属于文盲半文盲，县教育局仍常抓不懈。1991 年，又有 2000 多人取得脱盲证书。1985 年后，在一手抓扫盲的同时，另一手又抓脱盲农民文化教育的巩固、提高。1986 年，办起农民高小班 35 个，学员 1150 人，还举办农民技术班、农民科技讲座。1990 年，全县有农民业余高小、农民文化技术学校 26 间，参加学习的有 1795 人。

五、卫生、体育事业取得新成绩

（一）卫生

1978 年至 1984 年，我国对医疗卫生体制改革进行了初步探索，主要内容是加强医疗机构内部的管理。1984 年至 1992 年，改革正式启动，其核心思想是"放权让利"，扩大医院自主权，内容涉及办医体制、管理体制、收费制度、事业经费补偿机制等医疗体制的多个方面。1992年后，改革进一步向前推进，内容主要涉及城镇职工医疗保障制度、医药卫生体制、城市卫生服务体系、农村卫生体制等方面。

乐东的医疗单位主要有县人民医院、县中医院，以及乡镇卫生院等。此外，还有农村医疗站。据统计，1984年，全县有卫生站38个（后更名为农村医疗站）。从业人员经过县卫生局的业务考核后，合格者发给"乡村医生"证书。这部分人员主要是"文革"时期的赤脚医生。1991年，全县共有农村医疗站（点）209个，卫生人员863名，其中有证者140人。1987年后，随着改革开放的不断深入，个体医疗诊所逐渐增加。2010年，全县有医疗卫生机构75个（不含诊所），病床1068张，卫生技术人员1471人；投入资金4798万元，建设村卫生室19个，为178个村卫生室配备医疗设备；城镇居民基本医疗保险参保率93%，新型农村合作医疗参合率99%。2011年，全县有医疗卫生机构81个（不含村卫生室），病床1270张，卫生技术人员1537人，其中执业医师331人；建成县人民医院门诊综合大楼和县第二人民医院住院综合大楼，完成14家卫生院基础设施改造，有4家医院与省内外知名医院合作办院；城镇居民基本医疗保险参保率99.9%，新型农村合作医疗参合率95%。2012年，全县有医疗卫生机构268个，其中医院11个、乡镇卫生院14个、村卫生室188个、门诊部（所）50个，病床位985张；卫生技术人员1214人，其中执业医师263人，注册护士453人；完成30个标准化村卫生室建设，正在建设51个；城镇居民基本医疗保险参保率99.9%，新型农村合作医疗参合率92.9%。直至2012年，乐东不断加强基层医疗卫生服务体系建设，县人民医院、县第二人民医院通过二级甲等医院评审，完成县人民医院外科住院大楼和 30 所标准化村卫生室建设，建成海垦乐中医院安宁病区。

（二）体育

县委、县政府重视对体育事业的投入，加快运动场地的建设。乐东中学从 1976 年至 1986 年，相继建成 1 个田径场和 1 个排球训练场。田径场南有四阶座位，周围砌矮墙，能容纳观众 4000 多人；南边的中间设指挥台，两旁有阶梯；田径场内圈长 400 米，设 6 条跑道、计时台、投区、终点、跳池等，还设纵横足球门 3 个，是全县较好的比赛场地之一。排球训练场周围用铁丝网封闭，网高 3.05 米，地板由三合土铺成，长 36 条，宽 30 米，能同时容纳男、女两队训练，是广东省指定的排球传统项目学校技术训练基地。县民族中学于 1983 年至 1985 年建成 1 个拥有 8 条跑道的运动场。冲坡中学于 1988 年也建成 1 座拥有 8 条跑道的运动场。莺歌海镇于 1985 年兴建 1 个灯光球场，可容纳观众 2000 多人同时观看球类比赛。县总工会于 1990 年重建灯光球场，把原有八阶（周）座位改为平地看台，并设栏杆、记录台，球场可容纳 1600 多名观众看比赛。据统计，至 1991 年，全县建设 400 米田径运动场 9 座，300 米田径运动场 15 座，篮球场、排球场、羽毛球场共 342 座，其中灯光球场 14 个。1992 年后，全县有 300 米田径运动场 23 座，灯光球场 21 个，篮球、排球场、羽毛球场共 389 座。

20 世纪 80 年代开始，县增加拨款，每年都购置一批器材充实中小学的体育设备。1991 年底，全县共有体育联合器械 15 座、肋木 25 副、跳箱 28 个、跳马 35 个、跳山羊器材 90 个、跨栏架 120 个、跳高架 230 副、篮球架 85 副、排球网柱 1500 副、杆铃 7 副、单杆 45 副、双杆 51 副、荡桥 2 座。此外，还有铅球 85 个、铁饼 63 个、标枪 96 支等。

乐东是一个传统的体育强县。1978 年以来，乐东体育健儿在国内、亚洲乃至世界体育大赛上屡获佳绩，见下列表 6-1、表 6-2。

表6-1　乐东籍运动员在国际比赛中所获佳绩（前四名）统计

工作单位	姓名	性别	运动会名称	时间	地点	项目	成绩（名次）
广东省排球队	石英勇	男	国际排球访问赛	1976年10月	老挝	排球	主力队员第一名
			国际杯亚洲赛区青年排球选拔赛	1977年9月	中国香港	排球	主力队员冠军
广东省技巧队			国际访问赛（南美三国联赛）	1981年12月	阿根廷	排球	替补队员冠军
	胡富芬	男	世界杯技巧赛	1981年6月	瑞士	技巧	男子双能、全能和男子单套技巧第二名
国家队			第二届世界技巧锦标赛	1981年9月	瑞典	技巧	第二名
			第三届世界技巧锦标赛	1983年7月	美国	技巧	两项第一名和一项第二名
广东省技巧队			世界杯技巧赛	1983年9月	美国	技巧	两项单套和全能三项冠军
			第六届世界技巧锦标赛	1984年9月	保加利亚	技巧	全能第三名
广东省田径队	唐南生	男	中日青年田径对抗赛	1984年8月	中国上海	110米栏	14"44，第一名

续表

工作单位	姓名	性别	运动会名称	时间	地点	项目	成绩（名次）
广东省田径队	唐南生	男	亚洲青年田径赛	1984 年 12 月	中国香港	110 米栏	14"21，第一名
			亚洲城市青年田径赛	1985 年 8 月	新加坡	110 米栏	14"4，第一名
广东省田径队	吉泽标	男	亚洲十大城市青年田径赛	1983 年 2 月	中国香港	撑杆跳高	5.15 米，第一名
			国际田径邀请赛	1984 年 9 月	日本	撑杆跳高	5.35 米，第一名
			国际田径邀请赛	1985 年 10 月	中国南京	撑杆跳高	5.3 米，第二名
			亚洲田径锦标赛	1985 年 6 月	印度尼西亚	撑杆跳高	5.35 米，第一名
			世界田径锦标赛	1985 年 7 月	澳大利亚	撑杆跳高	5.3 米，第四名
			第十届亚洲运动会	1986 年 9 月	韩国	撑杆跳高	5.3 米，第一名
广东省田径队	王金玲	女	亚洲青年田径锦标赛	1983 年 2 月	中国香港	标枪	51.56 米，第一名
			亚洲十大城市青年田径赛	1984 年 12 月	中国香港	标枪	50 米，第二名

续表

工作单位	姓名	性别	运动会名称	时间	地点	项目	成绩（名次）
国家队	黄晓瑜	女	第一届世界女子举重锦标赛	1987年6月	印度尼西亚	举重	三项第一名
			第二届世界女子举重锦标赛	1988年8月	澳大利亚	举重	三项第一名，破两项世界纪录
			第三届世界女子举重锦标赛	1989年10月	美国	举重	三项第一名，破两项纪录
			第十一届亚运会	1990年9月	中国北京	举重	三项第一名

表6-2 乐东籍运动员在全国比赛中所获佳绩（前三名）统计

工作单位	姓名	性别	运动会名称	时间	地点	项目	成绩（名次）
广东队	胡富芬	男	全国技巧赛	1987年前	全国各地	技巧	12次冠军
广东队	唐少芳	女	全国技巧赛	1978年6月	南宁	技巧	个人全能冠军
			全国技巧单项赛	1978年8月	重庆	技巧	个人全能第三名
			第四届全运会	1979年9月	北京	技巧	个人全能第三名
			全国技巧赛	1980年9月	合肥	技巧	主力队员 团体亚军
			全国技巧赛	1981年3月	昆明	技巧	主力队员 团体冠军
			全国技巧赛	1981年5月	南昌	技巧	个人全能第三名
广东队	许茂冲	男	第四届广东省运动会	1978年9月	广州	100米跑	10"4，第一名
八一队	许茂冲	男	全国田径运动会	1981年5月	北京	100米跑	10"7，第三名

续表

工作单位	姓名	性别	运动会名称	时间	地点	项目	成绩（名次）
广东队	罗华福	男	全国少年田径锦标赛	1981 年 3 月	徐州	跳远	7.23 米，第一名
			全国中学生田径选拔赛	1982 年 5 月	景县	跳远	7.15 米，第一名
广东队	吉泽标	男	第二届全国中学生运动会	1981 年 8 月	太原	撑杆跳高	4.4 米，第一名
			全国少年田径赛	1982 年 6 月	北京	撑杆跳高	5 米，第一名
			广州春季田径邀请赛	1984 年 3 月	广州	撑杆跳高	5.46 米，第一名
			第六届全运会	1987 年 12 月	广州	撑杆跳高	5.4 米，第一名
广东队	唐南生	男	全国田径分区赛	1982 年 8 月	佛山	110 米栏	第二名
			全国青少年田径运动会	1985 年 10 月	郑州	110 米栏	14"44，第一名
广东队	覃月英	女	全国射箭锦标赛	1982 年 9 月	上海	射箭	主力队员团体第二名

续表

工作单位	姓名	性别	运动会名称	时间	地点	项目	成绩（名次）
广东队	左鸣	女	第五届全运会	1983 年 10 月	上海	划船	四双第一名
广东队	黄梅	女	全国赛艇锦标赛	1984 年 9 月	武汉	划船	单人第三名和四双第一名
广东队	王金玲	女	全国重点体校田径分区赛（中南赛区）	1984 年 9 月	南宁	80 米低栏	女子乙组第一名
广东队		女	全国青年田径邀请赛	1984 年 12 月	上海	标枪	53.86 米，第一名

据统计，自 1978 年至 1992 年，乐东县向广东排球队、广东省田径队、广东省技巧队、广东省划船队、海南区排球队、广东省艺术体操队、广东省举重队、广东省举重集训队、广东省体校篮球班、广东省篮球集训队、广东省象棋队、海南省高级体校等单位输送体育人才 39 人。2004 年，乐东县残疾人运动员黎玉强在第十二届残奥会上夺得乒乓球女子团体金牌和女子单打（TT10 级）铜牌。

第七节　生态建设不断推进

2005年，全县森林覆盖率从2000年的57.2%增加到62.81%。从2006年起，乐东加强生态环境建设与保护；继续提高自然生态保护恢复水平；加大环境保护和污染防治工作力度；完善环境保护经济调节机制；提倡建设资源节约型社会；坚持"减量化、再利用、资源化"原则，重点推进资源节约、资源综合利用和清洁生产，推进增长方式转型，构建节约型消费模式。乐东大力构建环境友好型社会。以创建文明生态村、文明生态集镇为核心，加快建设与完善城乡居住环境和配套基础设施，改善城乡人居环境，逐步把乐东建成最适宜人类居住的地区之一。同时，乐东建立全面的政绩考核制度、绿色国民经济核算制度、战略环境影响评价制度和公众参与制度，将发展过程当中的资源消耗、环境损失和环境效益纳入经济发展的评价体系。开展生态意识教育，鼓励合理消费与绿色消费，促进生态县建设。

直至2012年，乐东完成造林绿化5.57万亩，占总任务的111%；42.78万亩生态公益林列入生态补偿范畴，补偿标准达到19.8元/亩。同时，采取"政府送苗，农户种树"的模式，组织农民种植花梨、沉香等珍贵树种，拓宽农民增收渠道，打造"绿色银行"。完成县城昌化江两岸、县城道路等公共绿地绿化面积3.43万平方米和九所、利国、黄流、佛罗、千家等镇路段绿化廊道建设。启动县城市民休闲公园和江北新区、九所新区道路绿化廊道建设，编制县城、九所新区及沿海各镇的绿地建设规划。设立11个镇规划管理所，公开招聘管理人员22名。设立沿海城镇环境卫生管理分局、各镇环卫站，在各镇主干线沿路行政村设立环卫队。沿海地区增设 7 个季节性农贸交易市场，225 国道交通综合整治成效明显，乐东成功获评省级卫生县城。

第八节　城乡面貌和人民生活明显改善

一、城乡面貌明显改观

1999 年至 2005 年，即"九五"到"十五"期间，全社会固定资产投资累计完成 16.4 亿元，年均递增 2.9%。乐九公路、天涯至江边公路、毛阳至抱由公路改建通车，西线高速黄流、尖峰出口路建成通车，黄流至莺歌海公路改造项目已进入实施阶段，全县已构建成四通八达的高等级公路网络。完成农村电网改造，切实降低农民用电支出。通信设施不断完善，全县幅员基本实现移动信号覆盖。2006 年至 2010 年，乐东加强农村基础设施和公共事业建设。建设农村公路网络，实现全县行政村通公路和符合条件的行政村通沥青（水泥）路。完善农村电网，实行城乡用户同网同价，继续推进广播电视和电信网络村村通工程。实施农村饮水安全工程，初步建成水源、水质、水量均可保证的农村供水体系，农村自来水普及率提高到 60% 左右。推进农村新社区建设。以文明生态村建设为载体，动员农民广泛参与，通过村道修建、绿化美化、推广沼气、治理脏乱差、垃圾集中处理、民房改造、改水改厕等工作，实现村庄规划布局合理、道路畅通、村落整齐、庭院干净、人畜分离，发展生态型庭院经济，把推广沼气池建设与发展养猪业结合起来，大力普及科学知识，倡导村民人人学科学、用科学；移风易俗，倡导讲文明、讲卫生的生活方式。到 2010 年，全县 50% 的自然村建成文明生态村。加快农村公共服务体系建设，基本消除农村中小学危房。建设农村广播电视网、图书文化室、体育运动场所。加快农村卫生体制改革，力争全县每一个行政村拥有1所能够提供基本公共卫生服务的卫生室。普遍推行农村新型合作医疗制度，探索建立农村养老保险制度和农村最低生活保障制度，进一步完善农村五保户供养、特困户生活救助和医疗救助等制度。鼓励城镇优秀教师、卫生技术人员、大中专毕业生到农村服务，提高农村教学质量和医疗卫生服务水平。

截至2012年，乐东完成农村公路改造项目32个109.09千米、黄流高速路出口沙土路改造项目。建设城市供水及农村饮水安全工程88宗，重点推进县城自来水管网、九所新区水厂配套管网工程建设。加紧推进黄流生活垃圾填埋场建设，开工建设九所新区垃圾中转站、莺歌海垃圾转运站和185个行政村垃圾收集房。建设县城市政道路7306米、桥梁3座共649米和九所新区市政道路6239.56米；千家、志仲、黄流、利国、佛罗等镇人行道及路灯工程建成并投入使用。完成文明生态村建设30个、新农村示范点5个、农村用户沼气项目250户。城乡面貌大为改观。

二、人民生活逐步改善

1999年至2005年，全县财政供养人员工资全部调整到"全省统一加浮动70%"的水平，全县在岗职工人均年收入和农民人均年纯收入分别由2000年的7914元和2118元提高到2005年的11797元和2590元，年均分别递增8.3%和6.1%。5年新增就业岗位4950个，城镇离退休职工养老金按时足额发放，解决国有企业破产下岗职工429人养老保险问题。抱由糖厂改制顺利开展，妥善安置职工450人，有力地维护了社会稳定。建立了城乡低保制度，对城镇低保对象做到应保尽保，农村五保户供养落到实处。投入970万元，解决15个村

35600 人饮水难问题。县委、县政府兑现承诺,每年为民办十件实事好事。

截至 2012 年,乐东开工建设保障性住房 2375 套(含上年多建结转 1105 套),竣工 1555 套。完成库区移民危房改造 557 户、农村危房改造 700 户。启动殡葬改革试点工作,开工建设黄流卧龙岭仙乐园永久性公墓。提高离退休人员养老待遇水平,调整 11398 名企业退休人员养老金至月人均 1482 元。新型农村社会养老保险参保率达 92.9%,提高新型农村社会养老金标准至每月 85 元,发放 60 周岁以上老人基础养老金 35996 人。新型农村合作医疗保险参合率达 96.75%,城镇居民基本医疗保险实现应保尽保。从业人员医疗保险待遇上限从 15 万元提高至 26 万元,城镇居民医疗保险待遇上限从 8 万元提高至 10 万元,各级医疗机构报销比例分别提高 5%。发放城镇低保金 9379 人 2991 万元,农村低保金 19400 人 4476 万元,农村五保金 1117 人 416.5 万元。实现城镇新增就业岗位 4912 个,组织劳务输出 15086 人,城镇登记失业 1500 人,城镇登记失业率为 1.86%。利用省下达扶贫资金 1434 万元,加大产业扶贫力度,实现脱贫人口达 5323 人,超额完成全年目标任务。投入财政资金 2667 万元,建设常年蔬菜基地 7 个,面积 3561 亩;扶持畜禽养殖基地 8 个;建成平价专营区 3 个。2012 年,承诺为民办十二件实事好事基本得到落实,改革发展成果更加惠及于民。

第七章　中国特色社会主义新时代

（2012—2022 年）

党的十八大确立了为全面建成小康社会的奋斗目标，中国特色社会主义进入新时代。2012 年以来，乐东县委、县政府深入贯彻落实党的十八大、十九大、二十大精神和海南省委七届、八届历次全会精神，结合乐东的实际，对本县经济社会持续健康发展进行部署，提出全面建成小康社会的奋斗目标和各项举措，真抓实干，攻坚克难，确保如期完成脱贫攻坚任务，让乐东各族人民与全国一道进入全面小康社会。2020 年以来的 3 年间，面对疫情防控和改革发展稳定的繁重任务，乐东全面落实党中央"疫情要防住、经济要稳住、发展要安全"的要求，认真落实海南省委、省政府的决策部署，严格落实"四应四尽""日结日清"等措施，在较短时间内打赢了防控攻坚战，最大程度保障了人民健康安全，最大限度降低了疫情对经济社会发展的影响。当前，全县经济社会发展呈现稳步提升的态势。

第一节　实现经济社会持续健康发展的战略部署和实施

2012 年以来，乐东深入贯彻党的十八大、十九大、二十大精神和省委七届、八届历次全会精神，注重提升经济社会发展的质量和效益，加大招商引资和重点项目建设力度，切实加快转变经济发展方式和进一步调整优化产业结构，全力推进生态文明建设，坚定不移实施"山海互动"战略，实施城镇化、旅游化改造，加快建设特色产业小镇和美丽幸福村居，创建全域旅游示范区，着力发展现代热带高效农业，全面完成脱贫攻坚任务，巩固社会和谐稳定局面，努力实现经济社会健康快速发展。巩固国家卫生县城成果，倾力创建"海南省文明城市"和"省级园林县城"，奋力打造乐东新形象。

一、打造特色农业强县

利用乐东传统农业大县原有优势，强调在"特"字上做文章。

加大对国家现代农业示范区项目的投入力度，重点扶持发展香蕉产业、大棚哈密瓜等设施农业，完成九所新丰田洋国家现代农业示范区旱涝保收标准化农田示范基地建设。2020年，创建标准化、规模化农业生产基地20个。2021年，创建国家级和省级热作标准化生产示范园共66家。做强做精冬季瓜菜、民营橡胶、南繁制种等特色支柱产业。推进国家现代农业示范区建设，重点抓好乐东香蕉产学研示范园、春蕾现代生态农业示范园、热带瓜果综合加工园和鲜活农产品交易中心建设，推动大棚哈密瓜高产示范与产业化项目基地、无公害豇豆栽培高效安全技术示范项目基地等现代农业项目开工建设。2021年，九所镇火龙果基地成功入选全国第一批种植业"三品一标"基地。2022年，龙栖湾海洋牧场获批国家级海洋牧场示范区。结合"一镇一色""一村一品"发展特色产品基地建设。在佛罗和黄流的花卉带，着重发展以金钱树、发财树和兰花等为主导的产业；在山区发展具有较强种植和市场优势的毛豆、黄秋葵等作物。着力在全县各镇培育和发展豇豆、四季豆、圣女果和铁皮石斛等种植业。不断发展壮大芒果、香蕉、毛公山地瓜王、黄流老母鸭、五脚香猪、尖峰岭黑山羊、昌厚鹅等特色产业。

全力建设"南繁乐东硅谷"。充分利用南繁基地这一最大优势,建设乐东最具吸引力的优势产业。用好南繁基地科研人才,把基地科研人才作为乐东发展热带特色高效农业的智库,打造南繁科研人才创新创业平台。建成南繁成果转化示范基地,促进南繁科研成果就地转化,让乐东优先享受到南繁科研成果,提升农业科技发展水平。2022年,加快南繁配套服务区建设,南繁育制种产量同比增长23.53%。着力把南繁优势转化为旅游资源,实现农旅一体化。规划打造集休闲观光、田园采摘、度假疗养、农耕文化展示、科普文化教育、农家生活体验馆等多功能为一体的带有南繁文化特色的农家乐及乡村旅游景区。依托南繁基地发展特色会展业,承办南繁学术交流与对话平台,建立南繁新品种示范推广区及热带特色农产品、特色手工艺品展示展销区。建立南繁科研产品品牌推广和种子交易中心,打造享誉国内外的种业高地。2019年,打造热带特色高效农业王牌,持续推进农业品牌化、无害化、标准化、规模化和效益化"五化"建设。抓好热带特色高效农业项目,重点推进尖峰万钟共享农庄、九所和尖峰片区农业田园综合体项目、热带花卉科技文化产业园等一批带动性强的现代农游融合项目建设。近些年来,乐东热带特色高效农业成效明显。2021年,瓜菜产值156亿元,出岛量占全省的25%。2022年,深远海养殖产出首批鱼75万斤,打造"蓝色粮仓"获省委主要领导批示肯定。

二、建设生态优美大县

乐东按照国际旅游岛建设要求,把生态文明建设作为一项重要工作。

深入实施"绿化宝岛"工程,新增造林绿化4.73万亩。深入开展"千村示范、万村整治"绿色村庄建设活动,创建一批文明生态村,重点打造有浓郁地方民族特色的美丽乡村，实施龙栖湾村和莺歌海海滨街"美丽渔村"改造项目，完成 60 个文明生态村"万村绿化"任务。生态是实现绿色发展的关键，乐东县委、县政府努力让乐东的山更绿、水更清、环境更宜人。推进生态修复、城市修补，巩固造林成果。2017 年，成功创建国家卫生县城，被授予"国家卫生县城"称号。新建和改造 12 块街头小游园，建设昌化江北岸带状公园。按照自然、生态、环保标准，完善县城、九所镜湖和佛罗丰塘等湿地公园设施。高标准建设龙栖湾、龙沐湾旅游景区系列生态旅游设施景观。重点推进抱由东坊城中村改造、县城沿街建筑立面改造、昌化江旅游慢行道和九所新区路网建设。大幅度提高建成区绿化覆盖率，创建 20 个文明生态村，打造"点成景、线成荫、片成林"的生态园林城市。积极打造"一镇一风格"的特色风情产业小镇，创建 30 个美丽乡村示范村。

总结创建国家卫生县城经验，持续深入推进"一巩双创"活动。2019 年，实施"厕所革命"，合理规划建设城乡厕所，完善城镇功能配套。积极推进健康卫生城市、健康卫生村镇建设，开展万冲镇国家级卫生镇创建试点工作，争取志仲镇和莺歌海镇成功创建省级卫生镇以及利国镇球港村等 10 个行政村创建省级卫生村。启动乐东九所新区污水处理厂项目，完善乐东污水处理厂和龙沐湾污水处理站的日常管理。积极推动莺歌海镇、九所镇、利国镇农村生活垃圾收集分类处理试点工作。

做好 8 个垃圾中转站的运营和 2 个垃圾处理场的管理，加大山区生活垃圾收集力度，实现省政府提出的 2015 年城乡生活垃圾无害化处理率在 90% 以上的目标。

建立健全城镇管理和农村清扫保洁长效机制。牢固树立和践行

"绿水青山就是金山银山"的发展理念，全面落实节能减排降碳政策措施，2018 年以来，深入开展违建拆除、城乡环境整治、土壤环境综合治理、林区生态修复和湿地保护、城镇内河（湖）水污染防治、大气污染防治等六大专项环境整治行动，重点打击非法采砂点、非法砖厂，清理海岸线 200 米范围内鱼虾塘和养殖场。全面落实"河长制"，推行"湾长制"，保护好水资源环境。

开展社会文明大行动，全力创建省级文明城市，继续巩固"国家卫生县城"和"省级园林县城"成果，启动创建"国家园林县城"行动。2020 年以来，深入践行"两山"（尖峰岭、毛公山）理念，围绕污染防治攻坚战及国家生态文明试验区建设，聚焦"增绿""护蓝"，推进"三线一单"编制工作，统筹陆域海域污染防治，生态建设成效显著。2020 年，新增造林 10866 亩，完成年度任务的 135.8%；抱班、友谊获得"国家森林示范乡村"称号，全年空气质量位列全省第二。2022 年，推进"美丽幸福河湖"建设，大角湾水域环境明显改善，地表水环境质量优良率保持 100%。森林覆盖率逐年提升，2019 年、2021 年、2022 年分别为 64.5%、65%、66%。

三、打造精品旅游名县

发挥资源禀赋优势，发展文化旅游产业以增强发展活力，培育新经济增长点。

坚持"优势互补，错位发展"的原则，结合乐东三次产业发展布局，发挥后发优势，坚持高起点追赶，着重发展区别于以三亚为龙头的东部沿海旅游圈的沿海旅游开发区，提升旅游业的差异性和融合性，把乐东打造成为具有独特品牌的动感"乐都"（娱乐之都）。重点抓好龙沐湾国际旅游度假区、尖峰岭养生壹号度假村、福抱黎苗风情旅游园、九所新区旅游房地产、毛公山旅游景区开发、西山岭旅游景点、"白沙河谷"本土文化创意园区以及农家乐等项目建设，积极做好尖峰热带农业休闲观光园、特色村寨等项目的申报和实施工作。以"海洋"为主题，致力于打造涵盖"三湾"（龙栖湾、龙腾湾、龙沐湾）、山海互动的"颠倒世界"，即在海岸沙滩建设海底生物模型高端酒店和大型娱乐设施，包括独具特色的海洋主题公园、星级酒店、风情小镇、旅游地产等一批旅游项目。加快毛公山、尖峰岭及佳西岭三大景区的规划和项目落地。大力实施乡村振兴战略，着力将黄流建设成为多元化农旅融合商贸文化和南繁特色小镇。探索与推行"共享农庄"等模式，推动农村一、二、三产业深度融合发展，打造农旅结合的田园综合体，形成"人无我有，人有我特"的旅游精品。加快推进西海岸旅游健康养生综合体、岭头休闲渔业观光旅游（4A）景区、昌化江旅游慢道＋保定田洋农业公园综合体等旅游项目建设。全力推进全域旅游建设，开通串联"三湾"至尖峰岭森林公园的旅游专线班车，推动三亚海棠湾至尖峰城际旅游铁路的建设，开工建设三亚至乐东城际铁路公交化旅游化改造和天新线三亚天涯至乐东段改造项目。2021年，主动融入"大三亚"经济圈，高标准建设"三湾"，龙腾湾旅游产业园区跨入全省23个重点产业园区行列，一批高端酒店项目加速建设。

充分挖掘文化旅游资源，创建毛公山2A级景区、尖峰岭3A级景区和14家椰级乡村旅游点，莺歌海盐场文旅景点建成运营；成功举办30周年县庆、第七届海南乡村旅游文化节、毛公山旅游文化节、昌化江"音乐水舞秀"、金钱树产业发展论坛等活动；尖峰岭"云观日出"、龙沐湾"海上夕阳"等成为最美海南外景胜地。2021年，接待游客超过290万人次，较2016年增长246%。2022年，旅游收入达21.5亿元，旅游发展步入快车道。

四、构建和谐平安乐东

坚持民生优先、惠民为基、民安为本，把新增财力更多向民生事业倾斜，进一步提高人民群众幸福指数。

加强社会治安综合治理。深入开展"法律六进"活动，强化法制宣传教育工作，提高全民法治意识。大力推进社会治安网格化管理，实施"雪亮工程"建设，强化合成作战和社会面管控，落实打击犯罪新机制，开展整治黄赌毒黑拐骗和涉众涉网违法犯罪活动，降低刑事案件发生率，致力建设更高水平的平安乐东。2017年至2019年，深入开展禁毒三年大会战，实施"八严"工程，将全部吸毒人员纳入动态管理体系，促进社会治安持续好转。

贯彻落实中央部署，坚决扫除和打击黑恶势力，切实增强群众的安全感。在重点区域增设治安岗亭和流动岗亭，加强日常巡查，维护社会安定局面。大力化解社会矛盾，进一步健全领导接访制度，深入开展领导干部大接访大下访活动，完善信访矛盾纠纷排查调处机构网络体系，力争将信访苗头性问题解决在基层、化解在内部、消灭在萌芽状态。成立土地纠纷处置领导小组，妥善调处土地纠纷问题。加大力度解决好下岗就业再就业等历史遗留信访积案，确保社会稳定。坚持落实"党政同责、一岗双责、失职追责"，进一步健全安全生产责任体系，强化企业主体责任、属地管理责任及部门行业监管责任。大力开展道路交通、建筑施工、危险化学品、易燃易爆品、非煤矿山等重点行业领域及重点时段的安全专项整治，建设九所消防站，提升防灾减灾救灾能力。加强食品安全和药品管理。强化农产品质量安全源头监管，完善农产品质量安全监管体系，落实县、镇、村三级农产品质量安全监管责任。

健全社会风险评估机制和应急管理体系，提高突发事件处置能力。2021 年，扎实推进扫黑除恶"六建"工作，深入开展"六大整治""三大攻坚战"以及新一轮禁毒三年大会战，始终保持对违法犯罪的高压震慑态势。严厉打击"菜霸""果霸""肉霸""沙霸""运霸"。2022年，扎实推进平安乐东建设，设立乡村法治服务中心，探索"6＋N"矛盾纠纷多元联动化解机制，社会大局保持和谐稳定。

五、建设民生福祉殷实之县

坚持以保障和改善民生为重点，做到发展为了人民、发展依靠人民、发展成果由人民共享。

加大公共教育投入。2017 年，全年财政用于教育的有 10.62 亿元，基本完成贫困地区义务教育薄弱学校基础设施项目建设。2018 年，实施乡村教师支持计划，抓实"好校长好老师"和乡村教师培养。全面落实农村义务教育薄弱学校改造计划。巩固义务教育发展基本均衡县成果。新建、扩建一批农村幼儿园，完善现代化教育基础设施，支持民办教育发展。截至 2021 年，引进优质资源合作办学，创办华二黄中、首师一小，华二黄中成功创建省一级甲等学校，学前教育"三个比例"达到省定目标。2022 年，持续抓好"两校一园"建设，黄流中学、乐东中学分别由省农垦中学、首都师范大学托管。整合撤并小规模学校 18 所，引进优秀教师 102 名。

2018 年，全面实施基层医疗卫生机构标准化建设，加强 9 家镇级医疗机构中医服务区及国医馆服务能力建设。2019 年，县级医院与 16 家省内外医院、14 家县内乡镇卫生院组建医联体，171 家村卫生室标准化建设项目投入使用，医疗卫生服务能力明显增强。2020 年，扎实推进"一县一院"建设，推动县第一人民医院开业运营，深入推进临床重点专科建设，提高重大疾病预防控制和医疗救治服务水平；实现对重点人员、贫困户等家庭实施医生签约服务全覆盖；加快分级诊疗制度建设，推进优质医疗资源下沉镇村，满足人民群众多样化的医疗需求；医疗救助 2.55 万人次，发放低保金 6617 万元、特困供养金 582 万元、残疾人"两项"补贴 1667 万元，基本医疗保险、养老保险实现应保尽保。2022 年，深化"医共体"改革，医保报销、医疗救助约 78 万人次，群众医药负担逐步减轻。

完善公共文化基础设施建设，实施图书馆、文化馆、博物馆"三馆合一"项目建设。2021 年，"三馆合一"项目基本完工，民族文化体育广场改造完成。

抓好房地产市场调控、监管及整治，扎实推进保障性安居工程建设。2020 年，实施老旧小区改造 7 个，建成保障性安居工程住房 739 套。2022 年，开工建设安居房 1518 套，改造老旧小区 5 个，解决一批低收入家庭住房问题。

坚持就业优先，继续抓好"零就业家庭"援助工作，新增城镇就业岗位，转移农村富余劳动力。2020 年，促进贫困劳动力外出务工 27280 人次，同比增长 16%。2022 年，挂牌运营"就业驿站"6 家，城镇新增就业 3110 人，农村劳动力外出务工 11 万多人、转移就业 6604 人。

加大信贷扶持。2018 年，扶持创业小额担保贷款 100 万元。2022 年，发放农户贷款 6 亿多元，减轻农民负担。

实施农村道路连通工程，建设农村公路、村级组织活动场所、农村文体活动室。实施农村安全饮水工程，解决农村人口饮水安全问题。加大扶贫开发力度，按照"三年扶贫攻坚、两年巩固提升"的决策部署，做到精准扶贫、精准脱贫。在 2018 年至 2020 年投入 3.439 亿元与38 家企业合作发展帮扶产业的基础上，2021 年又投入 9976 万元与 13家龙头企业合作发展热带高效特色产业，累计分红 8071.19 万元。

持续抓好国防教育、民兵预备役、双拥、优抚安置工作，推动军民深度融合发展，做好民族宗教、儿童、老龄、残疾人、红十字会等工作，切实发挥工会、共青团、妇联、文联、科协等群团组织的桥梁纽带作用。推动国家孕优、地贫项目，为广大夫妇免费开展孕前优生检查和地中海贫血筛查。为困难群众和农民工提供法律援助。

第二节　推进项目建设，增强经济发展后劲

2012 年以来，乐东建立和规范项目储备库，加强项目规划和储备工作，积极搭建招商引资平台，创新招商引资方式，提高招商质量。同时，优化项目审批流程和项目管理服务，深化推进"放管服"改革，着力改善营商环境，行政管理质量和水平有效提升。

一、推进项目建设，夯实发展基础

进入 2013 年以来，积极推进重点项目建设。2013 年，全县 45 个重点建设项目完成投资 38.96 亿元。滨海大道、西环高铁项目顺利开工建设，建成县城沿江南、北路和永甘大桥、山荣大桥，完成县城乐兴、乐达、乐财 3 条横路建设及乐祥路扩建工程；实施县城、九所新区及海榆西线 225 国道人行道改造。投入 2.33 亿元，重点实施农田水利项目 21 宗、病险水库除险加固工程 42 宗、农村饮水安全工程 22宗，推进荷秦、国强、新建、凤山等农业综合开发高标准田洋整治项目建设。此外，推进教育设施、医疗卫生设施、商贸物流等基础设施

建设。

2014年是乐东经济社会打牢基础、优化环境、稳步发展之年，全县安排重点建设项目40个，累计完成投资50.25亿元。乐东黎族自治县垃圾转运站、九龙大道二期改造工程和县基层卫生院建设3个项目竣工，乐东供电局电网建设项目、新安220千伏变电站、中和龙沐湾项目、龙栖湾旅游度假区项目等10个项目加快推进，华信广场、江南乐居一条街、景和花园和海铭广场等15个项目开工建设。启动抱由至尖峰岭、抱由至佳西岭等旅游公路及昌化江观光旅游慢行道前期工作；推动龙沐湾洲际酒店、龙沐湾皇宫酒店等项目建设；建成"白沙河谷"本土文化园馆舍。跟踪服务千年榕树生态园、禾丰休闲文化艺术长廊、民心农家乐的升级改造及福报黎苗风情旅游园、龙潭河峡谷景区漂流、尖峰绿韵谷生态度假农庄等项目的前期工作。

2015年是"十二五"收官之年，全县49个重点项目完成投资48.1亿元。特别是按照海南省委、省政府的部署，认真开展"投资项目百日大会战"活动，实现新开工项目36个，完成投资6.05亿元，完成投资计划110%，中央投资项目全部实现开工建设。西南部电厂实现商业运营，完成西环高铁乐东、黄流、尖峰3个场站及配套工程、民族地区农村道路210条166.4千米、县城乐祥路公共停车场、农村饮水安全工程19宗和一批农田整治项目建设；2013年至2014年中央投资的40个项目实现竣工。开工建设中线高速公路乐东段、滨海大道二期、抱由至佳西岭旅游公路、乐兴大桥、望楼河下游两岸综合治理工程、中医院迁建项目、黄流商贸城棚户区改造、龙栖湾美丽渔村和抱由东坊村等一批省县重点项目，实施长茅水库除险加固工程、县城取水口迁移工程等水利工程33宗。推进九龙大道通海工程，县城乐福路市政工程，南巴河调水工程，莺歌海盐场风情小镇，皇宫酒店、希尔顿酒店、龙栖湾岸线修复暨岸滩补沙工程以及县城、九所镜湖、佛罗丰塘 3 个湿地公园等项目建设。

2016 年是"十三五"开局之年。以深入开展"服务社会投资百日大行动"为抓手，大力推动投资增量提质，34 个省县重点项目完成投资 37.46 亿元，完成年度计划的 102.7%；2016 年专项建设基金项目、新增地方政府债券项目、中央投资项目全部实现开工建设。九龙大道通海工程、抱由至佳西岭旅游公路、乐兴北路及公共停车场等项目基本完成。城镇街道立面改造、龙沐湾 C 区旅游综合开发（一期）、3 个湿地生态修复、莺歌海渔业加工区（配套码头）及莺歌海岸滩整治、千家镇自来水供水工程、黄流通海市政道路、安定南路市政工程、乐兴南路市政工程等项目开工建设。中线高速公路乐东段、滨海大道、县城江北路网（三期）、长茅水库除险加固工程、望楼河下游两岸综合治理、县城自来水厂取水口迁移工程等项目稳步推进。

2017 年，积极实施"山海互动"发展战略，全力抓好重点项目建设推进，实施城乡基础设施、社会事业和易地扶贫搬迁等建设和民生工程，开展重点项目和财政收支"60 天大会战"，实现 45 个重点项目完成投资 38.25 亿元。完成莺歌海渔业加工区及配套码头、莺歌海镇（三莺村段）岸滩整治修复，佳西旅游公路连接线、九龙大道通海工程和黄流通海市政道路、抱由市政道路升级改造，以及乐东中学体育馆、县城自来水取水口迁移等一批项目建设；开工建设龙栖湾岸线修复暨岸滩补沙工程、昌化江山荣水闸、九所新区南区市政道路工程、农村六大交通扶贫工程、抱荷洋高标准农田整治等项目；谋划储备一批带动乐东未来发展的重点项目。

2018 年，受市场因素和社会投资乏力影响，重点项目完成投资 11.19 亿元。龙栖湾岸滩修复补沙工程、县城新取水口工程等一批重点项目建成使用。完成龙栖湾抱套河新庄村段东侧生态旅游景观和江北东路绿化景观工程。开工建设龙腾湾万豪酒店、保国热带田园综合体、海垦热带花果世界、九所消防中队等一批项目。推进长隆国际海洋生态旅游文化综合区、中兴生态智慧总部基地、智慧海洋牧场、装配式建筑产业基地、杂交水稻种子烘干加工中心等项目前期工作。储备入库一批产业项目，增强发展后劲。

2019 年，项目建设稳步推进。积极推动"两个确保"百日大行动措施政策落实，7 个重点项目实现完工，中兴生态智慧总部基地、龙栖湾新半岛酒店度假村、海洋牧场等项目有序推进，27 个省、县重点项目完成年度投资计划 13.35 亿元，11 个中央预算内投资项目全部开工。加快 32 个总投资 500 万元以上在建和新开工项目建设，完成投资 11.66 亿元，完成率 93.8%。举办 6 批次集中开工和签约项目仪式，集中开工项目 25 个，完成投资 9.71 亿元；签约项目 33 个，涵盖高新技术、农业、医疗康养、美丽乡村、影视乐园等产业。谋划储备一批带动性强的优质产业项目。

2020 年，以"项目建设年"为抓手，举办 4 批集中开工仪式，开工项目 20 个，完成投资 7.85 亿元。银基文旅等产业落地，国道黄流镇墟段改建工程顺利通车。加快抗疫国债资金项目建设，全额完成资金支出 3.2 亿元。

2021 年，全力以赴推动项目"加速跑"，莺歌海一级渔港等 22 个项目顺利开工，九所新区发展北路等 23 个项目按期完工，海洋牧场等一批"3+1"产业项目加快推进。

2022 年，突出抓好要素保障，重点项目建设实现"小步快跑"。实施望老水厂、妇幼保健院综合楼等 500 万元以上项目 77 个。九所污水处理厂等 8 个重点项目建成运营，龙栖湾海洋牧场等项目有序实施，县人民医院综合楼、县第二幼儿园等 28 个项目启动建设。

二、创新招商引资方式，提高招商质量

积极搭建招商引资平台，创新招商引资方式。乐东将 2014 年确定为"招商引资年"，参与"津洽会""哈洽会"等大型省外招商活动，协调 6 家企业来乐东进行项目实地考察，并与 4 家企业对接洽谈。成功举办 2014 年乐东房地产重庆站展销会。突出区位、农业、旅游等优势资源，以产业招商和重大项目招商为抓手，进一步完善招商项目库，着力提升招商引资的质量和效益。大力抓好农产品加工制造业、高端旅游产业等项目的策划、包装、推介工作，重点引进符合产业发展方向、综合效益高的优质项目。2016 年，不断创新招商方式，将网上招商、参展招商和定向招商结合起来，建立招商常态机制。提高招商质量，由"招商引资"向"招商选资"转变，千方百计引进一批大项目、好项目，力争引进一两家国内百强企业落户乐东。

党的十九大以来，着重创新招商引资方式，优化营商环境，提高招商引资质量。2017 年，通过海南综合招商活动和乐东 30 周年县庆招商引资推介会，成功签约 11 个镇城市化和旅游化改造、南繁小镇等 37 个项目。2019 年，全面贯彻落实《优化营商环境条例》，健全招商考核机制，注重招商签约项目落地，签约项目 33 个，8 个项目落地开工，完成投资 3.28 亿元。2020 年，加大精准招商力度，形成"以商招商、以商带商，招一商、带一片"的连锁效应和群体效益。2021 年，建立联合招商机制，与海南国际经济发展局签订招商引资合作备忘录，拓宽招商引资渠道，提高精准招商效率。2022年，党政主要领导率团开展招商活动，引进莺歌海光伏发电等8个项目，总投资73亿元。招商项目签约落地率、开工率均位居全省前列。

三、优化项目审批流程和项目管理服务

从2014年，起着手进行行政审批制度改革，该年取消行政审批事项13项，下放行政审批事项5项。2015年，继续深化行政审批制度改革，11个镇和50%以上的行政村均设立便民服务机构并规范运行，推行县、镇两级政务服务"一张网"审批服务平台，实现全县454项政务服务项目审批承诺提速64%，平均提速14个工作日。2016年，实施行政审批"审管分离"，基本实现县、镇两级政务服务体系的网上咨询、网上办件、网上监督等一系列服务功能，全县454项政务服务项目审批提速67%，平均每件提速16个工作日。2017年，开展县域"多规合一"改革，成立县规划委员会，实现规划管控、提速审批项目建设；持续深化"放管服"和商事制度改革，取消行政审批事项82项，衔接下放事项95项；探索行政综合跨部门执法，推进公共资源交易服务中心建设；整合统一"12345"政府综合服务平台，行政管理质量和水平有效提升。2018年，深化推进"放管服"改革，着力改善营商环境，新增市场主体3784个；完成"一张审批网"审批事项2.3万件、"不见面"审批事项1.06万件，超额完成省下达任务。2019年，完善县、镇、村三级政务服务体系，市场主体准入实现36证合一，颁发"多证合一"营业执照4500张；推行县、镇级全流程互联网"不见面审批"424项和286项，分别占县、镇审批事项的86%和84%。2020年，深化"放管服""工程建设项目审批""一窗受理""一枚印章管批""不见面审批"等改革，完善审批监管信息共享机制，不断提升

行政审批效能。2022 年，"放管服"改革持续深化，数字政府建设扎实推进，411 个政务服务事项整合接入"海易办"。"一枚印章管审批""零跑动"改革纵深推进，"零跑动"事项可办率达 74%，"一件事一次办"事项 129 项，农房报建"零跑动"办理 1307 宗。

四、经济社会取得长足的发展

（一）经济持续较快增长

2015 年是"十二五"收官之年，乐东全县地区生产总值（含农垦）达到 103.14 亿元，地方公共财政预算收入达 9.13 亿元，社会消费品零售总额 27.35 亿元，城镇常住居民人均可支配收入达到 21816 元，农村常住居民人均可支配收入 10204 元。到"十三五"收官之年的 2020 年，全县实现地区生产总值 151.11 亿元，是 2015 年的 1.46 倍；全县地方一般公共预算支出 55.67 亿元，是 2015 年的 6.1 倍；城镇常住居民人均可支配收入 31380 元，是 2015 年的 1.44 倍；农村常住居民人均可支配收入 15403 元，是 2015 年的 1.51 倍。2021 年、2022 年，全县地区生产总值分别为 174.25 亿元、195.07 亿元，同比增长分别为 7.6%、1.7%。

（二）生态环境持续改善

其一，生态环境质量总体稳定。县空气环境质量达到一级标准，水环境功能区全部达标，近岸海域海水水质达到或优于二类海水水质标准，全县县域区域环境噪声年平均等效声级值达国家一类区（居民文教区）标准。森林覆盖率达 64%，生物多样性丰富，生态系统较稳定，生态环境质量等级为优。其二，生态恶化区域得到治理。受保护区面积不断扩大，退耕还林、海防林、天然林保护、退塘还林等生态建设工程稳步推进，环境监测能力得到极大改善，环境管理逐步走向规范化。近几年来，乐东农村和城区环境卫生综合整治排名全省前列。2020年，县委、县政府深入开展生态环境"六大专项整治"，开工建设5个建制镇污水处理厂、93宗农村饮水安全工程，63个农村污水处理项目竣工使用。严格落实"河（湖）长制""湾长制""林长制"，大力开展城镇内河（湖）水污染专项治理，重点推进望楼河、佛罗溪、南丰溪水体污染综合治理，城镇集中式饮用水源地水质达标率100%。完成龙栖湾等3个岸滩修复工程。新增造林10866亩，完成年度任务的135.8%，森林覆盖率达到64.5%。全年环境空气质量综合指数（AQI）2.074，水源地水质达标率保持100.0%。

（三）城乡人居环境面貌显著改善

党的十八大以来，乐东县委、县政府积极推进国家卫生县城创建工作，完成县城昌化江两岸、县城道路等公共绿地绿化面积3.43万平方米和九所、利国、黄流、佛罗、千家等镇路段绿化廊道建设。启动县城市民休闲公园和江北新区、九所新区道路绿化廊道建设；完成县城主要街道立面改造，迎宾南路、迎宾北路、感恩路3个入口绿化景观改造，昌化江北岸职业中学至山荣桥段带状公园、11块街边绿地建设；推进县城污水管网配套、江北新区供水及污水管网、县城生活垃圾卫生填埋场二期工程建设，完成全县11个镇生活垃圾转运站项目建设，实施农村饮水安全工程24宗；以村为重点全面推进环境卫生及交通整治，巩固提升集镇环境卫生综合整治成效，创建一批文明生态村，抱班、友谊获得"国家森林示范乡村"称号。重点打造有浓郁地方民族特色的美丽乡村，实施龙栖湾村和莺歌海海滨街"美丽渔村"改造项目，城乡人居环境面貌得到显著改善。

（四）社会事业全面发展

其一，教育工程稳步推进。"十二五"时期，建成思源实验学校，建设思源高中，扩建黄流中学，打造黄流中学名校品牌。投入 7883 万元实施县机关幼儿园、县实验小学迁建工程和冲坡中学高中学位扩容工程，建成 5 所公办镇中心幼儿园，开工建设 4 所公办镇中心幼儿园。投入 5144 万元为 52 所中小学配备仪器设备和建设体育场。大力引进优秀教育人才，启动教育改革，建立以"校长提名"为核心的学校管理团队任用新机制。2020 年末，全县共有各类学校 279 所，专任教师 6237 人，在校学生 82394 人。其二，医疗卫生事业继续发展。引进聘任一批高职称人才和学科带头人，加快县级医院学科建设，逐步解决制约卫生事业发展的人才瓶颈问题。各基层医疗机构及村卫生室均实施国家基本药物制度并实行零差价销售，充实医疗人才队伍，优化整合医疗资源，有效缓解人民群众看病难、看病贵问题。其三，社会保障体系日趋完善。巩固和完善社会保障体系，社保服务大厅投入使用。截至 2015 年，全县基本养老保险参保人数 58881 人（其中在职参保 38129 人，离退休 20752 人），城镇职工基本医疗保险参保人数 57267 人，城镇居民基本医疗保险参保人数 43250 人，工伤保险参保人数 35572 人；新农合参合率 96.56%，新型农村养老保险参保率在 90% 以上，城镇居民养老保险参保率达到 98%。此后，全县基本医疗保险、养老保险实现应保尽保。2020 年，城乡居民参保人数 417221 人，城镇职工基本养老保险参保人数 6.09 万人，城镇职工基本医疗保险参保人数 5.2 万人。

五、海南自贸港建设项目推进成效显著

2018 年 4 月 13 日，习近平总书记在庆祝海南建省办经济特区 30

周年大会上郑重宣布，党中央决定支持海南全岛建设自由贸易试验区，支持海南逐步探索、稳步推进中国特色自由贸易港建设。几年来，乐东县委、县政府深入贯彻落实习近平总书记"4·13"重要讲话、中央12号文件精神和省委、省政府的决策部署，海南自贸港建设项目顺利推进。2020年，全县实施调度总投资500万元以上的项目47个（含省重点项目3个），完成投资30.85亿元，年度投资完成率（以下简称"完成率"）107%；17个新开工项目已开工16个，开工率94%，其中3个省重点项目完成投资3.59亿元，完成率109%。乐东中兴生态智慧总部基地项目、县南繁科研育种配套服务区建设项目、乐东龙栖湾智慧海洋牧场项目等3个省重点项目完成率分别为129%、120%和72%。谋划推动4批次20个海南自由贸易港集中开工项目，完成投资7.85亿元，完成率101%。

"十四五"时期，乐东将围绕海南自由贸易港"三区一中心"战略定位，推动"五便利和一有序"政策落实，实现与全省同步封关运作。结合海南自由贸易港口岸布局，加快乐东港建设，打造临港产业园区，将莺歌海港区打造成开放口岸，主动承接"大三亚"外溢产业。完善岭头一级渔港配套设施，推动完成莺歌海中心渔港、望楼港二级渔港建设。深化产业合作开放，规划建设九所低碳制造产业园区，加强与三亚崖州湾科技城产业合作，促进产业联动发展。围绕南繁"研育制销"一体化发展，组建南繁科技人才智库，搭建南繁种业交流平台，探索开展种子、种苗、知识产权等贸易交易，推动种业贸易大幅提升。

第三节 推进治理体系和治理能力现代化建设

党的十八大以来，乐东认真贯彻落实中央及海南省委、省政府关于改进工作作风、密切联系群众的规定，深入开展集中整治"庸懒散贪"专项行动，扎实开展"两学一做"学习教育和"不忘初心，牢记使命"主题教育，加强政府人员自身建设。加快行政审批制度改革，简政放权、放管结合、优化服务，加快转变政府职能，全面推进政府治理体系和治理能力现代化。

一、加强自身建设，加快转变政府职能

党的十八大以来，乐东认真贯彻落实中央及海南省委、省政府关于改进工作作风、密切联系群众的规定，深入开展集中整治"庸懒散贪"专项行动，全面加强对机关工作纪律、工作作风、办事效率、服务质量的整治工作，不断强化公务员队伍建设，提升政府执行力。强化督查督办，确保县委、县政府各项决策部署不折不扣地得到落实，确保群众反映的突出问题得到及时有效解决。严格按照法定权限和程序行使权力、履行职责，自觉接受县人大、县政协及其常委会的监督。强化行政执法责任，加大对行政不作为和行政乱作为的责任追究力度。

2013 年，在全面开展"庸懒散贪奢"专项整治行动中，通报批评违反考勤规定单位 16 家、执行廉洁自律有关规定不到位的单位 14 家，行政效能建设得到强化。2014 年，乐东县政府积极落实"招商引资年""改革创新年"的工作部署，深入开展反对"四风"和整治"庸懒散贪奢""不干事、不担事"突出问题活动，着力解决少数机关干部宗旨意识较差、群众观念淡薄的问题；坚决克服门难进、脸难看、

事难办的不良现象，进一步树立政府机关勤政、务实、廉洁、高效的良好形象。切实改进工作作风，以党的群众路线教育实践活动为抓手，树立深入基层、埋头苦干、敢于面对困难并解决困难的优良作风。开展政风行风建设社会评价，进一步纠正行业不正之风。认真克服工作缺乏责任心和紧迫性、精神萎靡、拈轻怕重、畏难发愁、不敢正视矛盾等倾向，真正形成脚踏实地、埋头苦干的良好作风，强化政府执行力。全年立案查处党员违纪违法案件 41 宗 52 人，处理 54 人，通报批评 152 人（次），诫勉谈话 27 人。2015 年是"十二五"规划的收官之年，保持全县经济社会发展良好势头至关重要。乐东县委、县政府强化机关作风建设督查，开通机关政风行风公众热线，着力整治"庸懒散奢贪"等突出问题，全年立案查处违纪违法案件 49 宗 68 人，处理 42 人，通报151 人（次），诫勉谈话 162 人。此外，深化职能转变，坚持"发展为要、民生为本、企业为基、环境为重"的理念，强化政府公共服务职能，努力为各类市场主体提供高效优质的服务环境，吸引更多的资金、项目、人才向乐东聚集。

2016 年，以党风政风行风社会满意度测评工作为抓手，扎实开展"两学一做"学习教育，深入整治"四风"等影响乐东投资环境的现象。大力推进预算决算公开，严格控制一般性支出，积极推进公务消费，降低"三公"经费支出。开展作风建设监督检查 113 次，严格实行行政问责制度，通报个人 102 人次，诫勉谈话 89 人次，党风政风行风社会评价群众满意度不断提高。2017 年以来，不断转变作风，狠抓落实，切实做到勤政为民。认真贯彻中央八项规定精神，驰而不息纠正"四风"，健全保障制度，使"严"的精神、"实"的作风成为各级干部的思想品格、行为习惯。牢记为人民服务的宗旨，坚持深入实际、深入基层、深入一线，到群众最需要、矛盾最突出的地方解决问题。注重调查研究，坚持实事求是、求真务实，确保重大决策和工作部署落到实处，收到实效。进一步转变政府职能，全面加强行政效能建设，增强效率和效益观念，优化行政流程，加强督促检查，严格考核奖惩，确保各项目标任务的顺利完成，努力建设务实政府。2018年，深入开展"两学一做"学习教育常态化制度化、"勇当先锋、做好表率"专题活动，大力推进中央、省委巡视反馈问题整改，不断深化作风建设成果。2019年，深入开展"不忘初心，牢记使命"主题教育，持之以恒整治"四风"，查处违反中央八项规定精神问题11起18人，给予党纪政务处分8人、诫勉谈话8人、提醒谈话2人。政府的工作效能不断提升。2020年以来，继续加大整治"四风"、查处违反中央八项规定精神问题的力度。2022年，查处违反中央八项规定精神问题61件69人，查处形式主义、官僚主义问题50件，给予党纪政务处分54人。实现干部清正、政府清廉、政治清明、社会清朗，构建风清气正的政治生态环境。

二、全面推进政府治理体系和治理能力现代化

2012年以来，乐东县委、县政府健全重大事项科学民主决策机制，加强规章制度建设，规范行政执法行为。2014年，探索行政管理体系改革。试行行政执法体制改革，整合执法主体，相对集中执法权，推行综合执法，着力解决权责交叉、多头执法、执法不力等问题，建立决策、执行、监督分离的管理体系；实行镇级便民服务点归口县政务服务中心指导管理。2015年，全面实施三级联网审批，优化办理流程，实现行政审批的透明化、规范化、便捷化；完善县、镇、村三级联动的政务服务体系，为企业排忧解难、为群众办实事好事，努力为企业营造一个良好的发展环境，为人民群众营造一个舒心的生活环境。2016 年，加快行政审批制度改革，简政放权、放管结合、优化服务，加强行政审批"三集中和三到位"，推行网上审批，统一启用行政审批专用章，规范审批管理，提升审批效率；全面优化审批流程，对重点项目、重大事项实行并联审批服务，最大限度减少审批环节，争取办理环节再精减、承诺时限再压缩 20%以上；大力推进政务服务标准化，规范三级政务体系建设，筹建县公共资源交易中心。2017 年，坚持科学决策，依法行政，营造优良信用环境；进一步完善和落实重大问题集体决策、专家咨询、社会公示和听证制度，推进政府决策的科学化、民主化、规范化。2018 年，积极打造共建共治共享的社会治理格局，进一步提高社会治理社会化、法治化、智能化、专业化水平，努力实现社会治理现代化；扎实做好各项信访工作；全面推动信访工作责任制的落实，构建一级抓一级、层层抓落实的信访工作责任体系；完善"12345"政府综合服务平台。2019 年，深化"放管服"改革，探索"极简审批"模式，为企业营造良好的投资经商环境、高效便捷的政务环境、开放包容的市场环境、公平正义的社会环境。2022 年，深化基层治理，健全"6＋N"矛盾纠纷多元联动化解机制，创建 10 个"民主法治示范村（居）"，打造基层治理新亮点；完善"警保联控""一村一警"机制，打造 30 个"智慧安防小区"；推动社管平台加快建设，提高社会治理现代化水平。

第四节　加快革命老区建设

乐东县委、县政府非常重视革命老区经济社会发展与建设，特别是党的十八大以来，把革命老区工作融入脱贫攻坚工作大局，加大投资力度，逐年落实革命老区项目实施，在培育特色产业、实施转移就业扶贫、教育、住房、医疗、饮水，全力解决贫困村、革命老区村庄贫困人口生产生活条件，提高贫困地区和人口自我发展能力等方面取得较大成绩，有力地推进了革命老区社会主义新农村建设，实现了脱贫致富奔小康的奋斗目标。

一、增加革命老区专项转移支付资金

2016 年是"十三五"开启之年。2016 年至 2020 年，乐东革命老区专项转移支付资金逐年增多，分别为 1008 万元、1175 万元、1383 万元、1756 万元、1758 万元。

2016 年，投资 61.6 万元修筑大安镇只朝布放村村道 1108 米；投资 198.7 万元修筑志仲镇塔丰村委会塔丰、已吧、支匆、隆同村村道 2909 米；投资 134.3 万元修筑抱由镇只微村委会抱弄、苗胞、抱温村村道 1877 米等；投资 80.2 万元修筑抱由镇三平村委会腰办、呆会村村道 1443 米；投资 33.2 万元修筑抱由镇西号村村道 420 米；投资 57.1 万元修筑万冲镇南班村委会道屈、加民村村道 917 米；投资 34.9 万元修筑抱由镇红水村村道 643 米；投资 60 万元修筑志仲镇保脱村委会保脱村村道 1110 米；投资 60 万元建设万冲镇南班村委会加民村新文化室 300 平方米等；投资 60 万元建设千家镇抱平村委会新文化室 300 平方米等；投资 40 万元安装志仲镇塔丰村、文勿村路灯工程太阳能路灯 40 盏；投资 30 万元安装抱由镇三平村委会呆娥村、呆会村路灯工程太阳能路灯 30 盏；投资 48 万元安装大安镇只朝大村、乙论村、万元村路灯工程太阳能路灯 48 盏；投资 30 万元安装九所镇赤公村委会赤公村路灯工程太阳能路灯 30 盏；投资 20 万元安装抱由镇红水上村、下村路灯工程太阳能路灯 20 盏；投资 20 万元安装万冲镇南班村委会加民村、道屈村路灯工程太阳能路灯20盏；投资 20 万元安装千家镇抱平村委会抱平村路灯工程太阳能路灯 20 盏；投资 20 万元安装尖峰镇山道村委会山道村路灯工程太阳能路灯 20 盏。

2017 年，在革命老区安排项目 9 个，建设 8 条村道，实施太阳能路灯工程 1 个、革命老区旧址匾牌制作及危房修复工程 1 个，硬化村道 18.23 千米，建设排水沟 430 米、涵管 16 个、挡土墙 42 米、太阳能路灯 155 盏。2018 年，在革命老区实施村道硬化和路灯项目 15 个，项目覆盖 8 个镇11个老区村委会 30 个老区村庄，受益 2.5 万人；修建老区村庄道路13.37 千米，安装太阳能路灯 744 盏、涵管 21 个、排水沟 270 米。2019 年，增加实施村道硬化、路灯、市场建设和排水沟项目 19 个，覆盖 7 个镇 17 老区村委会 28 个老区村庄，受益 3 万人；修建老区村庄道路 14.8 千米，安装太阳能路灯 743 盏、涵管 3 个、排水沟 570 米；新建菜市场 1 个，面积 568.72 平方米。2020 年，实施村道硬化和路灯项目 23 个，修建老区村庄道路 20.27 千米，安装太阳能路灯 482 盏、排水沟 308 米。

2021 年，海南省财政厅下达乐东黎族自治县革命老区转移支付资金共计 2149 万元。实施革命烈士纪念广场修缮工程、村道硬化和路灯项目 20 个。项目覆盖 9 个镇 18 个老区村委会 23 个老区村庄，受益 6.4 万人。修建老区村庄道路 18.71 千米，安装太阳能路灯 1030 盏，实施革命烈士纪念广场修缮工程 1 个。2022 年，海南省财政厅下达乐东黎族自治县革命老区转移支付资金 2395 万元，其中第一批革命老区资金 1947 万元，实施项目 19 个，建设硬化村道 15.31 千米、挡土墙 348 米、人行道 0.96 千米、太阳能路灯 899 盏、排水沟 1030 米，新建花岗岩地面 639 平方米、排水管 110 米、村委会活动场地 1 个。

通过对革命老区村庄道路、路灯、文化设施、菜市场、排水沟等的建设，切实解决了革命老区村庄群众的行路难、照明难和文化室问题，为加快革命老区新农村建设和经济发展作出了贡献。

二、积极做好革命老区贫困人口脱贫工作

（一）着力培育特色产业

深入调整产业结构，发展高效现代农业，促使热带特色农产品供给能力显著提升，优势产业迅速发展；在扶贫产业的种类上主要选择瓜菜、热带水果、畜禽等特色种养业，加快发展健康畜牧业，形成独特的热带高效现代农业发展模式。2016 年，累计投入 5347.37 万元，因地制宜扶持贫困农户发展槟榔、益智、瓜菜、牛、羊、猪、鹅等种养产业，带动革命老区村庄贫困人口 1296 人实现增收致富。2017 年，安排 6279.58 万元，实施生产发展类项目 45 个，因地制宜扶持贫困农户发展槟榔、益智、冬季瓜菜、羊、猪、鹅等种养产业。同时，大力发展专业合作社，全县现有扶贫合作社 127 个，惠及贫困户 4219 户 17455 人，组织化率 45.59%；投入资金 2322.21 万元，实施扶贫合作社 79 个，惠及贫困户 2613 户 10971 人，产业化组织化比例 71.88%，带动革命老区村庄贫困人口 10298 人实现增收致富。2018 年，全县投资 12714.59 万元安排生产发展类项目 99 个，其中，种苗采购项目 29 个 1557.78 万元，受益 5024 户 21238 人；肥料采购项目 7 个 866.03 万元，受益 3316 户 13434 人；公司、合作社建设项目 63 个近 10300 万元（其中产业收益扶贫项目 9998.7 万元），受益 8748 户 38856 人，带动革命老区村庄贫困人口 29142 人实现增收致富。2019 年，继续推进"龙头企业＋合作社＋贫困户"的产业合作帮扶模式，将全县所有贫困户全

部纳入合作社，安排贫困户参与务工，在发展毛豆、哈密瓜、火龙果、金菠萝、养殖产业、全域旅游六大平台的基础上，逐步推进蛋鸡、金钱树、莲雾、百香果、南繁制育种等种养产业及冷库建设，还发展了沃柑、木瓜、芒果种植等新产业。投资 13685.16 万元安排生产发展类项目 143 个，受益 14687 户 60289 人，带动革命老区村庄贫困人口 39790 人实现增收致富。

在 2018 年至 2020 年投入 3.44 亿元与 38 家企业合作发展帮扶产业的基础上，2021 年又投入 9976 万元与 13 家龙头企业合作发展热带高效特色产业，累计分红 8071.19 万元。

（二）大力发展乡村旅游

2016 年，投入 908.9 万元重点扶持革命老区村庄尖峰镇山道村、抱由镇红水村、抱由镇佳西村、万冲镇山明村发展乡村旅游，在村容村貌整治、基础设施、绿化亮化美化等方面开展建设，带动 4 个村 1256 户 5701 人增收，其中贫困户 177 户 766 人增收脱贫。

2021 年，坚持"绿色发展"理念，以自然资源优势和特色民族文化优势，通过"旅游＋"模式打造了 13 个椰级乡村旅游点。继续以全域旅游"5＋1"模式，打造产业帮扶平台，通过企业帮销售、分收益、教技术、给岗位，辐射带动全县监测户和脱贫户实现资源变资产、资金变股金、村民变股民。通过投入衔接资金和革命老区资金等约 1260 万元建成了荷塘公园、修建了村道和村门、安装了路灯等，村民的幸福感、获得感不断提升，良好的乡村旅游环境成为推动乡村振兴的基础和动力。

（三）实施农村电商扶贫

扎实开展电商进农村综合示范工作，与阿里巴巴签订合作协议，投入 63 万元在 23 个整村推进贫困村（革命老区村庄）建设阿里巴巴农村淘宝服务站点，投入 50 万元大力宣传和培育农村电商队伍，支持贫困村劳动力开展电商创业就业，构建网上农产品营销市场，积极引导、带动贫困村、贫困户通过互联网直接对接市场，拓宽流通渠道，解决农产品销售难、卖不上好价钱等问题，提升农产品、土特产市场竞争力。

"十三五"时期，乐东结合电商扶贫与扶智扶志，搭建电商爱心平台，采取"贫困户参与积分评比＋捐赠物资"及"以购代捐"的模式，成立县级电商运营中心，并以大安、抱由、志仲、千家、万冲等6个镇的村级电商服务站为基础，升级打造为"电商服务站＋脱贫攻坚惠农超市示范点"，建设电商惠农超市线上及线下的平台和站点。目前，共建成电商惠农超市 1 个线上县级平台及 23 个线下站点（1 个县域示范点、22 个村级惠农超市）。通过"积分换物资"活动，调动贫困群众积极性，加强贫困群众参与热情，进一步激发贫困户内生动力，不断增强群众对扶贫政策的知晓度，提高群众对脱贫工作的参与度和认可度。

（四）实施基础设施脱贫工程

2016 年，针对部分革命老区因交通不便阻碍生产发展的实际，乐东借助省交通控股有限公司平台融资 15.2 亿元，在 3 年里完成自然村通硬化路工程 449 千米、窄路面拓宽工程 290 千米、县道改造 1.2 千米、农村公路桥梁建设及危桥改造工程 55 宗、生命安全防护工程 17 千米以及抱由至尖峰岭旅游公路等交通扶贫六大工程，进一步改善贫困地区交通环境。投入 859.25 万元，对抱由镇抱北田洋、尖峰镇凤田溪边打毛园等 2 个常年蔬菜基地进行标准化建设，改造面积 645.7 亩，为 46 户贫困户带来土地流转、入股、劳工、瓜菜生产等收益。投入

1840.49 万元，实施革命老区农村饮水安全工程 22 宗。2017 年，投资 15199.32 万元建设基础设施类项目 49 个，其中，修建村道 24 条 38985 米，解决 9694 户 41007 人行路难问题；安装太阳能路灯 365 盏，解决 2202 户 9490 人照明难问题；新建文化室 1 间；投资 1653.71 万元实施饮水工程 20 宗，解决 3750 户 16200 人饮水难问题；建设革命老区特色村寨项目 2 个 385.29 万元，受益 85 户 382 人；投资 8000.95 万元进行危房改造 1857 间，受益 1857 户 7855 人；投资 787.72 万元改造厕所 1570 间，受益 1570 户 6753 人；投资 1435.57 万元进行易地扶贫搬迁，受益 24 户 126 人。2018 年，全县重点加强"五网"建设，大力改善贫困地区革命老区村庄生产生活条件，投资 7058.7 万元建设基础设施类项目 60 个。其中，修建村道 21 条 27839.6 米，安装太阳能路灯 1184 盏，新建篮球场 1 个，实施饮水工程 23 宗，建设特色村寨项目 5 个，投资 3834.83 万元进行危房改造 717 间，投资 257.1 万元改造厕所 517 间。2019 年，海南省下达建档立卡贫困户等 4 类重点对象危房改造目标任务为 1193 户，实际竣工 1193 户，竣工率为 100%；入住 1193 户，入住率为 100%。实现饮水安全全覆盖，保障供水充足。实施建设大安镇陈考村委会 7 队生产队供水改造工程等 26 宗农村饮水安全工程项目，总投资 4520.828 万元，已完成建设 15 宗。通过实施项目建设，全面增大集中式供水覆盖面，保障群众饮水安全。

（五）大力实施转移就业扶贫工作

"十三五"时期，乐东大力推进就业扶贫，实现"一人就业，全家脱贫"。2016 年以来，组织贫困劳动力外出务工 37323 人次；在 2020 年至 2022 年，共开发临时性镇、村公益性岗位 390 个，安排贫困户就近务工，进一步降低贫困户因疫情影响而返贫的风险；同时动态开发

31 个就业扶贫公益性岗位，安置 31 户就业困难家庭劳动力，动态清零，防止返贫。

2017 年，投入培训资金 286.53 万元，通过就业培训、开发岗位、职业介绍和创业指导等措施，帮助贫困户外出转移就业 2006 人，其中革命老区村庄贫困人口 1463 人。2018 年，投入培训资金 543.28 万元，通过就业培训、开发岗位、职业介绍和创业指导等措施，帮助贫困户外出转移就业 2464 人，其中革命老区村庄贫困人口 2043 人。2019 年，全县共完成贫困劳动力培训 7028 人，组织外出务工 6528 人（其中县内务工 3373 人）。

（六）实施教育扶贫工程

2018 年，按照"不落一户，不差一生"的工作要求，以"全上学，全资助，上好学，促就业"为目标，实现从学前教育到高等教育的学生资助全覆盖，杜绝因贫失学和因学致贫，安排教育扶贫资金 1769.55 万元，资助学生 14275 人，完成 100%。2019 年，实现教育保障全覆盖，防范因学致贫隐患。其中，春季学期共发放教育扶贫特惠性基金 1278.12 万元，资助 10599 人，劝返 17 人，送教上门 40 人；秋季学期发放教育扶贫特惠性基金 2699.62 万元，资助 11835 人，劝返 15 人，送教上门 60 人。

据统计，"十三五"时期，共发放教育扶贫特惠性基金 12164.32 万元，资助 72434 人，做到应助尽助，有效助推了贫困学生顺利完成学业。目前，全县义务教育阶段适龄建档立卡等贫困学生零辍学，适龄残疾儿童少年 100%接受义务教育（除无接受教育能力外），没有因贫失学的现象。

（七）医疗保障全覆盖，破解"看病难""看病烦"

2019 年，全县 178 个村卫生室全部配备了相应的村医和常用药品。建档立卡贫困户签约服务率 100%，大病救治率 100%，新农合参保率 100%。全县建档立卡贫困患者住院报销 7106 人次，慢性病门诊补偿 3267 人次，住院就医实际报销比例 92.78%，慢性病特殊门诊实际报销比例 92.11%。

"十三五"时期，建档立卡贫困户签约服务率 100%，大病救治率 100%，基本医疗参保率 100%，住院医疗费用实际报销比例达到 90%，慢性病门诊医疗费用实际报销比例达到 80%，特困人员医疗费用实际报销比例达到 100%。全县医疗保障能力进一步加强。

第五节　建立打赢脱贫攻坚战斗体系，全力打赢脱贫攻坚战

2012 年以来，乐东县委、县政府深入贯彻落实党的十八大、十九大、二十大精神，对乐东经济社会持续健康发展进行部署，提出全面建成小康社会的奋斗目标，部署了实现这一宏伟目标的举措，真抓实干，精准施策，攻坚克难，高质量打赢脱贫攻坚战，取得了全面建成小康社会的伟大胜利。当前正处于开启全面建设社会主义现代化国家新征程的重要时期，乐东人民满怀豪情，为更加美好的未来描绘新蓝图。

一、成立县扶贫开发领导小组

乐东高度重视脱贫攻坚工作，加强组织领导，成立了由县委主要领导担任组长的县扶贫开发领导小组、县打赢脱贫攻坚战指挥部。县委、县政府主要领导与各镇党政主要负责人、各镇与各村均签订了脱贫攻坚责任书。挂牌镇打赢脱贫攻坚战大队 10 个、中队 173 个和小队

868 个。2016 年以来，累计选派驻村干部 691 人，派出驻村工作队 173 个 549 人，安排县定点帮扶单位 118 个，派出第一书记 120 人，安排县财政供养帮扶责任人 2085 人。县四套班子成员深入基层，构建了一级抓好一级、逐级传导压力、层层压实责任的工作格局，进一步完善脱贫攻坚体系，为扎实推进脱贫攻坚工作提供了坚实保障。

二、打赢脱贫攻坚战的战略部署

共同富裕是中国特色社会主义的本质规定、奋斗目标和根本原则，也是中国特色社会主义理论体系的重要基石。党的十八大报告提出，中国必须坚持走共同富裕道路，并作出在 2020 年完成全面建成小康社会的宏伟目标的重大决策部署。2013 年 11 月 3 日，习近平总书记在考察湖南省花垣县十八洞村时首次提出"精准扶贫"，作出了"实事求是、因地制宜、分类指导、精准扶贫"的重要指示。随后，中共中央办公厅、国务院办公厅印发《关于创新机制扎实推进农村扶贫开发工作的意见》，国务院扶贫办等 7 个部门联合印发《建立精准扶贫工作机制实施方案》《扶贫开发建档立卡工作方案》，对精准扶贫工作模式的顶层设计、总体布局、工作机制等作出比较详细的规定。

2013 年是全面建成小康社会的开局之年，当年乐东全县建档立卡贫困户 14524 户 60583 人，有 40 个贫困村，贫困发生率为 10.14%。显然，只有贫困人口脱贫了，才能真正实现共同富裕，才能全面建成小康社会。精准扶贫是全面建成小康社会的现实需求和必然要求。2016 年以来，乐东县委、县政府先后制定出台了《关于打赢脱贫攻坚战的实施意见》《农村脱贫攻坚"十三五"规划》《2016 年扶贫开发工作实施方案》等文件，明确了全县 110 个单位驻村帮扶贫困村、贫困户脱贫攻坚任务，对乐东打赢脱贫攻坚战作出战略部署，明确提出实现脱贫攻坚战的目标：到 2019 年，全县建档立卡贫困户 14524 户 60583

人全部实现脱贫，40个贫困村全部出列。

三、打赢脱贫攻坚战的举措和工程

党的十八大以来，乐东高度重视扶贫攻坚工作，并将其作为重中之重的工作。在推进精准扶贫、精准脱贫过程中，主要采取以下的重要举措和工程：

2013年，有效推进就业再就业工程，实现城镇新增就业7515人，城镇下岗失业人员再就业1931人，农村富余劳动力转移就业16323人，城镇登记失业率2.82%。实现脱贫人口达5291人，超额完成全年目标任务。开工建设保障性住房1463套，竣工保障性住房2729套。落实产业增收项目，为贫困村农民无偿提供15万株橡胶种苗、50万株槟榔苗、5000头良种猪苗、500万尾罗非鱼苗。2014年，大力抓好扶贫工作，实施基础设施、产业增收、扶贫培训等扶贫开发工程，投入1662万元完成4个扶贫整村推进项目，增强贫困地区自我发展能力。2015年，以整村推进抱由镇佳西村、千家镇奋跃村、志仲镇志强村和奋赛村4个贫困村为带动，整合资金，加强交通基础设施建设，加快生产发展，加大村民技能培训力度，通过保障和改善民生，进一步促进乐东经济社会协调可持续发展。这一年，完成整村推进贫困村4个，实现减贫人口6263人。2016年，动员全社会力量，强力推进精准扶贫，推出产业扶贫、乡村旅游扶贫、电商扶贫和农村土地综合整治分配扶贫等11项有力措施，全县贫困村基础设施明显改善，贫困人口收入稳步增加，实现减贫3330户14014人，占年度任务的103.8%；8个整村推进贫困村全部"脱贫摘帽"。2017年，一是强化扶贫机制保障。严格扶贫工作领导责任制，建立脱贫攻坚考核机制，落实定点帮扶责任，构建县、镇、村三级抓扶贫以及社会力量参与扶贫的新局面。二是扎实开展精准扶贫。着力加强贫困地区乡村道路、饮水安全、农网改造、农村沼气等基础设施建设，重点实施土地再分配扶贫工程、乡村旅游扶贫工程、劳务输出扶贫工程、电子商务扶贫工程等，推进"雨露计划"教育扶贫项目，开展贫困大学生救助和农业科技培训；探索建立"绿色信贷通道"，为贫困户担保贷款实行全额贴息，重点为贫困户提供免担保、免抵押贷款。全年整合扶贫资金2.39亿元，实现脱贫4143户17789人，8个整村推进贫困村实现脱贫出列，顺利完成尖峰镇翁毛试验场村生态扶贫移民易地整村搬迁。2018年，全面压实脱贫攻坚工作责任，设立四级脱贫攻坚作战体系，派驻定点帮扶单位123个、驻村工作队23个、帮扶责任人2118人、第一书记111人。创新"一表格一告知两承诺""四个保险""镇村信息员"精准识别措施，举全县之力拉网式排查农业户口86017户361271人，确保做到"不漏评一户，不错退一人"。全面落实"两不愁三保障"和饮水安全政策，完成贫困户危房改造1640户，入住率100%。精准实施产业、金融、劳务、电商及"以购代捐"等扶贫措施，推广"龙头企业＋合作社＋贫困户"的股份分红模式，发展毛豆、哈密瓜、火龙果、金菠萝、养殖业＋全域旅游"5＋1"六大平台，18家合作帮扶的龙头企业给贫困户分红近1000万元，受益贫困户8748户38856人。全年实现脱贫2362户9287人，完成省下达任务9070人的102.3%，7个贫困村脱贫出列，贫困人口人均纯收入稳定超过3523元，贫困发生率下降到1.83%。2019年是脱贫攻坚决战年，围绕"创优保优大冲刺"，按照"两不愁三保障"和"四不摘"要求，狠抓"三落实"，切实做到"三不减三提高三加强"，全面开展"两不愁三保障"突出问题暨扶贫对象"回头看"大排查，全覆盖拉网式大排查8.4万户37万人，做到不落一户、不漏一人。投入4787万元实施33宗农村安全饮水项目，保障贫困人口8039人的饮水安全。资助贫困学生24376人次4329.87万元，织牢控辍保学"防护网"。投入6738万元改造危房1418户，解决贫困户安全住房问题。实施"先诊疗后付费""一站式"服务，减轻贫困户就医负担7164万元。完善脱贫攻坚项目库建设，累计入库项目143个，资金规模2.93亿元。投入产业帮扶资金1.37亿元，持续推进"龙头企业＋合作社＋贫困户"的产业合作帮扶模式，与32家龙头企业合作，在发展"5＋1"产业平台基础上，同步推进蛋鸡养殖、金钱树、莲雾、百香果、南繁育制种、沃柑等益贫产业发展，12841户贫困户51343人获得合作分红2018.55万元。整合5298万元实施饮水安全提升、特色村寨建设、村道硬化亮化工程等项目，40个贫困村受益。激发贫困群众内生动力，注重志智双扶，扎实开展"脱贫致富模范带头人""脱贫致富模范家庭"和"脱贫能手"等各类评选表彰活动，让村村有典型、人人有榜样，激励贫困群众，激发脱贫动能。

四、高质量打赢脱贫攻坚战

在全县上下的共同努力下，至2019年底，乐东圆满完成既定脱贫攻坚目标任务，农村居民人均可支配收入增幅明显，基本公共服务水平稳步提高，农村基础设施逐步完善。全县建档立卡贫困户14471户60660人全部脱贫，40个贫困村摘帽出列，贫困发生率降至0，实现小康路上不漏一户、不落一人。在脱贫户中，涌现出许多佼佼者，全县379户脱贫户获得省级、县级"脱贫光荣户"称号。在一年一度的考核中，乐东分别于2018年、2019年、2020年连续3年进入全省考核"好"的等次，县扶贫办荣获"全国脱贫攻坚先进集体"荣誉称号，万冲镇委书记张国辉荣获"全国脱贫攻坚先进个人"，利国镇在省级脱贫攻坚大比武中受到表彰，中央财政扶贫资金使用管理工作获国家考核组好评。

2021年以来，乐东坚决贯彻习近平总书记在中央农村工作会议、全国脱贫攻坚总结表彰大会等会议上的重要讲话精神，以及海南省委、省政府关于巩固拓展脱贫攻坚成果与乡村振兴有效衔接各项决策部署，按"四不摘"要求，狠抓责任落实、政策落实、工作落实，持续推进"三保障"、饮水安全、产业、就业等帮扶政策，及时调整乡村振兴工作力量，完善帮扶机制；充分发挥乡村振兴资金使用效益，各级财政衔接资金投入产业的资金占比达 59.23%，历年投入的扶贫产业资金滚动发挥效益。持续加大引导脱贫劳动力外出务工的力度，2021 年脱贫劳动力返岗务工 31150 人，是 2020 年的 116.6%。全县脱贫人口 14400户 60361 人脱贫成果进一步巩固，无返贫和新增致贫家庭，各项工作取得明显成效，切实巩固脱贫攻坚成果，坚决守住规模性返贫底线。

2021 年至 2025 年，是乘势而上开启全面建设社会主义现代化国家新征程、向第二个百年奋斗目标进军的第一个五年，是乐东发展的黄金机遇期和重要窗口期。乐东县委、县政府高举中国特色社会主义伟大旗帜，贯彻落实习近平新时代中国特色社会主义思想，团结和带领乐东人民沿着正确方向胜利前进，为夺取经济、政治、文化、社会、生态文明建设的新胜利，为加快海南自由贸易港建设和实现中华民族伟大复兴的中国梦不懈奋斗。

第六节　巩固脱贫攻坚成果同乡村振兴有效衔接

党的十八大以来，特别是打赢脱贫攻坚战以来，乐东全力做好巩固拓展脱贫攻坚成果同乡村振兴有效衔接，大力推进乡村振兴工作，组织规划单位对行政村（居）、自然村的规划进行编制，推出美丽乡村示范村建设实施方案，加大财政资金投入力度。近年来，乐东积极创新实践乡村治理的乐东模式，成立县乡村振兴服务中心，创新实践乡村治理，助力乡村振兴。

一、成立县委实施乡村振兴战略领导小组

自打赢脱贫攻坚战以来，乐东为做好巩固拓展脱贫攻坚成果同乡村振兴有效衔接、推进乡村振兴各项工作，成立县委实施乡村振兴战略领导小组。首先，严格落实五级书记抓乡村振兴机制，成立县委实施乡村振兴战略领导小组，实行"双组长"制，县委、县政府主要领导担任组长，下设5个专项组，由县委、县政府分管领导担任专项组组长。同时，成立县委农村工作领导小组，由县委主要领导担任组长，县委分管领导担任副组长。2021年换届后，对领导小组及时调整优化，确保工作连续性，高位推进"三农"和乡村振兴工作。选优配强乡村振兴队伍体系，设立11个镇乡村振兴大队和188个村（社区）乡村振兴中队，镇大队长由县委常委或副县长担任，村中队长由副科级以上干部担任。2022年，乐东县委主要领导先后对乡村振兴工作作出批示38次，深入10个有巩固脱贫成果任务的乡镇，开展乡村振兴工作调研86次，遍访40个脱贫村；县政府主要领导开展乡村振兴工作调研31次，深入37个村调研指导。

乐东聚焦关键环节，以各项工作落到实处确保巩固脱贫成果衔接，推进乡村振兴做深做细做实。针对"巩固脱贫成果的产业就业支撑仍有不足"的问题，采取了帮助企业扩大经营规模增加用工岗位、完善镇级合作社利益联结机制、加强就业帮扶力度等措施，积极引导有务工需求的帮扶对象开展就近就地就业。配齐配强40个脱贫村"两委"班子，组织制订年度工作计划，加大扶持力度，巩固脱贫成果，组织对脱贫村开展"回头看"，全面查找问题、逐项整改、查漏补缺。按照"一村一特"的思路，全面谋划乡村振兴示范点打造。

二、编制乡村振兴规划

党的十八大以来，乐东县委、县政府更加重视农村工作，组织规划单位对 188 个行政村（居）、490 个自然村的规划进行编制。2015 年 10 月，九所镇被列入海南百个特色产业小镇名单。乐东助力将九所打造成养生度假特色旅游小镇。2016 年，乐东推动九所镇抱旺村等 8 个村庄的美丽乡村建设工程，对村庄格局提出了统一规划，小到村道景观树，大到村民自住屋，都被列入村庄规划中。2017 年，乐东明确将因地制宜推进黄流、尖峰、九所、千家等 4 个特色产业小镇和尖峰、莺歌海风情小镇建设，同时加快美丽乡村建设，建成了 22 个宜居、宜业、宜游的美丽乡村示范点。党的十九大提出乡村振兴战略以来，乐东明确提出，到 2020 年，建成不少于 97 个宜居、宜业、宜游的美丽乡村示范点，集中培育 3 个以上乡村特色民宿村，创建 5 个以上乡村民宿型农家乐综合体，力争乡村休闲旅游年接待游客 18 万人次以上。2021 年，完成"多规合一"和 10 个镇开发边界内控制性详规编制，137 个村庄规划应编尽编。

三、因地制宜实施乡村振兴战略

实施乡村振兴战略，要按照产业兴旺、生态宜居、乡风文明、治理有效、生活富裕的总要求，建立健全城乡融合发展体制机制，加大投入专项资金，加快推进农业农村现代化。产业建设是乡村振兴的根本支撑。2019 年，县政府出资 50 万元扶持利国镇望楼港社区办起了海水产品烘干等项目，现有养殖高位池 16 口。项目引进专业化企业，实行采购、烘干包装加工、线上网络销售和线下实体超市销售一体经营，经济效益可观。此外，望楼港社区还办起了超市、餐饮店等，引进乐东旅游投资有限公司，做强实体经济，推动实现农业强、农村美、农民富的发展目标。2019 年，为了让实体经济"实"起来，乐东从资源禀赋、乡土文化等方面入手，积极扶持村（社区）集体经济，给32个行政村（社区）各下拨50万元专项资金。2018年，全县集体经济收入总额1035.6万元，同比增长45.1%；2019年前三季度，全县集体经济收入总额1613.91万元，同比增长55.84%。昔日很多"空壳村"，今天成"增长点"。2018年以来，乐东探索"脱贫攻坚＋特色产业＋民宿"的发展模式，整合扶贫、美丽乡村、少数民族特色村寨、基础设施建设等项目资金约1200万元投入抱班村，2019年底，该村整体脱贫出列，并持续发展益智、山兰稻、金菠萝、百香果等种植业和养蜂、养猪等养殖业，依靠山水资源全面实施乡村振兴战略。此外，乐东县政府对26个村庄投入财政资金9000万元。

2021年，乐东11个镇完成立面改造，8个镇成功创建"省级卫生镇"，97个村建成美丽乡村。

2021年下半年开始，乐东积极组织各资金使用单位谋划2022年乡村振兴衔接资金项目，提前申报资金项目，提前完成2022年度乡村振兴项目库储备工作，对已入项目库项目进行梳理和优化调整，高标准完成年度财政衔接资金项目计划编制，切实做到早谋划、早部署、早落实，提高乡村振兴项目管理水平。严格遵守村级申报、镇级审核、县级行业部门论证、县委实施乡村振兴战略领导小组审定的流程，审慎制定项目实施方案。2022年，全县乡村振兴项目84个，共计投资28060万元，打造1个乡村振兴示范镇和10个乡村振兴示范村，通过打造乡村振兴样板村、样板镇，以点带面、全面辐射，推进乐东黎族自治县乡村振兴工作迈上新台阶。

值得一提的是，乐东积极创新实践乡村治理的乐东模式，于2020年8月成立了乐东乡村振兴综合服务中心，这是全国首个政社共建的县级乡村振兴社会化公共服务设施平台。该中心设立"三农"大数据综合管理中心、现代农业技术服务中心、原产地直供服务中心、农业公共品牌服务中心、合作社财务服务中心等服务平台，推动信息技术与农业生产经营、品牌运营管理、质量安全管控等深度融合，提供产业项目运营管理、农业生产托管社会化、乡村大数据综合管理、经营主体管理品牌技术培训等服务。如今，乐东乡村振兴综合服务中心不仅形成了各类专业社会资源与政府聚力施策的良好局面，同时通过"三农"大数据平台，将信息技术综合、全面、系统地应用到农业生产经营的各个环节，为农业生产提供精准化种植、可视化管理、智能化决策，为农业市场主体提供信息汇集、交流、对接等服务功能，从而使农业更具有"智慧"，更好地助力乡村振兴。

第八章 革命战争年代的乐东英烈

自第一、第二次国内革命战争时期至社会主义革命和建设时期，乐东各族人民在中国共产党的领导下，建立党的基层组织，开展武装斗争，创建革命根据地，前仆后继，英勇战斗，为中国人民的解放事业作出了不可磨灭的贡献。在几十年的革命斗争中，为革命事业光荣牺牲，被追认为革命烈士者共 437 人。其中，第一、第二次国内革命战争时期 2 人，抗日战争时期 108 人，解放战争时期 276 人，社会主义革命和建设时期 51 人。

王贡（1919—1945 年）　海南感恩县三区丹村（今属乐东黎族自治县佛罗镇）人。1944 年参加琼崖抗日独立总队，后为琼崖独立纵队第二支队三大队八中队战士。1945 年 9 月 3 日在感恩县（今东方市）感城麦家祠战斗中牺牲。

王伯（1906—1944 年）　海南感恩县三区丹村人。中共党员。1943 年参加琼崖抗日独立总队，后为琼崖抗日独立纵队第二支队三大队八中队战士。1944 年在尖峰葫芦门村执行任务时被捕遭杀害。

王九斧（1918—1945 年）　海南感恩县三区求雨村（今属乐东黎族自治县佛罗镇）人。1944 年 9 月参加琼崖抗日独立总队，后为琼崖独立纵队第二支队三大队八中队战士。1945 年 9 月 3 日在感恩县麦家祠与日伪顽军战斗中牺牲。

王士坚（1928—1949 年）　海南崖县四区抱岁村（今属乐东黎族

自治县利国镇）人。1946 年 9 月参加琼崖独立纵队第二支队南进队，后为琼崖纵队第五总队战士。1949 年在澄迈县与国民党军战斗中牺牲。

王文邦（1924—1949 年）　海南感恩县三区丹村人。1943 年 10 月参加琼崖抗日独立总队，后为琼崖纵队第五总队司务长。1949 年在乐东县抱由乡扫水村战斗中牺牲。

王文资（1924—1945 年）　海南感恩县三区新丰村（今属乐东黎族自治县佛罗镇）人。1943 年 1 月参加琼崖抗日独立总队，后为琼崖独立纵队第二支队别动队战士。1945 年在白沙县大墩乡与国民党四十六军作战中牺牲。

王文榜（1917—1945 年）　海南感恩县三区丹村人。中共党员。1936 年参加感恩县第二区公所工作，后任感恩县第三区公所司务长。1945 年 10 月在与敌人战斗中牺牲。

王文墀（1921—1944 年）　海南感恩县三区新丰村人。1943 年参加琼崖抗日独立总队，为第二支队战士。1944 年 4 月在昌江县与日军作战中牺牲。

王亚丁（1926—1948 年）　海南感恩县三区翁公头村（今属乐东黎族自治县尖峰镇）人。1948 年参加长老乡后备队，后为琼崖纵队第五总队战士。1948 年在乐东县扫水村战斗中牺牲。

王亚工（1940—1944 年）　海南感恩县三区黑眉村（今属乐东黎族自治县尖峰镇）人。1943 年参加黑眉民兵联防支队，为联防支队队员。1944 年 7 月在感恩县田头村（今属乐东黎族自治县佛罗镇）作战中牺牲。

王亚乐（1922—1949 年）　海南乐东县抱由乡（今乐东黎族自治县抱由镇）保定村人。黎族。1948 年参加解放军琼崖纵队，为第五总队战士。1949 年春在昌江县广坝（今属东方市）战斗中牺牲。

王亚符（1932—1952 年） 海南感恩县三区翁公头村人。1952 年参加长老乡翁公头村民兵队，曾任民兵班长。1952 年 6 月在昌感县白毛洋大母岭（今属乐东黎族自治县尖峰镇）同国民党空降特务作战中牺牲。

王亚辉（1931—1949 年） 海南崖县四区佛宝村（今属乐东黎族自治县利国镇）人。1948 年参加解放军琼崖纵队，为第六团战士。1949 年春在感恩县丹村与国民党军战斗中牺牲。

王共留（1946—1967 年） 海南乐东县抱由乡保定村人。黎族。1964 年参加中国人民解放军，1967 年在保亭县（今保亭黎族苗族自治县）三道公路执行任务时牺牲。

王光华（1923—1945 年） 海南崖县五区新村（今属乐东黎族自治县莺歌海镇）人。中共党员。1943 年参加青山村（今属乐东黎族自治县佛罗镇）青年抗日救国会，曾任青抗会主任。1945 年 12 月于崖县（今三亚市）土伦事件中牺牲。

王宇龙（1925—1944 年） 海南感恩县三区青山村人。1943 年参加琼崖抗日独立总队，为第二支队三大队战士。1944 年在感恩县长坡仔战斗中牺牲。

王宇坤（1924—1945 年） 海南感恩县三区求雨村人。1944 年参加琼崖抗日独立总队，为第二支队三大队九中队战士。1945 年 9 月 3 日在感恩县麦家祠与日伪顽军战斗中牺牲。

王宇瑞（1922—1943 年） 海南感恩县三区新丰村人。中共党员。1942 年 11 月参加中共地下党组织活动，为新丰村党支部党员。1943 年在新丰村与日军战斗中牺牲。

王护洪（1920—1944 年）　海南崖县五区莺歌海村（今属乐东黎族自治县莺歌海镇）人。中共党员。1943 年参加地下工作，为崖县五区海棠乡（今属三亚市）工作人员。1944 年被日军捕于黄流乡东孔村后遭杀害。

王良史（1906—1943 年）　海南崖县五区莺歌海村人。中共党员。1939 年参加地下工作，曾任崖县海棠乡党支部书记。1943 年农历正月初五在崖县新村战斗中牺牲。

王启华（1930—1949 年）　海南崖县四区佛丰村（今属乐东黎族自治县利国镇）人。1947 年参加琼崖纵队，为第五总队战士。1949 年在崖县黄流村（今乐东黎族自治县黄流镇）与国民党军战斗中牺牲。

王政墀（1926—1949 年）　海南崖县四区老郑村（今属乐东黎族自治县利国镇）人。中共党员。1948 年参加琼崖纵队，为琼崖纵队战士。1949 年在崖县莺歌海村执行侦察任务时牺牲。

王棋瑞（1925—1947 年）　海南感恩县三区丹村人。1943 年 6 月参加琼崖抗日独立总队，为第二支队战士。1947 年在感恩县侦察敌情时被捕遭杀害。

王福耀（1923—1947 年）　海南崖县四区望楼村（今属乐东黎族自治县利国镇）人。1946 年参加琼崖独立纵队，为第五总队战士。1947 年 3 月在崖县九所（今属乐东黎族自治县九所镇）与国民党军战斗中牺牲。

韦亚大（1920—1949 年）　海南乐东县大安乡木棉村人。黎族。1948 年参加琼崖纵队，为第五总队战士。1949 年春在昌江县（今昌江黎族自治县）保平战斗中牺牲。

韦亚公（1924—1948 年）　海南乐东县永明乡坡拉村人。黎族。

1946年参加琼崖独立纵队，为第五总队战士。1948年在乐东至感恩公路的战斗中牺牲。

韦亚立（1928—1949年）　海南乐东县千家镇西号村人。黎族。1949年参加琼崖纵队，为第五总队战士。同年在乐东县千家村与国民党军战斗中牺牲。

韦亚汉（1925—1950年）　海南乐东县大安乡木棉村人。黎族。1949年参加琼崖纵队，为第五总队战士。1950年在感恩县南种乡大田村围剿国民党残匪的战斗中牺牲。

韦亚兴（1920—1949年）　海南崖县四区抱浅村（今属乐东黎族自治县九所镇）人。黎族。1947年参加琼崖纵队，为第五总队战士。1949年春在昌江县广坝与国民党军战斗中牺牲。

韦亚论（1926—1948年）　海南乐东县山荣乡抱介村人。黎族。1947年参加琼崖纵队，为第五总队战士。1948年在乐东公路截击国民党军的战斗中牺牲。

韦亚劳（1923—1948年）　海南乐东县永明乡只好村人。黎族。1947年参加琼崖纵队，为第五总队战士。1948年在昌江县广坝公路截击国民党军的战斗中牺牲。

韦亚坚（1926—1948年）　海南崖县四区抱荀村（今属乐东黎族自治县九所镇）人。黎族。1947年参加琼崖独立纵队，为第二支队南进队战士。1948年在崖县梅山区风岭（今属三亚市）与国民党军战斗中牺牲。

韦亚曼（1925—1950年）　海南乐东县千家镇脚艾村人。黎族。1947年参加琼崖纵队，为第五总队战士。1950年在保亭县朝安剿匪战斗中牺牲。

韦亚辉（1930—1950 年） 海南乐东县千家镇抱郎村人。黎族。1949 年参加琼崖纵队，为第五总队战士。1950 年在感恩县北黎（今东方市新街镇）战斗中牺牲。

韦国保（1919—1948 年） 海南崖县四区茅坡村（今属乐东黎族自治县利国镇）人。1946 年参加琼崖独立纵队，为第五总队十五支队战士。1948 年在乐东县青岭与国民党军战斗中牺牲。

方春兰（1917—1946 年） 女。海南崖县五区莺街村（今属乐东黎族自治县莺歌海镇）人。中共党员。1942 年在莺歌海参加地下工作，曾任梅山联乡支部委员。1946 年下半年在崖县梅东村（今属三亚市）被国民党军包围，在突围战斗中牺牲。

方是运（1920—1949 年） 海南感恩县三区佛罗村（今属乐东黎族自治县佛罗镇）人。中共党员。1943 年 6 月参加琼崖抗日独立总队，后任琼崖纵队第五总队副排长。1949 年春在临高县海岸岭战斗中牺牲。

方是典（1928—1950 年） 海南感恩县三区佛罗村人。1949 年参加中国人民解放军琼崖纵队，为第五总队战士。1950 年在崖县战斗中牺牲。

文亚桂（1910—1947 年） 海南乐东县福报乡保仙村人。黎族。1946 年参加民兵队，1947 年在福报乡奋跃村被国民党军杀害。

甘关玉（1917—1948 年） 女。海南崖县四区望楼港村（今属乐东黎族自治县利国镇）人。中共党员。1942 年春在望楼村参加地下工作，曾为崖县民主政府南进队炊事员。1948 年在崖县被捕后遭杀害。

古明证（1904—1943 年） 海南感恩县三区岭头村（今属乐东黎族自治县尖峰镇）人。1941 年上半年参加感恩县第二区丹岭乡抗日民主政府工作。1943 年 3 月被汉奸出卖在丹岭乡岭头村遭杀害。

龙亚杀（1922—1948 年） 海南乐东县抱由乡东号村人。黎族。1948 年参加民兵队，曾任民兵班长。同年在乐城岭哨所遭国民党军杀害。

石发故（1921—1949 年） 海南感恩县三区岭头村人。1948 年 3 月参加琼崖纵队，为第三总队七支队战士。1949 年春在儋县（今儋州市）南村战斗中牺牲。

石良凤（1921—1944 年） 海南感恩县三区新安村（今属乐东黎族自治县佛罗镇）人。1943 年 9 月参加琼崖抗日独立总队，为第二支队第三大队战士。1944 年 3 月在新安村战斗中牺牲。

石良机（1918—1948 年） 海南感恩县三区新安村人。1944 年 6 月参加琼崖抗日独立总队，后为琼崖纵队第二支队第三大队战士。1948 年 7 月在万宁县（今万宁市）兴隆战斗中牺牲。

石良卿（1914—1946 年） 海南感恩县三区青山村人。1943 年参加琼崖抗日独立总队，为第二支队战士。1946 年在青山村遭敌人杀害。

石良碧（1924—1945 年） 海南感恩县三区青山村人。1943 年参加琼崖抗日独立总队，为第二支队战士。1945 年 9 月 3 日在感恩县麦家祠战斗中牺牲。

石奇珍（1921—1945 年） 海南感恩县三区岭头村人。中共党员。1943 年 6 月参加琼崖抗日独立总队，曾任第二支队别动队小队长。1945 年在儋县大星村战斗中牺牲。

石奇能（1910—1945 年） 海南感恩县三区青山村人。1944 年参加琼崖抗日独立纵队，为第二支队三大队战士。1945 年 9 月在感恩县麦家祠战斗中牺牲。

石英汉（1922—1946 年） 海南感恩县三区丹村人。1944 年 6 月参加琼崖抗日独立总队，为第二支队挺进队战士。1946 年在崖县梅东村战斗中牺牲。

石英记（1916—1946 年）　海南感恩县三区新安村人。1944 年 8 月参加琼崖抗日独立纵队，为第二支队第三大队战士。1946 年在昌江县石碌战斗中牺牲。

石英进（1916—1948 年）　海南感恩县三区青山村人。中共党员。1944 年 6 月参加琼崖抗日独立总队，后任琼崖纵队第五总队第十五支队中队副指导员（其所在部队即后来的六团三营七连）。1948 年在感恩县老欧村战斗中牺牲。

石英财（1926—1950 年）　海南感恩县三区新安村人。1947 年参加琼崖纵队，为第五总队战士。1950 年失踪。1981 年 8 月被乐东县人民政府追认为革命烈士。

石英荣（1911—1949 年）　海南感恩县三区岭头村人。中共党员。1943 年参加琼崖抗日独立总队第二支队，后任琼崖纵队第五总队排长。1949 年春在感恩县丹村战斗中牺牲。

石英品（1914—1945 年）　海南感恩县三区青山村人。1943 年参加琼崖抗日独立总队，为第二支队第三大队战士。1945 年在白沙县（今白沙黎族自治县）牙雅村战斗中牺牲。

石英桐（1915—1946 年）　海南感恩县三区青山村人。中共党员。1943 年 6 月参加琼崖抗日独立总队，为第二支队战士。1946 年在感恩县老欧村战斗中牺牲。

石英铁（1926—1944 年）　海南感恩县三区青山村人。1943 年参加琼崖抗日独立总队，为第二支队第三大队战士。1944 年在感恩县长坡仔战斗中牺牲。

石英润（1920—1944 年）　海南感恩县三区新安村人。中共党员。

1943年参加琼崖抗日独立总队，为第二支队第三大队战士。1944年3月在新安村被日军杀害。

石英皙（1919—1948年）　海南感恩县三区新安村人。1944年参加琼崖抗日独立总队，后为琼崖纵队第五总队战士。1948年3月在崖县崖城（今三亚市崖州区）战斗中牺牲。

石英瑞（1925—1946年）　海南感恩县三区新安村人。1943年9月参加琼崖抗日独立总队，为第二支队第三大队第九中队战士，后任民主政府保长。1946年6月在新安村遭敌人杀害。

石英熊（1921—1944年）　海南感恩县三区新安村人。1943年9月参加琼崖抗日独立总队，为独立总队战士。1944年3月在新安村被日军杀害。

石英德（1925—1948年）　海南感恩县三区青山村人。中共党员。1944年参加琼崖抗日独立总队第二支队，后任琼崖纵队第五总队班长。1948年6月在乐会县（今琼海市）中原战斗中牺牲。

石贤龙（1920—1946年）　海南感恩县三区青山村人。1944年6月参加琼崖抗日独立总队第二支队，后为感恩县第三区自卫队队员。1946年在感恩县长坡仔战斗中牺牲。

石贤光（1921—1946年）　海南感恩县三区青山村人。1944年6月参加琼崖抗日独立总队，为第二支队战士。1946年在新安村被敌人杀害。

卢亚天（1927—1950年）　海南乐东县山荣乡山荣村人。黎族。1947年参加琼崖纵队，为第五总队战士。1950年在保亭县战斗中牺牲。

卢亚丰（1931—1949年）　海南乐东县山荣乡光明村人。黎族。1947年参加琼崖纵队，为第五总队战士。1949年春在感恩县丹村战斗中牺牲。

卢亚办（1909—1949年）　海南乐东县大安乡大炮村人。黎族。1947年参加琼崖纵队，为第五总队战士。1949年春在感恩县丹村战斗中牺牲。

卢亚丝（1932—1951年）　海南乐东县山荣乡山荣村人。黎族。1948年参加琼崖纵队第五总队，后为中国人民解放军海南军区战士。1951年在榆林被敌人下毒害死。

卢亚全（1945—1965年）　海南乐东县大安乡大炮村人。黎族。1964年参加中国人民解放军，为乐东县武装部战士。1965年在陵水县（今陵水黎族自治县）挖坑道时牺牲。

卢亚易（1918—1949年）　海南乐东县抱由乡抱由西号村人。黎族。1946年参加琼崖独立纵队，为第五总队战士。1949年在昌江县广坝战斗中牺牲。

卢亚峨（1915—1948年）　海南乐东县福报乡奋跃村人。黎族。1946年参加琼崖独立纵队，为第五总队战士。1948年在崖县崖城战斗中牺牲。

卢亚毅（1930—1949年）　海南乐东县大安乡大炮村人。黎族。1948年参加中国人民解放军琼崖纵队，为第五总队战士。1949年春在临高县海岸岭战斗中牺牲。

卢全弟（1920—1950年）　海南崖县五区莺歌海村人。1946年参加琼崖独立纵队，为第五总队战士。1950年在崖县九所战斗中牺牲。

卢承业（1932—1949年）　海南崖县四区佛皇村（今属乐东黎族自治县利国镇）人。1946年参加琼崖独立纵队，为南进队战士。1949年在崖县被国民党军杀害。

卢桂三（1917—1949 年） 女。海南崖县四区茅坡村人。1944 年参加琼崖独立纵队，后为琼崖纵队第五总队战士。1949 年在崖县红五村（今属乐东黎族自治县利国镇）与国民党军战斗中牺牲。

史亚才（1906—1943 年） 海南崖县五区莺歌海村人。中共党员。1941 年参加地下工作，曾任崖县梅东区抗日民主政府驳壳班班长。1943 年在佛罗乡新丰村被日军包围，在突围战斗中牺牲。

冯本庆（1920—1950 年） 海南崖县四区望楼港村人。中共党员。1942 年参加琼崖抗日独立总队，为独立总队战士。1950 年因伤口恶化在榆林病故。1981 年 8 月被乐东县人民政府追认为革命烈士。

冯本秀（1906—1940 年） 海南崖县五区莺歌海村人。1940 年参加地下工作，曾为琼崖抗日公学学生。1940 年 12 月在澄迈县美合事变中负伤牺牲。

冯坤清（1925—1945 年） 海南崖县五区莺歌海村人。中共党员。1944 年参加地下工作，曾任崖县第五区委书记。1945 年 12 月于崖县土伦事件中牺牲。

冯吴清（1912—1946 年） 海南崖县五区莺歌海村人。1945 年参加琼崖独立纵队，为独立纵队战士。1946 年在保亭县公管地区与国民党军战斗中牺牲。

邢天庆（1917—1945 年） 海南崖县五区新村人。中共党员。1945 年参加新村青年抗日救国会。同年 12 月在崖县浮军与国民党军战斗中牺牲。

邢打利（1953—1976 年） 海南乐东县大安乡西黎村人。黎族。中共党员。1973 年参加中国人民解放军，曾任一三二师班长。1976 年在崖县田独执行任务时牺牲。

邢四黎（1928—1949 年）　海南崖县四区抱荀村人。黎族。1947年参加琼崖纵队，为第五总队四团通信员。1949 年在崖县抱旺村（今属乐东黎族自治县利国镇）被国民党军杀害。

邢亚乐（1926—1948 年）　海南乐东县千家镇抱梅村人。黎族。1947 年参加琼崖纵队，为第五总队战士。1948 年在乐东县扫水村战斗中负伤牺牲。

邢亚吐（1928—1949 年）　海南乐东县三平乡头塘村人。黎族。1947 年参加琼崖纵队，为第五总队战士。1949 年春在临高县海岸岭战斗中牺牲。

邢亚爷（1917—1945 年）　海南感恩县三区黑眉村人。1944 年 6月参加黑眉民兵联防队，为联防队队员。1945 年 8 月在感恩县岭头村与日军战斗中牺牲。

邢亚麦（1927—1950 年）　海南乐东县三平乡头塘村人。黎族。1947 年参加琼崖纵队，为第五总队战士。1950 年在陵水县因公牺牲。

邢亚林（1921—1947 年）　海南感恩县三区黑眉村人。1947 年在大坡乡参加黑眉村民兵队。同年 12 月在感恩县板桥堡垒战斗中牺牲。

邢亚站（1924—1949 年）　海南乐东县山荣乡抱湾村人。黎族。1948 年参加琼崖纵队，为第五总队战士。1949 年在儋县南辰村战斗中牺牲。

邢亚理（1931—1948 年）　海南乐东县山荣乡只微村人。黎族。1947 年参加琼崖纵队，为第五总队战士。1948 年在陵水县光岭战斗中牺牲。

邢亚清（1920—1947 年）　海南感恩县三区黑眉村人。1943 年参加琼崖抗日独立总队，后为琼崖纵队第五总队传令员。1947 年 3 月在昌江县七沙战斗中牺牲。

邢亚瑞（1918—1947年） 海南感恩县三区山道村（今属乐东黎族自治县尖峰镇）人。1944年6月参加琼崖抗日独立总队，曾任第二支队小队长。1947年下半年在崖县梅东村战斗中牺牲。

邢亚腰（1930—1949年） 海南乐东县三平乡头塘村人。黎族。1948年参加琼崖纵队，为第五总队战士。1949年在昌江县广坝战斗中牺牲。

邢亚黎（1926—1946年） 海南感恩县三区长安村（今属乐东黎族自治县尖峰镇）人。中共党员。1945年3月参加琼崖抗日独立纵队第二支队别动队，曾任第二支队小队长。1946年下半年在定安县南鲁村战斗中牺牲。

邢志单（1926—1950年） 海南乐东县山荣乡抱湾村人。黎族。1948年参加中国人民解放军琼崖纵队，为琼崖纵队战士。1950年在昌感县（今东方市）大田村剿匪牺牲。

邢谷才（1919—1941年） 海南感恩县三区新丰村人。1940年12月参加琼崖抗日独立总队，曾任第二支队小队长。1941年在崖县马岭红土坎战斗中牺牲。

邢谷伍（1918—1950年） 海南感恩县三区新丰村人。中共党员。1940年2月参加新丰村地下党组织，曾任崖县四五联区工作团团长。1950年1月在崖县九所被捕，在崖县乐罗村（今属乐东黎族自治县利国镇）遭杀害。

邢谷忠（1914—1948年） 海南崖县五区新村人。中共党员。1945年6月参加琼崖抗日独立纵队第二支队，后为琼崖纵队第五总队战士。1948年2月在定安县龙塘乡与国民党军战斗中牺牲。

邢诒开（1928—1951 年）　海南崖县五区水内村（今属乐东黎族自治县黄流镇）人。1947 年参加琼崖纵队南进队，后为海南军区三十团战士。1951 年失踪。1981 年 8 月被乐东县人民政府追认为革命烈士。

邢诒坤（1908—1946 年）　海南感恩县三区新丰村人。中共党员。1944 年 12 月参加长变乡抗日民主政府工作，为干事。1946 年 2 月在尖峰乡被国民党军杀害。

邢诒金（1928—1950 年）　海南崖县四区抱新村（今属乐东黎族自治县利国镇）人。中共党员。1947 年参加琼崖纵队，曾任第五总队五团连长。1950 年在榆林被国民党特务毒害。

邢诒泰（1918—1943 年）　海南感恩县三区新丰村人。1942 年参加革命工作，为崖县五区交通站交通员。1943 年 12 月在尖峰岭与日军战斗中牺牲。

邢诒魁（1920—1946 年）　海南崖县五区新兴村（今属乐东黎族自治县莺歌海镇）人。中共党员。1938 年参加香山村地下党组织，曾任村党支部书记。1946 年 7 月在莺歌海被捕牺牲。

邢诒鹏（1920—1944 年）　海南感恩县三区新丰村人。1943 年 12 月参加琼崖抗日独立总队，为第二支队战士。1944 年 4 月在昌江县歌颂岭战斗中牺牲。

邢阿芬（1927—1950 年）　海南乐东县山荣乡抱湾村人。黎族。1948 年 12 月参加中国人民解放军琼崖纵队，为第五总队战士。1950 年在感恩县大田剿匪时牺牲。

邢忠坦（1928—1952 年）　海南乐东县大安乡西黎村人。黎族。1949 年参加琼崖纵队第五总队，后为海南军区战士。1952 年在白沙县头壁村抓国民党空降特务时负伤牺牲。

邢治善（1914—1944 年） 海南崖县五区新兴村人。中共党员。1939 年参加香山村青年抗日救国会，后为崖县五区党总支交通员。1944 年在冲坡乡战斗中牺牲。

邢贻则（1926—1947 年） 海南感恩县三区红门村（今属乐东黎族自治县尖峰镇）人。1943 年参加琼崖抗日独立总队，后任琼崖独立纵队第二支队小队长。1947 年 4 月在感恩县丹村战斗中牺牲。

邢贻福（1923—1945 年） 海南感恩县三区凤田村（今属乐东黎族自治县尖峰镇）人。中共党员。1943 年参加琼崖抗日独立总队，曾任第二支队第三大队八中队队长。1945 年 9 月 3 日在感恩县麦家祠战斗中牺牲。

邢益成（1930—1951 年） 海南崖县五区黄流村人。1948 年参加琼崖纵队第五总队，后参加中国人民志愿军赴朝鲜抗美援朝。1951 年在朝鲜战场牺牲。

邢福山（1922—1945 年） 海南感恩县三区新丰村人。中共党员。1942 年参加长老乡交通站工作，后参加琼崖抗日独立纵队，曾任第二支队第三大队班长。1945 年 6 月在感恩县板桥战斗中牺牲。

邢福史（1915—1941 年） 海南感恩县三区新丰村人。中共党员。1939 年 4 月参加地下党，曾任崖县五区委副书记。1941 年 2 月在新丰村被敌人杀害。

邢福申（1923—1945 年） 海南感恩县三区新丰村人。1943 年 10 月参加琼崖抗日独立总队，后任琼崖抗日独立纵队班长。1945 年 8 月在白沙县牙叉乡与国民党军战斗中牺牲。

邢福生（1917—1944 年） 海南感恩县三区凤田村人。1943 年 6 月参加琼崖抗日独立总队，曾任第二支队第三大队驳壳班班长。1944

年 10 月在乐罗村与日军作战中牺牲。

邢福炸（1922—1945 年）　海南感恩县三区新丰村人。1943 年 12 月参加琼崖抗日独立总队，为第二支队战士。1945 年在感恩县丹村被国民党军逮捕，被杀害于感恩县享土村。

邢福通（1921—1945 年）　海南感恩县三区新丰村人。中共党员。1943 年 12 月参加地下党组织，曾任崖县五区交通站站长。1945 年 1 月在丹村港被国民党军逮捕，被杀害于感恩县享土村。

邢翠福（1932—1958 年）　海南感恩县三区新丰村人。中共党员。1954 年参加黄流供销社工作，后为崖县红塘一区供销社销售员。1958 年 10 月在崖县红塘坡因公牺牲。

邢德龙（1921—1949 年）　海南崖县五区黄流村人。1939 年参加琼崖抗日独立总队，后为琼崖纵队第五总队战士。1949 年在尖峰眉报山民穴战斗中牺牲。

吉亚力（1929—1948 年）　海南乐东县抱由乡抱由村人。黎族。1948 年在崖县马岭战斗中失踪。1981 年 8 月被乐东县人民政府追认为革命烈士。

吉亚东（1914—1949 年）　海南乐东县永明乡永东村人。黎族。1947 年参加琼崖纵队，为第五总队战士。1949 年在崖县马岭战斗中牺牲。

吉亚田（1918—1949 年）　海南乐东县山荣乡扬力村人。黎族。1947 年参加民兵队。1949 年在山荣乡光明村战斗中牺牲。

吉亚扬（1925—1950 年）　海南乐东县三平乡保仙村人。黎族。1946 年参加琼崖纵队，为第五总队战士。1950 年在海口市秀英码头被国民党军杀害。

吉亚县（1927—1949 年） 海南乐东县抱由乡抱由村人。黎族。1949 年参加民兵队，同年在感恩县战斗中牺牲。

吉亚国（1921—1949 年） 海南乐东县抱由乡抱由村人。黎族。1948 年参加琼崖纵队，为第五总队战士。1949 年春在昌江县广坝战斗中牺牲。

吉亚座（1929—1949 年） 海南乐东县山荣乡志高村人。黎族。1948 年参加琼崖纵队，为第五总队战士。1949 年在感恩县丹村战斗中牺牲。

吉亚偷（1929—1948 年） 海南乐东县大安乡后友村人。黎族。1947 年参加琼崖纵队，为第五总队战士。1948 年秋在榆林战斗中牺牲。

吉亚联（1931—1949 年） 海南乐东县抱由乡抱由村人。黎族。1948 年参加琼崖纵队，为第五总队战士。1949 年春在崖县九所战斗中牺牲。

吉亚雄（1927—1950 年） 海南乐东县三平乡保仙村人。黎族。1947 年参加琼崖纵队，为第五总队战士。1950 年在崖县马岭剿匪中牺牲。

吉亚然（1930—1949 年） 海南乐东县抱由乡扫水村人。黎族。1948 年参加琼崖纵队，为第五总队战士。1949 年春在昌江县昌化乡战斗中牺牲。

吉亚曾（1922—1949 年） 海南乐东县抱由乡抱由村人。黎族。1949 年参加民兵队，同年在乐东县乐排村战斗中牺牲。

吉亚福（1926—1955 年） 海南乐东县抱由乡抱由村人。黎族。1949 年参加革命工作，曾任抱由乡乡长。1955 年 1 月在抱由村被坏分子杀害。

吉进荣（1919—1944 年）　海南感恩县三区田头村人。1943 年参加琼崖抗日独立总队，为第二支队第三大队战士。1944 年 6 月在佛罗乡苦梨村被敌杀害。

吉进虎（1931—1949 年）　海南感恩县三区新坡村（今属乐东黎族自治县佛罗镇）人。1945 年参加琼崖独立纵队，为第五总队战士。1949 年在崖县九所战斗中负伤，在乐东第五总队医务所失踪。1981 年 8 月被乐东县人民政府追认为革命烈士。

吉进銮（1905—1946 年）　海南感恩县三区田头村人。1943 年参加革命工作，为尖峰西南团工作人员。1946 年 5 月在佛罗乡被国民党军杀害。

吉承召（1922—1948 年）　海南崖县四区抱旺村人。1947 年参加琼崖纵队，为第五总队战士。1948 年失踪。1981 年 8 月被乐东县人民政府追认为革命烈士。

吉温排（1923—1951 年）　海南乐东县三平乡抱营村人。黎族。1948 年参加琼崖纵队第五总队，后为海南军区战士。1951 年在乐东县城因公牺牲。

吕有光（1912—1949 年）　海南崖县五区莺歌海村人。中共党员。1944 年参加琼崖抗日独立总队，后任琼崖纵队第一总队连队指导员。1949 年在儋县与国民党军战斗中牺牲。

朱三发（1916—1941 年）　海南崖县五区莺歌海村人。中共党员。1940 年在望楼港参加地下工作，为望楼港交通员。1941 年被日军捕于崖县九所，后遭杀害。

朱三秀（1919—1945 年）　海南崖县五区莺歌海村人。1943 年在望楼港参加地下工作，后为崖县南进队战士。1945 年在攻打日军崖城司令部战斗中牺牲。

许三姨（1899—1945年） 女。海南崖县四区望楼港村人。1939年在望楼乡参加地下工作，为望楼港地区地下工作者。1945年上半年被敌人杀害。

许吉林（1910—1949年） 海南崖县四区望楼港村人。中共党员。1943年参加琼崖抗日独立总队第二支队，后任琼崖纵队第五总队班长。1949年在感恩县黑眉村战斗中牺牲。

许亚带（1920—1948年） 女。海南感恩县三区白井村（今属乐东黎族自治县佛罗镇）人。1945年5月参加琼崖抗日独立纵队第二支队二大队，后为琼崖纵队第五总队战士。1948年4月在尖峰田尾村战斗中牺牲。

刘也派（1931—1949年） 海南乐东县三平乡保边村人。黎族。1948年参加琼崖纵队，为第五总队战士。1949年在儋县王五乡（今儋州市王五镇）与国民党军战斗中牺牲。

刘公打（1926—1950年） 海南乐东县三平乡西贡村人。黎族。1949年参加琼崖纵队，为第五总队战士。1950年春在乐东县扫水村战斗中牺牲。

刘打玲（1921—1949年） 海南乐东县三平乡洋老村人。黎族。1947年参加琼崖纵队，为第五总队战士。1949年春在乐会县中原战斗中牺牲。

刘礼本（1894—1939年） 海南崖县五区莺歌海村人。中共党员。1936年参加地下工作，为崖县藤桥地区工作人员。1939年在崖县藤桥乡（今三亚市海棠湾区）被国民党逮捕杀害。

刘亚元（1925—1949年） 海南乐东县千家镇郎益村人。黎族。

1947 年参加琼崖纵队，为第五总队战士。1949 年在感恩县溪池村战斗中牺牲。

刘亚丙（1930—1950 年）　海南乐东县三平乡抱脱村人。黎族。1948 年参加琼崖纵队第五总队，后为海南军区战士。1950 年在陵水县执行任务时牺牲。

刘亚出（1930—1950 年）　海南乐东县三平乡抱降村人。黎族。1948 年参加琼崖纵队，为第五总队战士。1950 年在崖县马岭剿匪战斗中牺牲。

刘亚乐（1926—1949 年）　海南乐东县三平乡排慎村人。黎族。1948 年参加琼崖纵队，为第五总队战士。1949 年在昌江县广坝战斗中牺牲。

刘亚共（1930—1949 年）　海南乐东县山荣乡只微村人。黎族。1948 年参加琼崖纵队，为第五总队战士。1949 年在昌江县昌化乡战斗中牺牲。

刘亚有（1930—1952 年）　海南乐东县三平乡番头村人。黎族。1948 年参加琼崖纵队第五总队，后为中国人民解放军海南军区战士。1952 年在琼山县（今属海口市）府城被敌人下毒杀害。

刘亚达（1921—1950 年）　海南乐东县大安乡只朝村人。黎族。中共党员。1948 年参加琼崖纵队，为第五总队战士。1950 年在崖县安田村被国民党特务下毒杀害。

刘亚行（1931—1948 年）　海南乐东县山荣乡光明村人。黎族。1948 年参加琼崖纵队，为第五总队战士。同年在感恩县北黎公路战斗中牺牲。

刘亚肥（1924—1949 年）　海南乐东县大安乡孔粗村人。黎族。

1948年参加琼崖纵队，为第五总队战士。1949年春在感恩县溪池村战斗中牺牲。

刘亚命（1920—1949年） 海南乐东县大安乡卡法村人。黎族。1948年参加琼崖纵队，为第五总队战士。1949年春在崖县九所战斗中牺牲。

刘亚保（1921—1949年） 海南乐东县大安乡卡法村人。黎族。1949年参加琼崖纵队，为第五总队战士。同年在崖县九所战斗中牺牲。

刘亚祝（1921—1949年） 海南乐东县三平乡三平老村人。黎族。1948年参加琼崖纵队，为第五总队战士。1949年春在昌江县广坝战斗中牺牲。

刘亚祖（1926—1948年） 海南乐东县三平乡番头村人。黎族。1947年参加琼崖纵队，为第五总队战士。1948年秋在万宁县马六坑战斗中牺牲。

刘亚除（1925—1950年） 海南乐东县三平乡抱丙村人。黎族。1948年参加琼崖纵队，为第五总队战士。1950年在崖县马岭剿匪战斗中牺牲。

刘亚恩（1930—1948年） 海南乐东县三平乡脚娘村人。黎族。1948年参加琼崖纵队，为第五总队战士。同年在乐东县扫水村战斗中牺牲。

刘亚爱（1927—1948年） 海南乐东县三平乡三平村人。黎族。1948年参加琼崖纵队，为第五总队战士。同年在临高县海岸岭战斗中牺牲。

刘亚银（1928—1949年） 海南乐东县大安镇卡法村人。黎族。1948年参加琼崖纵队，为第五总队战士。1949年春在昌江县广坝战斗中牺牲。

刘亚章（1923—1949 年）　海南乐东县大安乡志朝村人。黎族。1947 年参加琼崖纵队，为第五总队战士。1949 年春在昌江县广坝战斗中牺牲。

刘亚暖（1924—1949 年）　海南乐东县三平乡抱丙村人。黎族。1948 年参加琼崖纵队，为第五总队战士。1949 年春在昌江县广坝战斗中牺牲。

刘光打（1923—1948 年）　海南乐东县三平乡吊志村人。黎族。1947 年参加琼崖纵队，为第五总队战士。1948 年在陵水县光岭与国民党军战斗中牺牲。

刘伦打（1924—1949 年）　海南乐东县三平乡洋老村人。黎族。1948 年参加琼崖纵队，为第五总队战士。1949 年在昌江县广坝战斗中牺牲。

刘色开（1929—1950 年）　海南乐东县三平乡抱丙村人。黎族。1948 年参加琼崖纵队，为第五总队战士。1950 年在崖县马岭剿匪战斗中牺牲。

羊日明（1919—1949 年）　海南崖县四区荷口村（今属乐东黎族自治县利国镇）人。1949 年参加琼崖纵队，为第五总队战士。同年在临高县海岸岭与国民党军战斗中牺牲。

羊亚东（1931—1950 年）　海南乐东县大安乡大炮村人。黎族。1948 年参加琼崖纵队，为第五总队战士。1950 年在昌江县海尾乡战斗中牺牲。

关正诗（1923—1948 年）　海南崖县四区抱岁村人。中共党员。1947 年参加琼崖纵队，曾任第五总队十五支队四中队指导员。1948 年在乐东县扫水村与国民党军战斗中牺牲。

关绪振（1909—1947 年） 海南崖县四区秦标村（今属乐东黎族自治县利国镇）人。中共党员。1945 年参加中共地下组织，为崖县四五联区工作人员。1947 年在崖县望楼港村执行任务时被捕杀害。

孙元建（1918—1949 年） 海南崖县五区新荣村（今属乐东黎族自治县黄流镇）人。中共党员。1946 年参加琼崖独立纵队，为第二支队战士。1949 年在感恩县溪池村与国民党军战斗中牺牲。

孙亚柳（1921—1949 年） 女。海南感恩县三区新丰村人。1943 年 5 月参加琼崖抗日独立总队，为第二支队战士。1949 年 12 月因病死亡。1981 年 8 月被乐东县人民政府追认为革命烈士。

纪学德（1902—1947 年） 海南崖县四区罗马村（今属乐东黎族自治县九所镇）人。中共党员。1944 年参加琼崖抗日独立纵队第二支队南进队，后为琼崖纵队第五总队战士。1947 年在乐罗村与国民党军战斗中牺牲。

杨或（1932—1950 年） 海南乐东县大安乡大炮村人。黎族。1949 年参加琼崖纵队，为第五总队战士。1950 年在儋县那大镇战斗中牺牲。

杨方利（1919—1948 年） 海南感恩县三区新丰村人。中共党员。1943 年 10 月参加琼崖抗日独立总队，后任琼崖纵队第五总队小队长。1948 年 4 月在乐东县扫水村战斗中牺牲。

杨礼山（1908—1949 年） 海南崖县五区水内村人。1947 年参加地下革命工作。1949 年在感恩县北黎新街战斗中牺牲。

杨亚乐（1928—1949 年） 海南乐东县大安乡万车村人。黎族。1949 年参加琼崖纵队，为第五总队战士。同年在昌江县广坝战斗中牺牲。

杨亚华（1936—1948 年）　海南乐东县志仲镇九华村人。黎族。1948 年参加琼崖纵队，为第五总队战士。同年失踪。1981 年 8 月被乐东县人民政府追认为革命烈士。

杨亚冲（1924—1949 年）　海南乐东县大安乡万车村人。黎族。1949 年参加琼崖纵队，为第五总队战士。同年在昌江县广坝战斗中牺牲。

杨亚识（1927—1949 年）　海南乐东县志仲镇丸培村人。黎族。1948 年参加琼崖纵队，为第五总队战士。1949 年在儋县王五乡战斗中牺牲。

杨亚类（1928—1950 年）　海南乐东县三平乡茅头村人。黎族。1948 年参加琼崖纵队，为第五总队战士。1950 年在保亭县失踪。1981 年 8 月被乐东县人民政府追认为革命烈士。

杨亚校（1923—1948 年）　海南乐东县志仲镇成栋德土村人。黎族。1947 年参加琼崖纵队，为第五总队战士。1948 年在崖县九所战斗中牺牲。

李大和（1918—1944 年）　海南崖县五区莺歌海村人。1931 年春加入中国共产党。1939 年 2 月日军侵琼后，组织起莺歌海青年抗日救国会、莺歌海妇女抗日救国会，参与组建莺歌海抗日游击中队，负责政治工作。1942 年秋，任中共崖县委委员兼组织部部长。1943 年 10 月昌感崖联合县委成立，崖县委改为崖县区委，任区委委员、组织部部长。同年 12 月，带领新英乡干部 11 人到新丰村一带开展募捐支前工作。1944 年 2 月被日军包围，在战斗中壮烈牺牲。

李天金（1912—1946 年）　海南崖县五区莺歌海村人。1944 年参加地下工作，为崖县五区海棠乡工作人员。1946 年下半年在感恩县岭头村被国民党杀害。

李天荣（1914—1947年） 海南崖县五区莺歌海村人。中共党员。1943年参加革命活动，后参加琼崖纵队，曾任琼崖纵队第九中队班长。1947年在昌江县七差乡战斗中牺牲。

李亚可（1928—1950年） 海南乐东县志仲镇从飞村人。黎族。1948年参加琼崖纵队，为第五总队战士。1950年在崖县失踪。1981年8月被乐东县人民政府追认为革命烈士。

李亚攻（1925—1950年） 海南乐东县大安乡万车村人。黎族。1949年参加琼崖纵队，为第五总队战士。1950年在昌感县围剿国民党军战斗中牺牲。

李亚层（1926—1945年） 海南感恩县三区眉报村（今属乐东黎族自治县尖峰镇）人。1944年参加琼崖抗日独立总队，为独立总队战士。1945年9月3日在感恩县城麦家祠与日伪顽军战斗中牺牲。

李亚欣（1922—1948年） 海南感恩县三区丁司村（今属乐东黎族自治县尖峰镇）人。1945年4月参加琼崖抗日独立纵队，为南进队战士。1948年5月在感恩县与国民党军战斗中牺牲。

李亚相（1917—1945年） 海南感恩县三区山道村人。1943年参加琼崖抗日独立总队，为第二支队第三大队八中队战士。1945年9月3日在感恩县城麦家祠与日伪顽军战斗中牺牲。

李亚调（1924—1948年） 海南乐东县大安乡后物村人。黎族。1947年参加琼崖纵队，为第五总队战士。1948年在崖县林旺乡（今三亚市海棠湾区）战斗中牺牲。

李亚黑（1928—1946年） 海南感恩县三区眉报村人。1944年参加琼崖抗日独立总队，为第二支队战士。1946年3月在儋县那大镇与国民党军战斗中牺牲。

李运金（1906—1943 年）　海南崖县五区莺歌海村人。中共党员。1943 年参加地下工作。同年在感恩县佛罗乡新丰村战斗中牺牲。

李昌福（1918—1943 年）　海南崖县四区望楼港村人。1942 年下半年参加崖县梅东区府抗日民主常备班，为战士。1943 年下半年在崖县梅东战斗中牺牲。

李金生（1926—1952 年）　海南乐东县佛罗乡白井村人。1947 年 8 月参加琼崖纵队，为第五总队战士，后随中国人民志愿军赴朝鲜参加抗美援朝作战。1952 年 4 月在朝鲜战场牺牲。

李济森（1919—1944 年）　海南崖县四区新庄村（今属乐东黎族自治县九所镇）人。中共党员。1941 年参加琼崖抗日独立总队，为独立总队战士。1944 年在崖县抱浅村被敌人杀害。

李章育（1910—1945 年）　海南崖县五区莺歌海村人。1943 年在望楼港参加地下工作。1945 年上半年在崖县冲坡战斗中牺牲。

杜庆海（1927—1950 年）　海南崖县五区多能村（今属乐东黎族自治县黄流镇）人。1946 年参加琼崖独立纵队，曾任排长。1950 年在澄迈县遭国民党特务下毒而牺牲。

麦亚灯（1927—1949 年）　海南感恩县三区沙漠村（今属乐东黎族自治县尖峰镇）人。1944 年 3 月参加琼崖抗日独立总队，后为琼崖纵队第五总队战士。1949 年 5 月在佛罗乡大园村被国民党逮捕，后遭杀害。

麦亚丽（1917—1943 年）　海南感恩县三区长田村（今属乐东黎族自治县尖峰镇）人。1943 年参加琼崖抗日独立总队，为第二支队第三大队战士。同年 5 月在感恩县黑眉村放哨时被日军杀害。

麦亚妹（1930—1946 年）　海南感恩县三区眉报村人。1941 年 5

月参加感恩县三区公所工作，后参加琼崖抗日独立总队，为第二支队第三大队战士。1946年在儋县与国民党军战斗中牺牲。

麦亚鸽（1910—1945年） 海南感恩县三区牛泥头村（今属乐东黎族自治县尖峰镇）人。1945年10月参加琼崖独立纵队，为独立纵队战士。1945年12月在崖县土伦事件中牺牲。

麦亚清（1928—1950年） 海南感恩县三区山道村人。中共党员。1950年4月在儋县王五镇战斗中牺牲。

麦亚携（1915—1949年） 海南崖县四区抱告村（今属乐东黎族自治县利国镇）人。黎族。1946年参加琼崖独立纵队，为第五总队六团二营战士。1949年在感恩县长坡村与国民党军战斗中牺牲。

麦亚福（1926—1945年） 海南感恩县三区翁公头村人。1944年参加琼崖抗日独立总队，为第二支队第三大队八中队战士。1945年9月3日在感恩县城麦家祠战斗中牺牲。

麦亚福（1926—1948年） 海南感恩县三区山道村人。1944年8月参加黑眉民兵联防队，后参加琼崖纵队，曾任第五总队小队长。1948年5月在感恩县尖峰岭与国民党军战斗中牺牲。

麦秋望（1924—1945年） 海南感恩县三区长田村人。1945年参加琼崖独立纵队，为第二支队战士。同年9月在感恩县麦家祠与日伪顽军战斗中牺牲。

吴天士（1925—1944年） 海南崖县五区莺歌海村人。中共党员。1941年参加地下工作。1944年下半年在佛罗乡昌厚村战斗中牺牲。

吴天秀（1916—1948年） 海南崖县四区新庄村人。1947年参加琼崖纵队，为第五总队战士。1948年3月在崖县四区抱浅村与国民党军战斗中牺牲。

吴亚审（1920—1949 年）　海南乐东县山荣乡志高村人。黎族。1948 年参加琼崖纵队，为第五总队战士。1949 年春在儋县南辰战斗中牺牲。

吴多坤（1908—1944 年）　海南崖县五区莺歌海村人。中共党员。1941 年参加地下工作，为崖县五区党总支宣传委员。1944 年上半年在佛罗乡昌厚村战斗中牺牲。

吴金育（1926—1948 年）　海南崖县四区官安村（今属乐东黎族自治县利国镇）人。1947 年参加琼崖纵队，为第五总队战士。1948 年在昌江县石碌区与国民党军战斗中牺牲。

吴泽瑞（1918—1949 年）　海南感恩县三区长安村人。1945 年 3 月参加琼崖抗日独立纵队，为独立纵队战士。1949 年 8 月在白沙县石芒果村战斗中牺牲。

吴海东（1921—1947 年）　海南感恩县三区福塘村（今属乐东黎族自治县佛罗镇）人。中共党员。1944 年参加琼崖抗日独立纵队，后任琼崖纵队第五总队四团二营副营长。1947 年在感恩村因公牺牲。

吴海洪（1922—1944 年）　海南崖县五区新荣村人。共青团员。1944 年参加琼崖抗日独立纵队，为第二支队第三大队通信员。同年 11 月在崖县四区龙浩村战斗中牺牲。

吴消圣（1923—1946 年）　海南崖县五区莺歌海村人。中共党员。1944 年参加地下工作，为崖县交通站交通员。1946 年在尖峰岭战斗中牺牲。

吴道南（1923—1943 年）　海南崖县五区莺歌海村人。中共党员。1941 年参加地下工作，曾任海棠乡党支部书记。1943 年在佛罗乡被日军包围，在突围战斗中牺牲。

吴道熙（1919—1944 年） 海南崖县五区黄流村人。1943 年参加琼崖抗日独立总队，为第二支队战士。1944 年在感恩县白井村战斗中牺牲。

吴德英（1902—1950 年） 海南崖县四区赤楼村（今属乐东黎族自治县利国镇）人。1949 年参加琼崖纵队，为第五总队四团战士。1950 年在崖城剿匪战斗中牺牲。

何天芳（1921—1949 年） 海南崖县五区莺歌海村人。1943 年在莺歌海参加革命活动，后参加琼崖纵队，为琼崖纵队战士。1949 年春在临高县海岸岭与国民党军战斗中牺牲。

何亚托（1923—1948 年） 海南乐东县永明乡佳西村人。黎族。1947 年参加琼崖纵队，为第五总队战士。1948 年在乐会县中原墟战斗中牺牲。

何亚鸿（1927—1949 年） 海南崖县五区赤民村（今属乐东黎族自治县黄流镇）人。1941 年参加革命工作，曾任青抗会主任。1949 年在感恩县北黎执行任务时被敌逮捕杀害。

何庆安（1910—1945 年） 海南崖县五区莺歌海村人。中共党员。1940 年参加地下党组织，曾任崖县望楼乡党支部书记。1945 年在感恩县北黎被捕后遭杀害。

何兴永（1920—1950 年） 海南崖县四区赤塘村（今属乐东黎族自治县利国镇）人。1948 年参加革命工作，为崖县四五联区工作人员。1950 年在冲坡乡抱旺村被敌杀害。

何茂韬（1917—1945 年） 海南崖县五区莺歌海村人。中共党员。1941 年参加莺歌海地下革命工作，曾任莺歌海乡党总支委员。1945 年在黄流乡东孔村被国民党反动派杀害。

何积贵（1964—1991 年）　原籍广西壮族自治区容县四维村，1964 年 7 月 15 日出生于海南尖峰岭林业局一个工人家庭。1981 年 10 月应征入伍，为海南军区驻五指山 53607 部队战士。1982 年加入共青团。1983 年升任师部教导队班长。1984 年 10 月加入中国共产党。同年 12 月退伍被分配到尖峰林区天池林场二队当采伐工人。1987 年 4 月被调到南中林场任党支部副书记。1991 年 7 月 13 日，在当年第 6 号强台风中，为抢救群众的生命和财产，被山崩的土石流淹没，当场壮烈牺牲。

余石保（1926—1949 年）　海南崖县四区官安村人。1947 年参加琼崖纵队，为第五总队战士。1949 年在冲坡乡红五村与国民党军战斗中牺牲。

邹海强（1962—1991 年）　原籍广东省花都市（今属广州市）邹屋村，1962 年 10 月 14 日出生于海南尖峰岭林业局一个工人家庭。1981 年 11 月应征入伍，为海南军区驻五指山 53607 部队侦察连战士，后升任为副班长、班长。1983 年 6 月加入中国共产党，曾荣立三等功。1984 年 11 月退伍被分配到尖峰岭林业局工作，曾任护林巡逻治安队组长。1991 年 12 月 9 日，在抓捕偷砍林木的犯罪分子时被罪犯开枪击中，壮烈牺牲。

宋康贵（1908—1950 年）　海南崖县五区莺歌海村人。中共党员。1941 年在双龙参加地下党组织，为感城联络员。1950 年在感城被国民党杀害。

张开芳（1917—1945 年）　海南崖县五区莺歌海村人。中共党员。1943 年参加革命工作，后参加琼崖抗日独立纵队，曾任第二支队第三大队副政委。1945 年 9 月 3 日在感恩县感城麦家祠战斗中牺牲。

张开金（1910—1945 年）　海南崖县五区莺歌海村人。1943 年参加革命工作，曾任民主政府保长。1945年在黄流乡东孔村被捕后遭杀害。

张亚考（1926—1947年）　海南乐东县志仲镇解放村人。黎族。1947年参加琼崖纵队，为第五总队战士。同年失踪。1981年8月被乐东县人民政府追认为革命烈士。

张亚来（1931—1948年）　海南乐东县志仲镇解放村人。黎族。1948年参加琼崖纵队，为第五总队战士。同年失踪。1981年8月被乐东县人民政府追认为革命烈士。

张亚保（1926—1949年）　海南乐东县千家镇抱用村人。黎族。1947年参加琼崖纵队，为第五总队战士。1949年在儋县与国民党军战斗中牺牲。

张亚律（1932—1949年）　海南乐东县志仲镇塔丰村人。黎族。1948年参加琼崖纵队，为第五总队战士。1949年春在临高县海岸岭战斗中牺牲。

张亚鬼（1928—1949年）　海南乐东县福报乡奋跃村人。黎族。1947年参加琼崖纵队，为第五总队战士。1949年春在儋县南辰村战斗中牺牲。

张亚祝（1923—1951年）　海南乐东县福报乡只峨村人。黎族。1948年参加琼崖纵队第五总队，后为海南军区战士。1951年因公牺牲。

张亚能（1936—1948年）　海南乐东县大安乡陈考村人。黎族。1948年参加琼崖纵队，为第五总队战士。同年失踪。1981年8月被乐东县人民政府追认为革命烈士。

张共有（1928—1949年）　海南乐东县千家镇永益村人。黎族。1948年参加琼崖纵队，为第五总队战士。1949年在临高县海岸岭与国民党军战斗中牺牲。

张秀伍（1921—1944 年） 海南感恩县三区新安村人。1944 年 10 月参加琼崖抗日独立纵队，为第二支队第三大队战士。1944 年 11 月在新安村被日军杀害。

张应秀（1921—1946 年） 海南感恩县三区新安村人。1944 年 10 月参加琼崖抗日独立纵队，为第二支队战士。1946 年在万宁县兴隆战斗中牺牲。

张应祥（1919—1948 年） 海南感恩县三区新安村人。1944 年 10 月参加琼崖抗日独立纵队，为第五总队战士。1948 年在万宁县兴隆战斗中牺牲。

张其达（1918—1945 年） 海南感恩县三区新安村人。中共党员。1943 年参加琼崖抗日独立总队，曾任第二支队第三大队班长。1945 年 9 月在新安村战斗中牺牲。

张英取（1917—1946 年） 海南感恩县三区佛罗村人。1943 年 8 月参加琼崖抗日独立总队，为第二支队战士。1946 年在感恩县板桥战斗中牺牲。

陈俊（1924—1946 年） 海南感恩县三区丹村人。中共党员。1943 年 6 月参加琼崖抗日独立总队，为独立总队战士。1946 年在白沙县老欧村战斗中牺牲。

陈人光（1921—1945 年） 海南感恩县三区岭头村人。中共党员。1945 年参加地下工作，曾任感恩县岭头村民主政府保长。同年被汉奸告密，在黄流村被日军杀害。

陈人忠（1921—1946 年） 海南崖县五区莺歌海村人。1944 年参加地下工作，为海棠乡征收员。1946 年 12 月在陵水县光岭与国民党军战斗中牺牲。

陈人珍（1929—1945 年） 海南感恩县三区岭头村人。1945 年 4 月参加感恩常备班，为战士。同年 9 月 3 日在感恩县感城麦家祠战斗中牺牲。

陈人俊（1918—1948 年） 海南崖县五区新村人。中共党员。1943 年由地方党政转入琼崖抗日独立总队第二支队七中队，后任琼崖纵队第三总队二大队小队长。1948 年在崖县红花地区与国民党军战斗中牺牲。

陈人爱（1915—1946 年） 海南崖县五区新村人。1944 年参加琼崖抗日独立总队，为第二支队战士。1946 年上半年在儋县那大镇与国民党军战斗中牺牲。

陈人豪（1918—1951 年） 海南感恩县三区新兴村人。中共党员。1943 年参加琼崖抗日独立总队第二支队八中队，后任琼崖纵队第五总队五团二营营长。1951 年在崖县梅山剿匪战斗中牺牲。

陈才作（1931—1949 年） 海南崖县四区长兴村（今属乐东黎族自治县利国镇）人。1946 年参加琼崖独立纵队，为第二支队南进队传令员。1949 年在澄迈县好保战斗中牺牲。

陈大径（1903—1945 年） 海南崖县五区新村人。中共党员。1944 年下半年参加革命工作，曾任长老乡副乡长。1945 年 12 月在崖县土伦事件中牺牲。

陈开发（1925—1945 年） 海南感恩县三区青山村人。1943 年参加琼崖抗日独立总队，为第二支队战士。1945 年 9 月 3 日在感恩县感城麦家祠战斗中牺牲。

陈开金（1913—1943 年） 海南感恩县三区青山村人。1942 年 6 月参加地下革命工作。1943 年在崖县福塘沿海被日军杀害。

陈太安（1920—1946 年） 海南感恩县三区沙漠村人。1943 年参加琼崖抗日独立总队，为第二支队南进队战士。1946 年 2 月在尖峰岭与国民党军战斗中牺牲。

陈文运（1925—1945 年） 海南感恩县三区丹村人。中共党员。1943 年参加琼崖抗日独立总队，曾任班长。1945 年 9 月在感恩县感城麦家祠战斗中牺牲。

陈文祥（1915—1945 年） 海南感恩县三区丹村人。1943 年参加琼崖抗日独立总队，为独立总队战士。1945 年 9 月 3 日在感恩县感城麦家祠战斗中牺牲。

陈文瑞（1919—1946 年） 海南感恩县三区岭头村人。中共党员。1941 年参加莺歌海村青年抗日救国会，后为新莺乡民主政府征收员。1946 年 7 月在岭头村被捕杀害。

陈云胜（1915—1950 年） 海南崖县四区赤塘村人。1949 年参加琼崖纵队，为第五总队战士。1950 年在崖县抱本剿匪战斗中牺牲。

陈玉成（1908—1944 年） 海南崖县四区抱岁村人。1942 年参加地下工作。1944 年在抱岁小学开展革命工作时被敌人杀害。

陈世积（1926—1945 年） 海南崖县四区望楼港村人。中共党员。1940 年参加地下革命工作，为感崖联合办事处警卫员。1945 年初在感恩县感城战斗中牺牲。

陈世德（1908—1941 年） 海南崖县四区望楼港村人。1930 年春加入中国共产党。曾任莺歌海地区武装游击队副队长、中共崖西区委委员、中国工农红军琼崖独立师崖西红五连副连长、莺歌海抗日游击中队队长、琼崖抗日独立总队第三支队十二中队中队长。1941 年 6 月在感恩县双沟村被日军杀害。

陈平古（1926—1948 年） 海南崖县四区秦标村人。1946 年参加琼崖独立纵队，为第二支队战士。1948 年在崖县抱一战斗中牺牲。

陈石立（1927—1946 年） 海南感恩县三区新安村人。1944 年 6 月参加琼崖抗日独立总队，曾任琼崖独立纵队第二支队机枪班班长。1946 年 6 月在佛罗乡丹村被敌包围，在突围战斗中牺牲。

陈亚升（1921—1949 年） 海南感恩县三区水马田村（今属乐东黎族自治县尖峰镇）人。1946 年 6 月参加琼崖独立纵队，后为琼崖纵队第五总队战士。1949 年春在崖县九所战斗中牺牲。

陈亚文（1917—1949 年） 海南崖县四区红五村人。黎族。1948 年参加琼崖纵队，为第五总队战士。1949 年在感恩县抱报地区与国民党军战斗中牺牲。

陈亚回（1919—1948 年） 海南乐东县抱由乡保定村人。黎族。1947 年参加琼崖纵队，为第五总队战士。1948 年秋在陵水县光岭战斗中牺牲。

陈亚庆（1916—1943 年） 海南崖县四区抱岁村人。1937 年参加琼崖工农红军游击队，后为琼崖抗日独立总队第三支队战士。1943 年在黑眉岭战斗中牺牲。

陈亚利（1928—1946 年） 海南崖县五区新村人。中共党员。1942 年参加新村青年抗日救国会，后参加琼崖抗日独立总队，为第三支队战士。1946 年在昌江县新联坡与国民党军战斗中牺牲。

陈亚炼（1922—1949 年） 海南乐东县抱由乡保定村人。黎族。1948 年参加琼崖纵队，为第五总队战士。1949 年春在昌江县昌化战斗中牺牲。

陈亚姨（1907—1946 年） 女。海南崖县五区莺街村人。1945 年在望楼港从事地下革命工作。1946 年上半年被国民党军杀害。

陈亚章（1922—1949 年） 海南感恩县三区白井村人。1944 年 4 月参加琼崖抗日独立总队第二支队第三大队，后任琼崖纵队第五总队排长。1949 年 6 月在崖县九所战斗中牺牲。

陈次黎（1920—1950 年） 海南崖县四区秦标村人。1947 年参加琼崖纵队，为第五总队战士。1950 年在崖县剿匪战斗中牺牲。

陈运昌（1924—1946 年） 海南感恩县三区丹村人。中共党员。1943 年 6 月参加琼崖抗日独立总队，为第二支队战士。1946 年在佛罗乡新坡战斗中牺牲。

陈运铁（1924—1948 年） 海南崖县五区新村人。1946 年下半年参加琼崖独立纵队，为第二支队战士。1948 年 7 月在万宁县马云坛与国民党军战斗中牺牲。

陈作川（1930—1949 年） 海南崖县四区抱旺村人。1949 年参加琼崖纵队，为第五总队战士。同年在崖县九所与国民党军战斗中牺牲。

陈何仁（1904—1949 年） 海南感恩县三区佛罗村人。中共党员。1926 年 6 月参加革命工作，抗日战争时期曾任乐东黑眉尖峰地区西北西南团团长。1949 年在感恩县竹头村战斗中牺牲。

陈何佩（1922—1946 年） 海南感恩县三区长安村人。1944 年 6 月参加琼崖抗日独立总队，曾任第二支队班长。1946 年 4 月在昌江县七差乡与国民党军战斗中牺牲。

陈启和（1923—1950 年） 海南崖县四区乐罗村人。1949 年参加琼崖纵队，为琼崖纵队战士。1950 年在广东省番禺县（今广州市番禺区）战斗牺牲。

陈茂福（1933—1951 年） 海南崖县五区黄流村人。1946 年 9 月参加琼崖独立纵队，后为中国人民解放军海南军区战士。1951年失踪。1981年8月被乐东县人民政府追认为革命烈士。

陈杰士（1912—1945年） 海南崖县五区莺歌海村人。中共党员。1943年在莺歌海参加革命活动，为中共崖县委征收员。1945年12月在崖县土伦事件中牺牲。

陈国才（1926—1948年） 海南崖县五区赤民村人。1945年参加琼崖独立纵队，为第二支队第三大队八中队战士。1948年春在感城战斗中牺牲。

陈国彬（1916—1944年） 海南崖县四区新庄村人。中共党员。1941年参加琼崖抗日独立总队，为第一支队七中队战士。1944年在九所乡抱浅村被敌人杀害。

陈昌盛（1917—1946年） 海南崖县四区乐罗村人。中共党员。1939年参加地下革命工作，为崖县乐罗村地下党员。1946年在乐罗村被国民党军逮捕杀害。

陈垂斌（1900—1933年） 海南崖县四区乐罗村人。1916年考进琼山县府城华美中学。1919年"五四"运动爆发不久，琼崖十三属学生联合会在府城宣告成立，被选为常务理事，从此全力投入领导学生开展反帝爱国的革命斗争。1922年考入南京高等师范学校。1924年在上海大学社会学系读书时加入中国社会主义青年团。1925年参加"五卅"运动，是上海大学学生会、上海学生联合会领导人之一，在反帝斗争的洪流中由青年团员转为中共党员。与王文明等发起成立琼崖旅沪社，为《琼崖革命青年》旬刊的主要撰稿人。1926年奉命回琼从事革命活动，到省立第六师范学校任教务主任。同年3月，组建琼山县第一个党团支部——省立第六师范学校党团（联合）支部，任书记。6

月，出席在海口召开的中共琼崖第一次代表大会，被选为中共琼崖地委委员，兼任组织部部长。7月，琼崖共青团地委成立，任委员兼宣传部部长。不久，被派往澄迈中学任教，发展党员，建立中共邓仲支部，任支部书记，后任澄中校长。1927年6月，琼崖地委改为琼崖特委，被选为特委委员、常委。同年11月，在特委第一次扩大会议上再次当选特委常委，负责宣传工作。会后被特委派往陵水、崖县指导建党建政工作，先后参与组建陵水县苏维埃政府和中共崖县委。1929年，潜回故乡开展工作，不久便成立一支农民武装队伍——特别队进行武装斗争，打击地方反动势力。1933年3月在故乡被国民党逮捕，同月9日在望楼港墟被敌人用毒药杀害，时年33岁。1991年5月6日被海南省人民政府追认为革命烈士。

陈金华（1925—1952年）　海南感恩县三区老孔村（今属乐东黎族自治县佛罗镇）人。1949年5月在湖北省武汉市参加中国人民解放军，曾任第二野战军排长。后随中国人民志愿军赴朝鲜参加抗美援朝作战。1952年5月在朝鲜战场上失踪。1981年8月被乐东县人民政府追认为革命烈士。

陈金招（1930—1952年）　海南崖县四区乐罗村人。中共党员。1947年参加琼崖纵队，后为中国人民解放军海南军区二十六团战士。1952年在乐会县阳江乡（今琼海市阳江镇）执行任务时牺牲。

陈河珍（1925—1944年）　海南崖县五区求雨村人。1944年参加琼崖抗日独立总队，为第二支队战士。1944年8月在感城长坡仔与日军作战时牺牲。

陈庚太（1923—1950年）　海南崖县五区孔汶村（今属乐东黎族自治县黄流镇）人。1949年参加琼崖纵队，为第五总队战士。1950年参加中国人民志愿军，赴朝鲜参加抗美援朝作战。同年在朝鲜战场上失踪。1981 年 8 月被乐东县人民政府追认为革命烈士。

陈春光（1917—1950 年） 海南崖县四区新庄村人。1948 年参加地下革命工作，曾任新庄村农会主任。1950 年在新庄村被国民党逮捕，后在乐罗村被杀害。

陈春养（1920—1943 年） 海南崖县四区乐罗村人。中共党员。1941 年参加地下革命工作，1943 年春节在佛罗乡丰塘村进行募捐工作时被日军包围，在突围战斗中牺牲。

陈美安（1921—1945 年） 海南崖县五区新村人。1944 年参加琼崖抗日独立纵队，为第二支队第三大队战士。1945 年 9 月 3 日在感恩县感城麦家祠战斗中牺牲。

陈哲芬（1922—1947 年） 海南崖县五区莺歌海村人。中共党员。1945 年参加革命工作，后任琼崖纵队第二支队小队长。1947 年在澄迈县与国民党军战斗中牺牲。

陈哲琰（1910—1941 年） 海南崖县五区莺歌海村人。1941 年参加地下革命工作，后参加琼崖抗日独立总队，为第二支队战士。同年在黑眉岭战斗中牺牲。

陈哲聪（1919—1944 年） 海南崖县五区莺歌海村人。1943 年参加地下革命工作，为崖县五区海棠乡抗日民主政府工作人员。1944 年在黄流乡东孔村被日军抓捕后遭杀害。

陈焕金（1921—1949 年） 海南崖县五区莺歌海村人。中共党员。1943 年参加地下革命工作，后参加琼崖纵队，曾任第二支队中队政治指导员。1949 年上半年在定安县岭门村战斗中牺牲。

陈清尧（1923—1944 年） 海南感恩县三区福塘村人。1943 年 10

月参加琼崖抗日独立总队，为第二支队第三大队战士。1944 年 6 月在佛罗乡苦梨村被敌人杀害。

陈清怀（1923—1945 年）　海南感恩县三区福塘村人。1944 年 6 月参加琼崖抗日独立总队，为第二支队第三大队战士。1945 年 6 月在尖峰眉报乡执行任务时牺牲。

陈清亮（1924—1948 年）　海南崖县四区官安村人。1947 年参加琼崖纵队，为第五总队战士。1948 年在昌江县石碌与国民党军战斗中牺牲。

陈清敏（1915—1947 年）　海南感恩县三区岭头村人。中共党员。1940 年 2 月参加地下革命工作，后任岭头村民主政府保长。1947 年 6 月被国民党逮捕后在尖峰乡长安村遭杀害。

陈绪宏（1923—1950 年）　海南崖县四区秦标村人。1946 年参加琼崖独立纵队第二支队南进队，后任琼崖纵队第五总队六团副连长。1950 年在崖城剿匪战斗中牺牲。

陈道平（1904—1944 年）　海南崖县五区莺歌海村人。中共党员。1939 年参加地下革命工作，后任海塘乡党支部书记。1944 年在佛罗乡昌厚村战斗中牺牲。

陈福选（1916—1944 年）　海南崖县五区新村人。1940 年参加新村青年抗日救国会，曾任青抗会主任。1944 年在新村被日军杀害。

陈德山（1927—1949 年）　海南崖县四区乐罗村人。中共党员。1945 年参加地下革命工作，后参加琼崖纵队第五总队，曾任班长。1949 年在儋县南辰墟与国民党军战斗中牺牲。

陈德平（1913—1943 年）　海南崖县四区乐罗村人。1941 年参加琼崖抗日独立总队，为第二支队战士。1943 年 5 月在尖峰岭黑眉村战斗中牺牲。

陈滕和（1915—1945 年） 海南崖县四区望楼港村人。1943 年参加琼崖抗日独立总队，曾任第二支队第二大队四中队副班长。1945 年上半年在白沙县牙雅战斗中牺牲。

林嵩（1910—1950 年） 海南感恩县三区佛罗村人。1947 年参加琼崖纵队，为第五总队管理员。1950 年在崖县马岭附近被敌抓捕后遭杀害。

林大志（1917—1950 年） 海南崖县四区中灶村（今属乐东黎族自治县九所镇）人。1949 年参加革命工作，曾任中灶村农会主任。1950 年在崖县乐罗村被敌杀害。

林山利（1921—1947 年） 海南崖县四区球尾灶村（今属乐东黎族自治县利国镇）人。中共党员。1944 年参加琼崖独立纵队，后任琼崖纵队第五总队小队长。1947 年在乐东县与国民党军战斗中牺牲。

林元才（1924—1950 年） 海南崖县四区球尾灶村人。中共党员。1943 年参加地下革命工作，为崖县四五联区工作人员。1950 年 3 月在抱什乡抱栋岭被国民党军杀害。

林元才（1918—1948 年） 海南崖县四区乐罗村人。1947 年参加琼崖纵队，为第二支队南进队战士。1948 年在崖县梅东村与国民党军战斗中牺牲。

林元仲（1911—1946 年） 海南崖县四区球尾灶村人。1943 年参加乐东县第二区抗日民主政府工作。1946 年 2 月在尖峰岭与国民党军战斗中牺牲。

林引转（1912—1946 年） 海南崖县四区球尾灶村人。中共党员。1944 年参加琼崖抗日独立纵队，为第二支队七中队战士。1946 年在儋县与国民党军战斗中牺牲。

林正秀（1924—1948年） 海南崖县四区新庄村人。1947年参加琼崖纵队，为第五总队战士。1948年3月在崖县抱浅村与国民党军战斗中牺牲。

林吉进（1920—1942年） 海南崖县四区球尾灶村人。1938年春在崖县中学加入中国共产党。1939年4月中共崖四区工委成立，任宣传委员。1940年4月崖四区工委改为崖四区委，1941年4月任组织委员，7月任书记。1942年冬，被日军包围在球尾灶村，在突围战斗中牺牲。

林吉典（1912—1945年） 海南崖县四区球尾灶村人。1939年参加革命工作，1940年加入中国共产党。曾任崖感办事处财政科科长、崖县区署区员。1945年12月在崖县土伦事件中被杀害。

林亚下（1926—1949年） 海南乐东县千家镇郎益村人。黎族。1947年参加琼崖纵队，为第五总队战士。1949年5月在崖县九所与国民党军战斗中牺牲。

林亚井（1931—1949年） 海南乐东县山荣乡志高村人。黎族。1948年参加琼崖纵队，为第五总队战士。1949年春在感恩县丹村战斗中牺牲。

林亚军（1926—1950年） 海南乐东县千家镇抱郎村人。黎族。1949年参加琼崖纵队，为第五总队战士。1950年在临高县战斗中牺牲。

林亚故（1930—1949年） 海南乐东县千家镇抱平村人。黎族。1949年参加琼崖纵队，为第五总队战士。1949年在乐东县与国民党军战斗中牺牲。

林亚野（1912—1948年） 海南崖县四区抱告村人。黎族。1946年参加琼崖独立纵队，后为琼崖纵队第五总队战士。1948 年春在定安县石壁乡（今琼海市石壁镇）与国民党军战斗中牺牲。

林亚献（1931—1949 年）　海南乐东县志仲乡保脱村（今保显农场）人。黎族。1949 年参加琼崖纵队，为第五总队战士。同年失踪。1981 年 8 月被乐东县人民政府追认为革命烈士。

林亚露（1926—1948 年）　海南乐东县山荣乡山荣村人。黎族。1947 年参加琼崖纵队，为第五总队战士。1948 年 3 月在崖县崖城战斗中牺牲。

林金监（1920—1943 年）　海南崖县四区球尾灶村人。中共党员。1939 年参加地下革命工作，1943 年参加琼崖抗日独立总队，曾任第四支队三小队队长。1943 年 6 月在临高县四行山战斗中牺牲。

林承俊（1920—1946 年）　海南崖县四区球尾灶村人。中共党员。1944 年参加琼崖抗日独立纵队第二支队南进队，曾任第二支队小队长。1946 年在感恩县黑眉村与国民党军战斗中牺牲。

林承惠（1922—1950 年）　海南崖县四区球尾灶村人。中共党员。1943 年参加地下革命工作，1946 年参加琼崖独立纵队，后任琼崖纵队第五总队连队指导员。1950 年上半年配合野战大军渡海作战，在儋县王五墟战斗中牺牲。

林恩墀（1928—1949 年）　海南崖县四区望楼港村人。中共党员。1944 年参加琼崖抗日独立纵队第二支队，后任第五总队副连长。1949 年在乐会县阳江据点与国民党军战斗中牺牲。

林朝安（1920—1945 年）　海南感恩县三区岭头村人。中共党员。1943 年 4 月参加琼崖抗日独立总队，曾任第二支队第三大队小队长。1945 年 9 月 3 日在感恩县感城麦家祠与日伪顽军战斗中牺牲。

林朝法（1920—1944 年） 海南感恩县三区白沙村（今属乐东黎族自治县尖峰镇）人。中共党员。1943 年参加琼崖抗日独立总队，曾任第二支队第三大队五中队小队长。1944 年 4 月在感恩县忘法岭与日军战斗中牺牲。

林朝辉（1928—1945 年） 海南感恩县三区白井村人。1943 年参加琼崖抗日独立总队，后为琼崖独立纵队第二支队第三大队八中队战士。1945 年 9 月 3 日在感恩县感城麦家祠与日伪顽军战斗中牺牲。

林熙伯（1920—1949 年） 海南崖县四区山脚村（今属乐东黎族自治县九所镇）人。1949 年参加琼崖纵队，为第五总队战士。同年在崖县九所被捕后遭杀害。

范永兴（1932—1946 年） 海南感恩县三区求雨村人。1944 年参加琼崖抗日独立纵队，为第二支队传令员。1946 年 7 月在感恩县老乌村战斗中牺牲。

范邦华（1911—1946 年） 海南感恩县三区青山村人。1941 年 6 月参加感恩县自卫队，后参加琼崖纵队第五总队，曾任班长。1946 年在丹村小学被捕，在佛罗村遭杀害。

范邦琼（1919—1945 年） 海南感恩县三区青山村人。1943 年参加琼崖抗日独立总队，为第二支队战士。1945 年 1 月在感恩县岭头村后沟与日军战斗中牺牲。

欧英祥（1918—1945 年） 海南感恩县三区白沙村人。1943 年 3 月参加琼崖抗日独立总队，为第二支队第三大队战士。1945 年 1 月在感恩县岭头村后沟与日军战斗中牺牲。

罗以林（1924—1949 年） 海南崖县四区抱旺村人。1947 年参加琼崖纵队，为第二支队南进队战士。1949 年在崖县黄流村与国民党军战斗中牺牲。

罗打通（1926—1950 年）　海南乐东县三平乡南昌村人。黎族。1948 年参加琼崖纵队，为第五总队战士。1950 年在崖县马岭剿匪战斗中牺牲。

罗亚光（1928—1949 年）　海南崖县四区抱岁村人。1946 年参加琼崖独立纵队，后为琼崖纵队第五总队战士。1949 年在昌江县与国民党军战斗中牺牲。

罗亚除（1930—1949 年）　海南乐东县大安乡昂外村人。黎族。1948 年参加琼崖纵队，为第五总队战士。1949 年在昌江县广坝战斗中牺牲。

罗兴法（1932—1949 年）　海南崖县四区秦标村人。1948 年参加琼崖纵队，为第五总队战士。1949 年在昌江县与国民党军战斗中牺牲。

罗树汤（1920—1950 年）　海南崖县四区抱旺村人。1947 年参加琼崖纵队，为第五总队战士。1950 年在崖县马岭剿匪战斗中牺牲。

罗树新（1914—1941 年）　海南崖县四区抱旺村人。1941 年参加地下革命工作。同年在崖县抱罗村（今属乐东黎族自治县尖峰镇）被敌人杀害。

罗亲荣（1902—1950 年）　海南崖县四区抱旺村人。1947 年参加琼崖纵队，为第五总队战士。1950 年在崖城剿匪战斗中牺牲。

周大恩（1907—1930 年）　海南崖县四区新联村（今属乐东黎族自治县利国镇）人。1928 年参加琼崖工农红军，后为琼崖红军独立师通信员。1930 年在崖城执行侦察任务时被捕，后遭杀害。

周大熙（1917—1949 年）　海南崖县四区塘丰村（今属乐东黎族自治县利国镇）人。1944 年参加琼崖抗日独立纵队，后任琼崖纵队第五总队四团连长。1949 年在昌江县广坝与国民党军战斗中牺牲。

周太贤（1911—1949 年） 海南崖县四区罗马村人。中共党员。1944 年参加琼崖抗日独立纵队，后为琼崖纵队第五总队战士。1949 年春在崖县九所与国民党军战斗中牺牲。

周业昌（1929—1949 年） 海南崖县四区九所村人。1947 年参加琼崖纵队，为第五总队战士。1949 年在崖县九所与国民党军战斗中牺牲。

周吉士（1917—1946 年） 海南崖县四区望楼港村人。中共党员。1939 年参加地下革命工作，曾任崖县藤桥乡乡长。1946 年在崖县藤桥被捕，后在崖县九所村遭杀害。

周亚县（1916—1946 年） 海南感恩县三区内昌村（今属乐东黎族自治县尖峰镇）人。1943 年参加革命工作，曾任乐东县黑眉村民主政权保长。1946 年 7 月在感恩县岭头村被杀害。

周光仁（1899—1946 年） 海南崖县四区望楼港村人。中共党员。1939 年参加地下革命工作，为望楼港民主政权工作人员。1946 年下半年在望楼港村被国民党军杀害。

周克光（1912—1943 年） 海南崖县四区乐罗村人。中共党员。1941 年参加地下党组织，曾任乐罗村党支部书记。1943 年在乐罗村黑皮坝为掩护革命同志而负伤牺牲。

周定其（1916—1947 年） 海南崖县四区风车田村（今属乐东黎族自治县利国镇）人。1946 年参加琼崖独立纵队，后为琼崖纵队第五总队战士。1947 年在乐东县番阳乡（今五指山市番阳镇）合口村与国民党军战斗中牺牲。

周保玉（1918—1949 年） 海南崖县四区抱岁村人。中共党员。1947 年参加琼崖纵队，曾任第五总队四团连长。1949 年在昌江县与国民党军战斗中牺牲。

周鸿才（1927—1947年） 海南崖县五区莺歌海村人。中共党员。1942年参加革命工作，为莺歌海至岭头运输工作人员。1947年上半年在莺歌海村被国民党军杀害。

郑月信（1918—1946年） 女。海南崖县五区莺歌海村人。中共党员。1944年在莺歌海村参加革命活动，后参加琼崖抗日独立总队，为第二支队第三大队九中队护士。1946年1月在感恩县尖峰与国民党军战斗中牺牲。

郑文泽（1918—1943年） 海南崖县五区莺歌海村人。1942年参加地下革命工作，曾任崖县海棠乡乡长。1943年在崖县被日军包围，在突围战斗中牺牲。

郑亚清（1925—1952年） 海南感恩县三区白井村人。1947年8月参加琼崖独立纵队，后为琼崖纵队第五总队战士，海南解放后为海南军区战士。随中国人民志愿军赴朝鲜参加抗美援朝作战，1952年4月在朝鲜战场失踪。1981年8月被乐东县人民政府追认为革命烈士。

郑全福（1926—1948年） 海南崖县四区望楼港村人。1948年1月参加琼崖纵队，为南进队战士。1948年下半年在崖县佛老村（今属乐东黎族自治县黄流镇）被国民党军杀害。

郑志明（1931—1949年） 海南崖县四区老郑村人。中共党员。1947年参加琼崖纵队，为第五总队战士。1949年在冲坡乡抱岁村执行任务时被国民党军杀害。

郑贵充（1912—1948年） 海南崖县五区莺歌海村人。中共党员。1941年在望楼港村参加革命工作，为中共崖县委征收员。1948年在冲坡乡红五村牺牲。

郑帝祥（1926—1946 年）　海南感恩县三区长安村人。1945 年 3 月参加琼崖抗日独立纵队，为南进队战士。1946 年 4 月在儋县与国民党军战斗中牺牲。

钟世成（1918—1944 年）　海南感恩县三区岭头村人。1943 年 2 月参加琼崖抗日独立总队，曾任第二支队第三大队班长。1944 年 5 月在感恩县白毛村战斗中牺牲。

俞贤儒（1920—1947 年）　海南崖县五区莺歌海村人。中共党员。1945 年在莺歌海村参加地下革命工作，后为崖县四五联区干事。1947 年在崖县红五村与国民党军战斗中牺牲。

冼永贵（1921—1949 年）　海南感恩县三区佛罗村人。1941 年参加地下革命工作，为丹岭乡地下交通员。1949 年 2 月在尖峰与国民党军战斗中牺牲。

冼永基（1922—1944 年）　海南感恩县三区佛罗村人。中共党员。1941 年参加地下革命工作，为佛罗村地下工作人员。1944 年在佛罗村执行任务时被捕牺牲。

洪也路（1929—1947 年）　海南乐东县志仲镇解放村人。1946 年参加琼崖纵队，为第五总队战士。1947 年在乐东县三平乡保班村失踪。1981 年 8 月被乐东县人民政府追认为革命烈士。

洪永昌（1915—1950 年）　海南感恩县三区拨南村（今属乐东黎族自治县尖峰镇）人。中共党员。1946 年参加琼崖独立纵队，为南进队战士。1950 年在海口市秀英码头被国民党军杀害。

洪亚乐（1923—1948 年）　海南乐东县永明乡坡拉村人。黎族。1947 年参加琼崖纵队，为第五总队战士。1948 年在崖县崖城战斗中牺牲。

院其英（1908—1943 年） 海南崖县五区赤命村（今属乐东黎族自治县黄流镇）人。1939 年 10 月参加地下革命工作，后参加琼崖抗日独立总队，为战士（其所在部队即后来的第五总队）。1943 年在感恩县白井村战斗中牺牲。

夏万儿（1931—1949 年） 海南崖县四区九所村人。1946 年参加琼崖独立纵队，后为琼崖纵队第五总队战士。1949 年春在崖县崖城与国民党军战斗中牺牲。

郭仁汉（1918—1945 年） 海南感恩县三区长流村（今属乐东黎族自治县佛罗镇）人。中共党员。1941 年 5 月在感恩县双沟村参加地下党组织，曾任双沟村抗日民主政府保长。1945 年 7 月在双沟村被日军杀害。

郭运良（1922—1946 年） 海南感恩县三区丹村人。中共党员。1944 年 6 月参加琼崖抗日独立总队，曾任第一支队挺进队小队长。1946 年在澄迈县一区战斗中牺牲。

郭泽仁（1915—1948 年） 海南感恩县三区青山村人。1943 年参加琼崖抗日独立总队，曾任班长（其所在部队为后来的第五总队）。1948 年 7 月在乐会县中原（今琼海市中原镇）战斗中牺牲。

郭泽良（1933—1948 年） 海南感恩县三区青山村人。1946 年 6 月参加琼崖独立纵队，后任琼崖纵队第五总队班长。1948 年 7 月在乐东县被敌人下毒害死。

郭秋福（1923—1946 年） 海南感恩县三区丹村人。1943 年 6 月参加琼崖抗日独立总队，曾任班长（其所在部队即后来的第五总队）。1946 年在白沙县老欧村战斗中牺牲。

高人利（1925—1946 年） 海南崖县五区赤桃村（今属乐东黎族

自治县黄流镇）人。1945 年参加革命，为崖县四区地下工作人员。1946 年在崖县黄流乡被国民党军杀害。

高人星（1928—1946 年） 海南感恩县五区赤桃村人。1943 年参加赤命民兵排，曾任民兵排排长。1946 年在感恩县战斗中牺牲。

高四黎（1925—1946 年） 海南崖县五区新村人。中共党员。1941 年参加新村青年抗日救国会，后参加琼崖独立纵队，为战士（其所在部队即后来的第五总队）。1946 年上半年在昌江县新联坡战斗中牺牲。

高亚石（1921—1949 年） 海南崖县四区冲坡村（今属乐东黎族自治县利国镇）人。1946 年参加琼崖独立纵队，后为琼崖纵队第五总队战士。1949 年在乐东县城执行任务时牺牲。

高亚黑（1929—1949 年） 海南感恩县三区葫芦门村（今属乐东黎族自治县尖峰镇）人。1944 年 2 月参加琼崖抗日独立总队，后任琼崖纵队第五总队三团二连副连长。1949 年 3 月在昌江县石碌与国民党军战斗中牺牲。

高亚雷（1917—1949 年） 海南感恩县三区风田村人。1944 年参加琼崖抗日独立总队，后为琼崖纵队第五总队战士。1949 年 5 月在崖县九所战斗中牺牲。

高亚翻（1912—1950 年） 海南乐东县福报乡只峨村人。黎族。1948 年参加琼崖纵队，为第五总队战士。1950 年在崖县九所战斗中牺牲。

高育成（1954—1978 年） 海南乐东县千家镇高园村人。黎族。1975 年参加中国人民解放军，曾任 53610 部队副班长。1978 年在保亭县执行任务时牺牲。

唐天祥（1900—1940 年） 海南崖县四区落马村（今属乐东黎族

自治县九所镇）人。黎族。1939年4月带领村里30多人，用粉枪、弓箭伏击60多名来龙浩地区扫荡的日军，打死日军2人，打伤2人，打响了乐东县黎族人民抗日的第一枪。1940年2月被日军抓获，在监狱中用砖头同日军搏斗而壮烈牺牲。

唐亚石（1921—1946年） 海南感恩县三区大台村（今属乐东黎族自治县尖峰镇）人。1943年12月参加琼崖抗日独立总队，为南进队战士。1946年6月在感恩县双龙公路战斗中牺牲。

容北生（1923—1945年） 海南感恩县三区佛罗村人。1943年6月参加琼崖抗日独立总队，为战士（其所在部队即后来的琼崖纵队第五总队）。1945年在白沙县牙雅村战斗中牺牲。

容亚峰（1910—1949年） 海南崖县四区茅坡村人。1943年参加琼崖抗日独立总队，后为琼崖纵队第五总队战士。1949年在昌江县保桥村与国民党军战斗中牺牲。

容焕乐（1918—1946年） 海南崖县四区乐罗村人。1941年参加琼崖抗日独立总队，为第二支队战士。1946年在白沙县大坡乡与国民党军战斗中牺牲。

黄亚下（1930—1948年） 海南乐东县志仲镇龙林村人。黎族。1947年参加琼崖纵队，为第五总队战士。1948年在乐东县千家乡青岭仔战斗中牺牲。

黄亚位（1930—1945年） 海南感恩县三区岭头村人。1945年参加感恩县三区抗日民主政府常备班，为战士。同年9月3日在感恩县感城麦家祠战斗中牺牲。

黄亚苦（1926—1945年） 海南感恩县三区山道村人。1945年参加琼崖抗日独立纵队，为第二支队第三大队八中队战士。同年9月3

日在感恩县感城麦家祠战斗中牺牲。

黄克东（1918—1944年）　海南感恩县三区白沙村人。1943年参加琼崖抗日独立总队，为第二支队第三大队战士。1944年5月在白沙县海星村战斗中牺牲。

黄吴监（1918—1946年）　海南崖县四区望楼港村人。中共党员。1938年下半年参加地下革命工作，为崖县望楼港村征收员。1946年上半年在望楼港村征收时被国民党军杀害。

黄贤仍（1928—1948年）　海南崖县四区新民村（今属乐东黎族自治县利国镇）人。1947年参加琼崖纵队，为第五总队战士。1948年在感恩县八所（今东方市八所镇）东沙公路战斗中牺牲。

盛水发（1923—1946年）　海南感恩县三区新丰村人。中共党员。1943年11月参加琼崖抗日独立总队，为第二支队战士。1946年5月在琼山县李羊桥战斗中牺牲。

盛母申（1896—1946年）　女。海南感恩县三区新丰村人。1942年11月参加革命工作，为新丰村接济工作人员。1946年11月在新丰村被国民党军杀害。

符亚木（1907—1947年）　海南感恩县三区山道村人。1939年在山道村参加革命工作，为山道、黑眉交通员。1947年下半年在感恩县长安村被捕遭杀害。

符亚日（1925—1949年）　海南感恩县三区山道村人。1943年参加琼崖抗日独立总队，后为琼崖纵队第五总队战士。1949年5月在崖县九所战斗中牺牲。

符亚玉（1929—1949年）　海南乐东县山荣乡光明村人。黎族。1946年参加琼崖独立纵队，后为琼崖纵队第五总队战士。1949年在崖县九所战斗中牺牲。

符亚龙（1929—1946 年） 海南乐东县志仲镇道孔村人。黎族。1946 年参加琼崖独立纵队，为战士（其所在部队即后来的琼崖纵队第五总队）。同年在乐东县三平乡保班村战斗中牺牲。

符亚成（1926—1948 年）海南感恩县三区水马田村人。1947 年 8 月参加琼崖纵队，为第五总队战士。1948 年 8 月在陵水县光岭战斗中牺牲。

符亚红（1920—1945 年） 海南感恩县三区沙漠村人。1945 年 4 月参加琼崖抗日独立纵队，为战士（其所在部队即后来的琼崖纵队第五总队）。同年在感恩县双沟乡被国民党杀害。

符亚红（1919—1948 年） 海南乐东县抱由乡番豆村人。黎族。1947 年参加琼崖纵队，为第五总队战士。1948 年在陵水县光岭战斗中牺牲。

符亚寒（1923—1944 年） 海南崖县五区赤命村人。1943 年参加琼崖抗日独立总队，为战士。1944 年在感恩县北黎乡与日军战斗中牺牲。

符亚赞（1930—1949 年） 海南乐东县福报乡人。黎族。1948 年参加琼崖纵队，为第五总队战士。1949 年失踪。1981 年 8 月被乐东县人民政府追认为革命烈士。

符李富（1927—1948 年） 海南感恩县三区青山村人。中共党员。1942 年 6 月参加琼崖抗日独立总队，后为琼崖纵队第五总队战士。1948 年在乐会县中原战斗中牺牲。

符陈福（1908—1944 年） 海南崖县五区莺歌海村人。1944 年参加琼崖独立纵队，为第四支队战士。同年下半年在儋县战斗中牺牲。

符国拨（1920—1942 年） 海南崖县五区莺歌海村人。中共党员。

1940 年参加莺歌海党支部工作，后任中共崖县五区委书记。1942 年在佛罗乡新安村被国民党杀害。

符易华（1916—1948 年）　海南感恩县三区青山村人。中共党员。1943 年参加琼崖抗日独立总队，后任琼崖纵队第五总队班长。1948 年 7 月在陵水县光岭战斗中牺牲。

符绳光（1923—1947 年）　海南感恩县三区丹村人。1943 年 6 月参加琼崖抗日独立总队第二支队，曾任第二支队司务长。1947 年在尖峰乡葫芦门村执行任务时被捕牺牲。

符德才（1910—1940 年）　海南崖县四区乐罗村人。1937 年参加地下革命工作，1940 年在崖县黄流村被日军杀害。

符德诗（1916—1948 年）　海南崖县四区乐罗村人。中共党员。1944 年参加琼崖独立纵队，后任琼崖纵队第五总队连长。1948 年秋在定安县与国民党军战斗中牺牲。

梁其英（1919—1945 年）　海南感恩县三区白沙村人。1944 年 5 月在感恩县参加革命工作，1945 年 9 月在感恩县感城麦家祠战斗中牺牲。

彭莲旧（1920—1945 年）　女。海南崖县五区莺歌海村人。1944 年参加琼崖抗日独立纵队，为第二支队第三大队看护长。1945 年 9 月 3 日在感恩县感城麦家祠与日伪顽军战斗中牺牲。

温洪（1921—1946 年）　海南感恩县三区丹村人。中共党员。1943 年 6 月参加琼崖抗日独立总队，为第二支队战士。1946 年在感恩县风田村战斗中牺牲。

温亚四（1925—1948 年）　海南感恩县三区丹村人。1943 年参加琼崖抗日独立总队，后为琼崖纵队战士。1948 年 7 月在陵水县光岭战斗中牺牲。

曾学江（1923—1946 年）　海南感恩县三区丹村人。中共党员。

1943 年参加琼崖抗日独立总队，为第二支队南进队战士。1946 年在崖县梅东村战斗中牺牲。

曾治和（1913—1948 年） 海南感恩县三区丹村人。1943 年 10 月参加琼崖抗日独立总队，后为琼崖纵队第五总队通信员。1948 年在乐东县扫水村战斗中牺牲。

谢上万（1926—1947 年） 海南感恩县三区丹村人。1943 年 10 月参加琼崖抗日独立总队，为第二支队战士。1947 年在崖县红岸村被叛徒杀害。

谢上宽（1918—1946 年） 海南感恩县三区丹村人。1944 年 6 月参加琼崖抗日独立总队，为第二支队战士。1946 年在儋县那大镇战斗中牺牲。

谢上彬（1916—1946 年） 海南感恩县三区丹村人。中共党员。1943 年 6 月参加琼崖抗日独立总队，为第二支队司务长。1946 年在崖县被捕后遭杀害。

谢上谦（1919—1946 年） 海南感恩县三区丹村人。中共党员。1941 年 6 月参加地下党组织，为感恩县三区地下工作人员。1946 年在丹村被国民党反动派杀害。

蔡运木（1915—1947 年） 海南崖县四区乐罗村人。1942 年参加琼崖抗日独立总队，曾任第二支队别动队小队长。1947 年在儋县与国民党军战斗中牺牲。

蔡胜彬（1919—1948 年） 海南崖县四区四所村（今属乐东黎族自治县九所镇）人。1945 年参加琼崖抗日独立纵队，后为琼崖纵队第五总队战士。1948 年在乐东县千家乡星岭仔战斗中牺牲。

廖世护（1927—1948 年） 海南崖县四区官安村人。1947 年参加琼崖纵队，为第五总队战士。1948 年在万宁县与国民党军战斗中牺牲。

谭石养（1922—1945 年）　海南崖县四区望楼港村人。中共党员。1945 年在中共崖县委任公务员，后参加琼崖抗日独立纵队，曾任第二支队第三大队七中队班长。同年在尖峰乡岭头公路截击日军战斗中牺牲。

黎天搏（1925—1949 年）　海南崖县四区抱架村（今属乐东黎族自治县利国镇）人。1947 年参加琼崖纵队，为第五总队六团二营二连战士。1949 年在文昌县（今文昌市）与国民党军战斗中牺牲。

黎亚书（1936—1952 年）　海南乐东县千家镇抱平村人。黎族。1949 年参加琼崖纵队第五总队，后为海南军区战士。1952 年在白沙县头壁村抓国民党空降特务时于战斗中牺牲。

黎亚就（1926—1949 年）　海南乐东县千家镇抱平村人。黎族。1947 年参加琼崖纵队，为第五总队战士。1949 年 5 月在崖县九所与国民党军战斗中牺牲。

颜斌（1907—1946 年）　海南崖县四区乐罗村人。中共党员。1937 年参加地下革命工作，后参加琼崖独立纵队，曾任第二支队小队政治服务员。1946 年在白沙县被国民党军杀害。

颜世养（1917—1943 年）　海南崖县四区乐罗村人。1941 年参加琼崖抗日独立总队，为第二支队战士。1943 年在感恩县黑眉岭战斗中牺牲。

颜绍希（1923—1949 年）　海南崖县四区乐罗村人。1947 年参加琼崖纵队，为第五总队战士。1949 年在感恩县北黎与国民党军战斗中牺牲。

潘世珍（1907—1943 年）　海南感恩县三区丹村人。1943 年 10 月参加琼崖抗日独立总队，为第二支队战士。同年在崖县崖城执行任务时牺牲。

大事记

1927 年

7 月　陈文光领导莺歌海渔民协会开展抗捐、抗税斗争。

8 月　陈垂斌被中共琼崖特委任命为特派员，到崖县等地指导工作。

秋　林吉祥在球尾灶村组织成立球尾灶农（渔）民协会（后改称农民赤卫队），建立农民武装，入会农渔民 246 人，编成 1 个武装大队 22 个小队，林吉祥任大队长。

11 月　中共广东省委派杨殷来琼崖，召开琼崖特委扩大会议，传达广东省委"八七"会议指示，决定发动琼崖各县暴动，建立乡村苏维埃，开展土地革命。会议改选了特委，王文明任书记，罗文淹任组织部部长，陈垂斌任宣传部部长。

冬　陈王裕潜回秦标村，秘密组织农民武装。该武装队伍有 100 多人和几十支枪。

是年　林吉祥在球港地区开展武装斗争和农民运动。

是年　陈文光领导的莺歌海渔民协会发动群众抗捐、抗税，反抗渔霸和土豪劣绅的压迫剥削，有力地打击地方反动势力。

1928 年

1 月至 2 月　崖县保平、港门党支部的共产党员吴秉明、何绍尧等秘密到球尾灶村，会同林吉祥，联系秦标村陈王裕，策划发动秦标村农民武装起义。陈王裕被杀害，起义失败。

8月　陈垂斌带领4名中共党员从陵水县苏维埃政府潜回乐罗村开展革命活动。

年底　从琼东地区潜入崖西地区的共产党员陈忠、王国良、林六叔、陈天儒、陈名楷、李永才、林绍宽、郑昌凤等在莺歌海、佛罗一带，以行医等为掩护，开展革命活动。

1929 年

3月　陈文光等创办丹村青年互助会，陈洪、陈开彭、王文光等进步青年加入互助会，陈洪为主任，陈开彭、王文光为副主任。

5月4日　丹村青年互助会改为丹村农民协会，骨干人员发展到50多人，陈洪为农会主席，王绍传、陈开彭为农会副主席。

秋　共产党员林克泽从感恩县潜入莺歌海，与潜入莺歌海地区的共产党员李永才、符经龙、陈忠、陈名楷、王国良、林六叔、陈天儒等联系，有组织地开展地下活动。

冬　陈文光、陈世德领导莺歌海渔民协会，带领2000多名渔民反盐捐抗渔税，打死盐警16人，生擒盐警4人，缴获长短枪17支及弹药一批。

冬　中共党员林克泽到莺歌海村一带活动。

年底　林克泽、陈文光、陈世德和崖一区何赤等人到乐罗村，联系陈垂斌，开展革命活动。

1930 年

春　中共琼崖特委特派员王白伦派中共崖三区委农会主席蒙传良

到莺歌海找林克泽，传达特委的指示：一是正式成立莺歌海党支部，恢复在莺歌海的党员的组织生活；二是迅速把当地的积极分子（青年渔工）吸收入党；三是迅速恢复崖西各地党支部；四是恢复感恩、昌江、儋县的党组织，便于从西路同琼崖特委联系。

春　林克泽召集来自琼山、文昌、万宁等地的党员陈忠、陈名楹、李永才等 11 位同志开会，讨论决定成立中共莺歌海党支部，林克泽为党支部书记，陈忠为组织委员，陈名楹为宣传委员。

3 月　莺歌海党支部根据陵崖县委的指示，建立了一支以陈文光、陈世德为首的莺歌海游击队。

是年　以佛罗林贤振为首的反动势力在白沙村将丹村农会领导人陈洪、陈开彭和农会骨干陈开泰、王尤祯残忍杀害，制造了骇人惊闻的白沙惨案。

是年　莺歌海党支部党员刘礼本、俞贤儒受党组织的委派，参加了琼崖第三次工农兵代表大会。

1931 年

2 月　莺歌海党支部林克泽、陈文光、陈世德、张�赤、李一匡等人以走私漏税为由，将来莺歌海收账的国民党民团团长、奸商周德辉抓起来，并罚 800 块光洋，用以购买武器，武装游击队。

2 月　王鸣亚派人来莺歌海搜捕包围陈文光家并纵火，在崖西区委的帮助下，陈文光等 3 人趁机冲出包围。丹村农会武装 50 多人闻讯赶到村外接应，助陈文光等人安全脱险。

5 月　陈文光领导的游击队在陈垂斌所率农民武装的配合下，攻打莺歌海村的吴多堂反动民团。

秋初 林克泽、陈文光、陈世德带领游击队在黄流一带活动，抓住了抱由恶霸王那统，要他交出 10 万块光洋、6 支驳壳枪。王鸣亚派人到黄流关公庙包围游击队，游击队奋力抵抗，夜间突围，撤退到金鸡岭。崖西区委决定由林克泽等带领游击队队员撤往望楼港，陈文光、陈世德、陈忠带队撤往丹村、佛罗，开展游击活动。

秋 中共崖西区委在莺歌海正式成立，林克泽任书记，委员有陈名楹、陈忠、吴秉明、陈文光、陈世德。

秋 陈垂斌在乐罗村组建特别队，至年末特别队发展到 100 多人。建有 16 个岗楼，有长短枪几十支。

10 月 陵水县和崖县合并，在仲田岭成立中共陵崖县委，书记为王克礼，下属区委为：崖三区委，崖西区委，陵水东、西、南、北、中区委。

11 月 王鸣亚纠集兵力 2000 多人"围剿"陵崖县委驻地仲田岭革命根据地，莺歌海党支部的党员刘礼本不幸牺牲。

冬 崖西区委派吴秉明到崖城向地下党组织传达营救被国民党关押在崖城监狱里的几十位同志的指示，营救取得成功。

12 月 崖县初级中学学生孙恢尧开始在《崖中校刊》等刊物上发表作品，先后发表《国难歌》《救国歌》《救亡歌》《中日的生死交换》《宁粤和议与中国目前局面》《中国青年今后应持何种态度才能战胜环境》《改良乡村教育之我见》等抗日救国歌曲和文章。

是年 林克泽指派吴秉明、王毓桂建立了一条从崖县藤桥、仲田岭经崖县一区红塘、港门、角头、望楼港、莺歌海，直往琼崖特委的西路地下交通线，使崖西党组织得以及时和上级党委取得联系。

1932 年

春　陈垂斌给中央写了一封密信，信的内容主要是对琼崖当时肃反工作提出不同意见，认为过火。

春　林克泽、陈文光、陈世德带领游击队再次攻打以吴多堂为首的莺歌海反动民团。

7月　琼崖特委派一批中共党员到昌江、感恩、崖县一带，开拓新区工作。

12月20日　中共陵崖县委书记王克礼在陵崖地区反"围剿"战斗中不幸中弹牺牲。王克礼牺牲后，由张开泰主持陵崖县委的全面工作。

1933 年

年初　陵崖革命根据地的反"围剿"斗争受挫。陵崖县委派林诗耀到崖西，会同崖西区委书记林克泽（驻莺歌海）考察崖西区的斗争形势后，返回仲田岭革命根据地，与张开泰、林豪（林鸿蛟）研究县委转移和斗争事宜。

2月　国民党陈汉光部上校团长陈玉光（团部驻在望楼港村）率领第三团联合王鸣亚的民团几百人包围乐罗村，企图抓捕陈垂斌并消灭乐罗农民武装。陈垂斌等9位名干部突围，撤往红五田汉村，陈垂斌在同陈玉光部、王鸣亚反动乡团的战斗中受伤被捕，于当年3月9日被敌人用毒药毒死，时年33岁。

3月　中共陵崖县委决定，将从仲田岭苏区撤来崖西的红军与莺歌海地区的游击队，编成中国工农红军琼崖独立师崖西第五连，任命陈文光为连长，陈世德为副连长，林豪（林鸿蛟）为指导员。红五连共有100多人，分3个排，据点设在金鸡岭。同时，发表成立宣言。

春末　共产党员陈家光、陈忠、徐应龙在佛罗秘密开展党的工作，发展张光远、史贻鸿入党。

春夏间　林克泽、陈文光、陈世德带领红五连袭击一艘王鸣亚在望楼港的走私船，缴获步枪 14 支、左轮枪 2 支、铜炮 6 门、光洋 200 多块、鸦片 40 多箱及陶瓷一批。

春夏间　国民党陈汉光部的一个营和王鸣亚的一个连包围丹村港，企图消灭红五连。红军奋起抗击，林克泽、陈文光、陈世德带领队伍趁机向敌人发起了冲锋，敌人被迫撤走。丹村港战斗共毙伤敌人 30 多人，缴获一批武器。

夏　成立中国共产党佛罗村党支部，陈家光任书记。该党支部秘密建立了一条地下交通线：佛罗—丹村—青山—岭头—尖峰。

冬　国民党陈汉光部对红五连根据地和游击区进行"围剿"，因环境恶劣，中共陵崖县委解体，党员干部分散潜伏。

1934 年

春　为保存力量，崖西区委根据陵崖县委的指示，将红五连化整为零，分散队伍，潜伏到陵水县的六弓峒、崖县的莺歌海和望楼港以及感恩县的新村和板桥等地，以职业为掩护，继续进行隐蔽斗争。

春　琼崖特委派符明经、李汉、王业熹、冯安全来新村坜找到林克泽、张开泰、林诗耀、林豪（林鸿蛟）等，开展秘密联络活动。

4 月　莺歌海小学的全体师生闹学潮，抗议国民党政府的教育制度。

5 月　根据琼崖特委指示，在儋县成立中共琼崖西南临时委员会（1935 年底解散），书记为符明经，组织部部长为李汉，宣传部部长为王业熹，委员有林克泽、冯安全等。西南临委的任务是以尖峰岭、莺歌海为根据地，以各种职业为掩护秘密活动，使昌江、感恩、崖县等县党的工作恢复起来。

5 月　中共琼崖南区地方组织在尖峰岭、莺歌海等地秘密恢复党的基层组织，开展农民革命活动。

12 月 30 日　在莺歌海党支部书记陈人芬的领导下，渔民群众再次发起了对国民党腐败政府的抗捐抗税斗争，当场打死 4 名盐警。

1935 年

1 月 8 日　广东省政府内政部转呈行政院核准，设立白沙、保亭、乐安三县，将乐安、多涧、抱善、抱杠、龙鼻、潭寨、多港、头塘、万冲、番阳划出成立乐安县，县府设在乐安城瑞芝山下 (今乐东黎族自治县农科所境内)。

9 月　因乐安县与江西省乐安县同名，广东省国民政府决定将乐安县改名为乐东县。

是年　陈汉光部实行"剿抚兼施"的政策，在白沙、保亭、乐东三县推行反动的"保甲"制度。

1936 年

春　琼崖特委派杨启安到儋县、昌江、感恩等地工作，不久重建西南临委，杨启安为书记。

夏　陈世德、吴秉明、陈人芬到昌江县新街镇听取林克泽传达贯彻《八一宣言》，准备武装力量进行抗日。之后，他们在望楼港、球港、莺歌海等地组织抗日读书会、抗日同志会和抗日宣传队。

6 月　中共地方组织在乐东县各地开展停止内战、团结抗日救国的政治主张宣传。

9月 望楼港、球港、莺歌海等地组建抗日读书会、抗日同志会。

秋 中共佛罗村党支部书记由史贻鸿接任。中共西南临委成员陈克文到佛罗活动时，佛罗党支部才和上级党组织接上关系。

秋 琼崖特委指定刘秋菊、林茂松、陈世德、吴秉明负责崖县党的工作，为了加强准备抗日武装力量，由吴秉明、何绍尧配合陈世德，迅速做好恢复红五连的工作。

冬 琼崖特委派刘秋菊、林茂松到崖西地区开展恢复党组织和武装斗争工作。

年底 中共琼崖特委派刘秋菊、林茂松等来莺歌海开展党的工作。

1937 年

2月 莺歌海第四高级小学师生在共产党员李大和的领导下掀起了学潮活动，强烈要求减轻学费，反动校长孙鉴南下令开除进步学生何如愚（何继芳），后崖县国民党政府因形势所迫派员调处，恢复了何如愚的学籍，减轻了学费。

春 林吉进、林志超等人到望楼港、老郑村、抱岁村、秦标村，发动群众开展抗日救亡运动。

9月 由陈世德、李大和等发起，成立莺歌海抗日救亡会，张开芳任主任，郑文泽负责组织工作。

秋 崖县共产党员陈英才、林庆墀等，与从西路来的史丹，莺歌海的陈世德、李大和，在黄流召开抗日救亡运动会议，宣传党的抗日民族统一战线政策。

冬 在崖县中学读书的崖西进步青年学生陈国风、林吉进、陈亲芬加入中国共产党，并成立崖县中学党支部，陈国风为党支部书记。

1938 年

2月　进步青年林吉祥奔赴革命圣地延安，进入抗日军政大学学习。

春夏间，林吉进在球港村带领进步青年林吉典、林志超、林志兴等成立抗日读书会，开展抗日宣传。

夏秋间　史丹到莺歌海组织抗日宣传队，宣传党的抗日主张，发动青年参军参战。抗日宣传队的活动范围扩大到香山、丰塘、新村、老孔等村庄。

秋　成立中共崖县委，叶云夫任县委书记。

冬　中共崖县委书记叶云夫到球港、望楼港等村发动群众开展抗日救亡运动。

1939 年

春　党组织派陈忠、符家善等深入尖峰山区的黑眉、田沟、凤田村等地开展抗日救亡宣传活动。

2月　黑眉地区 300 多名青年在地下党的组织下，成立抗日游击队。

春　成立莺歌海青抗会。

春　共产党员陈世德到新村建立新村抗日游击队，陈侯任队长，邢福义任副队长。不久，游击队抓获反动乡长陈锡华，缴获长枪 15 支。

春　在崖县中学读书的佛老村人、国民党员邢诒壮回乡，与林葆杰等人，发动青年组建崖县抗日游击第二中队，林葆杰为中队长，邢诒壮为指挥员。

3月18日　深夜，驻崖城、九所的日军出重兵包围乐罗村，杀死无辜农民群众63人，制造了乐罗"3·18"血案。

3月　中共崖县委书记叶云夫到莺歌海开展抗日斗争活动，发展一批党员。同时恢复了莺歌海党支部，书记为陈道平，何如愚、王良史分别为组织委员、宣传委员。

3月　共产党员王伯、王洪受党组织指派回家乡丹村开展抗日救亡活动，成立丹村青抗会。

4月　中共崖四区工委在球尾灶村林吉进家成立，区工委书记为陈国风，委员为林吉进、陈亲芬。

4月　日军60多人向九所龙浩山区侵犯，被落马村黎族青年唐天祥率领30多名猎手伏击。此战打响了崖西地区黎族同胞抗日第一枪，毙伤日军4人。

5月　王伯在丹村组织建立佛罗抗日游击中队，自任中队长。

6月30日　日军入侵黄流地区，由陈世德、李大和领导的莺歌海抗日游击队联合陈曼夫、黎家亚的2支国民党抗日游击队，在木头园村伏击日军，击毙指挥官江波户和宫泽二等10多名日军，击毁军车2辆。事后，木头园村遭日军报复被烧毁，18名老百姓被活活埋在水井里。

7月　陈世德、李大和领导的莺歌海抗日游击中队，王伯领导的佛罗抗日游击中队，联合陈曼夫、陈俄双等领导的国民党游击队，以及当地群众1000多人围攻日军黄流司令部，打死打伤日军多人，击毁军车2辆。

下半年　中共党组织在昌感三区（今属尖峰、佛罗）成立民族抗日指挥部，兵力1000余人。总指挥为李开兴，副总指挥为陈忠，参谋长为陈人忠。每个村设立1个分团，共9个分团。

10月　中共崖县委将莺歌海、新村抗日游击队合编为莺歌海抗日游击中队，陈世德为中队长。

10月　昌感三区委书记黄世林到红水沟村、岭头村等地开展工作，成立岭头党支部，党员有孙炳昌、石惠逢等。

10月　在张应桓的指导下，红水沟村青抗会改组为76人的抗日武装中队，黄运秀为中队长。

秋　日军侵琼后，强行使用日币，造成通货膨胀。中共崖四区工委书记陈国风经中共崖县委同意，同国民党崖四区政府商议，由陈国风起草，以政府名义发表《维持国币告全区人民书》，号召人民抵制日币、日货，维护国币，开展抗日斗争。

11月　在乐罗村陈氏二甲祠堂成立中共乐罗村党支部，陈明纲任支部书记。

12月　中共崖县委派陈国风、林吉进、陈亲芬回崖四区开展抗日活动。

年底　中共崖四区委在望楼港建立了梅山—望楼港—莺歌海—昌感（西南临委）的交通联络线，便于及时向上级汇报情况和接受任务。

是年　感恩县共产党员王廷俊潜入佛罗地区组织群众进行抗日活动。

1940 年

年初　崖西地区各村党组织发动人民群众开展"一人一弹"募捐运动，广大人民群众踊跃捐献，有些群众甚至卖田、卖牛支援前线抗日。

春　中共崖县委在崖西沿海地区（今乐东黎族自治县境内）成立抗日游击队，有80多名青年参加。

春　在球尾灶村成立中共球尾灶村党支部，林吉进任支部书记。

春 抱善事件发生：陈世德领导的抗日中队接受王鸣亚的命令，开进抱善崖县国民党政府和游击指挥部驻地。王鸣亚拘押了陈世德、李大和与周光仁，出兵包围第四中队，强行缴械，撤销陈世德的中队长职务，解散第四中队。

2月 日军为了报复军旗被烧事件，出动200多名兵力包围乐罗村，杀害无辜群众195人，制造乐罗惨案。接着，日军又包围了抱旺村，烧毁民房近百间，杀害平民数人。

4月 为适应崖四区抗日斗争形势的发展，中共崖四区工委改为中共崖四区委，陈国风任书记，林吉进、陈明纲、颜斌任委员。

夏 中共崖四区委在望楼港、球港、老郑村等村庄动员30多名男青年参加抗日队伍，并号召广大群众捐献现金、衣服、被褥、医药品等物资支援抗日部队。

5月 中共琼崖特委决定撤销西南临委，恢复组建昌感县委，书记为陈克文，副书记为赵光炬。

5月 中共地方组织在黑眉地区创建抗日民主根据地。

6月 为支援抗日，沿海地区的抗日民主政府从下半年起开展税收工作，根据每一条船的载货量决定交税额，税额有50元的，也有100元以上的。

7月 中共莺歌海党支部派陈泽元、陈开芳、冯本秀等人到澄迈县美合琼崖公学学习。

8月 中共崖县委组织部部长陈英才在乐东县志孟村进行革命活动时染疾逝世，时年46岁。

9月 成立中共崖五区（今黄流、莺歌海、佛罗一带）区委，符国拔为书记，委员有陈道平、王良史、何施仁等人。

10月　成立红水沟党支部，邢诒章任书记。

12月　中共崖县委派孙有华、陈虞到崖四区罗马村开展抗日救亡和发展党组织工作，建立罗马村党支部，纪学明任党支部书记。

是年　中共崖四区委的交通站设在球港村林志超家。

1941 年

春　中共崖四区委书记陈国风因工作调动，由林吉祥接任中共崖四区委书记。

3月　中共昌感一三联区（三区即今佛罗、尖峰）办事处成立，办事处主任王康宁，区委书记吉向荣，委员张睦群。

3月　张睦群、邢诒丰受党派遣到黑眉地区发展党组织，成立黑眉村党支部，麦华清任书记，麦亚恳负责组织工作，方玉雄负责武装工作。

3月　党组织派李大和、吴启坤、陈南养在香山村生擒国民党中队长王良贤，缴获短枪3支。

4月　成立黑眉青抗会，麦亚恳为主任。

5月　中共香山村党支部成立，书记为吴道南；望楼港村党支部由林吉进和林志超组建，何庆安为支部书记；球港村成立青抗会，林吉申为主任。

6月　成立黑眉武装民兵抗日中队，有50多人，中队长为方玉雄。尔后，成立黑眉村抗日民主政权。

7月　中共崖县委派张玄、黄克民到丹村组建中共丹村党支部，石雄飞任支部书记。

8月　琼崖抗日独立总队第三支队队长张开泰派陈世德潜回崖县

双沟村进行抗日活动，由于汉奸告密，陈世德遭日军包围，不幸中弹牺牲，时年 33 岁。

8 月　琼崖独立队第三支队进入黑眉革命根据地。

夏秋间　中共崖五区委书记符国拔赴长安村参加崖县委会议，在返程途经新安村时被国民党反动派杀害，时年 24 岁。

秋　莺歌海共产党员王护鸿被叛徒出卖，在黄流日军司令部被日军杀害。

9 月　琼崖抗日独立总队第三支队 300 多名指战员在支队长张开泰的率领下，到达崖西部黑眉岭抗日根据地。

9 月　日军纠集 2000 人分五路扫荡黑眉，琼崖纵队游击队员利用地形，与日军激战 7 个昼夜，击毙、击伤日军 200 多人。大队长陈永泰和中队长林天民在战斗中壮烈牺牲。

冬　日军从岭头、佛罗出动兵力 40 多人向黑眉抗日根据地进犯，西北团团长邢亚理带领西北团各村民兵 200 余人分四路埋伏，共打死打伤日军 10 多人。

1942 年

年初　日军在各地捕杀抗日人员，新丰村党支部书记邢福时被日军抓捕杀害。黑眉根据地军民开展了"坚壁清野"的斗争。

春　林吉进在望楼港东边的黑皮坝组织召开崖四区委会议，由于汉奸告密，被驻九所的日军包围，区委委员周克光在突围时中弹牺牲。

春　在丹村成立丹青乡抗日民主政权，王洪任乡长，石器杰任副乡长。同时成立乡政府抗日自卫队，陈清魁任中队长，谢上卿任指导员。

5 月至 6 月　陈明纲、林庆瑚带领锄奸队深入敌后铲除汉奸，先后除掉乐罗村的林承辉、施世瑚、周亚三、陈荣光，田套村的周建山，荷口村的关保。中共地方抗日武工队在乐罗、莺歌海等地枪决一批汉奸，为民除害。

夏　成立老郑村党支部，书记为郑邦炯，委员为王郑墀、陈玉成、关绪进。将抱岁村党员并入老郑村党支部。

夏　成立青山党支部，陈有金任支部书记。

夏秋间　驻九所日军在伪青年团的协助下包围抱岁村，共产党员王郑墀、陈玉成被捕，在日军的严刑拷打下，他们宁死不屈，英勇就义。

8月　党组织为了巩固尖峰岭周围的抗日根据地，将昌感三区民族抗日总团改为西南团和西北团（乡建制）抗日民主政权。西南团团长陈人壮，副团长李育清、陈太祥，指导员陈忠，书记何如愚。西北团团长邢亚理，副团长王凤国，书记符家善。

秋　崖县委派吴清尧、陈侃等带领驳壳班袭击日军设在莺歌海与新村交界的三井行，缴获一批物资。

秋　黄克民、王洪、石雄飞、温洪等在求雨村发展陈河玉等5人入党，成立求雨村党支部，陈河玉任书记。同时，成立村农会，主席为陈清标；成立青抗会，主任为陈清熙。

10月　成立新英乡民主政府，郑文泽任乡长，陈清槐任副乡长。重新组建新英乡党总支部，陈斗平任书记，王良史为组织委员，吴多坤为宣传委员。

10月　在新丰村成立海塘乡抗日民主政府。

10月　成立新英乡群众抗日联合会，陈侃任主任。

10月　设立新英乡交通总站以及红水沟、长安、新丰、望楼港等交通联络站，何如愚任交通总站站长，邢谷伍、周东豪、周东洪等为交通员。

冬　驻黄流日军 80 多人包围球港村，中共崖四区委书记林吉进在突围战斗中壮烈牺牲。林志超继任崖四区委书记，区委委员为周逐成、林吉申（兼任球港支部书记）。

冬　中共崖县委书记叶云夫到崖县四区检查指导工作，并慰问烈士林吉进亲属。

冬　张睦群、王洪、石雄飞、温洪到新安村活动，发展石英运等 5 人入党，并成立新安村党支部和群众抗日组织。石英运任书记兼青抗会主任，石良善任农会主席，石焕英任妇救会主任。

冬　中共昌感县委按琼崖特委巡视团提出适当调整县委成员工作的建议，调整县委成员工作，陈克文任县委书记，赵光炬任政府党团书记，赵郑农任组织部部长，陶文光任宣传部部长，吉鲁汉为县委委员兼民运部部长。

12 月　县常备队队长王伯在岭头村、葫芦门村侦察敌情，被日军抓捕，押往黄流日军司令部杀害。

年底　莺歌海党支部负责人刘城堂、吴清尧调走，由吴坤炽接任。

是年　乐东沿海各地为了抗日开展"一人一弹"运动。中共老郑、青山、求雨村党支部先后建立，并成立了中共海塘乡总支。

1943 年

年初　日军调动黄流、佛罗、岭头 3 个分遣队约 300 人，向黑眉村进行大"扫荡"。黑眉民兵武装中队配合昌感崖联合县一三联区的武装常备队把守各路隘口，埋地雷、布竹签、装冷箭、放粉枪，阻击日军，使日军不敢进犯。

春　琼崖抗日独立总队第二支队在符振中率领下南进昌、感、崖、乐地区，开辟新的游击区。

春　中共陵崖保乐边区工委成立，书记为王浩。

春　中共崖四区委书记林志超在球港村组织一支锄奸队，林志超兼任队长。锄奸队在望楼港等地偷袭日军和开展锄奸。

春　崖四区委在球港、乐罗、望楼港党组织中成立情报小组，球港组组长为林吉申，望楼港组组长为何庆安，乐罗组组长为吴志刚。情报人员出没在日伪地区，传递敌情。

2月　7日，李大和带领募捐工作队到新丰村开展募捐活动。8日早上7点在张凤母家做客，被日军包围在茅草房里。9日，中共崖县区委组织部部长李大和等11名党员干部壮烈牺牲。

3月　根据琼崖特委指示，撤销了陵保临时工委，在五弓大筒正式成立陵崖保乐边区办事处（边区政府）和边区推销处（边区党委）。办事处主任张开泰，副主任林泉；边区推销处书记王浩，委员张开泰、林泉。

5月　周东豪、邢诒才、陈人才、盛家贯被派到琼崖抗日独立总队二支队（驻在黑眉一带）随营学习，后留在二支队随军工作。

5月　崖（县）感（恩）办事处成立，主任为林庆墀，副主任为王康宁，秘书长为孙惠公。

夏　田沟乡民兵100多人在田头村前伏击伪军陈龙英中队，打死伪军3名，缴获一批武器。

夏秋间　在球港党支部林吉申的组织下，成立妇救会和妇女读书会，妇救会主任为林吉凤。

秋　琼崖特委根据斗争需要，成立中共昌感崖联合县委，书记陈克文，组织部部长赵郑农，宣传部部长陶文光，民运部部长吉鲁汉。

秋　崖县委改名为崖县区委（管辖崖县一、四、五区），陶文光任崖县区委书记。原崖四区委改为四区总支，总支书记为林志超，周逐成、林吉申为委员；原崖五区委改为五区总支，总支书记为陈道平，委员为吴多坤、吴道南、王良史。

9月　日军包围田头村，田沟乡民兵抗日中队英勇反击，打死多名日军。民兵撤离村庄后，日军放火烧毁几十间民房。

12月　陵崖保乐边区推销处（边区党委）改为中共陵崖保乐边区委员会，林诗耀任书记，张开泰、王浩任委员。

冬　丹青乡民主政府抗日自卫中队配合张应桓部队袭击佛罗日军梅村公司，夺取了一批武器弹药和物资。

年底　高俊德、何多璋调到中共昌感崖三区，负责从岭头到望楼港沿海一带的收税、锄奸工作。

是年　张睦群带领武装常备队和黑眉民兵抗日中队在岭头村附近的公路上伏击日军，打死日军5人，伤多人，缴获一批武器和物资。

是年　刘城堂任南极交通总站站长。南极交通总站从东方的感城途经岭头、新丰、香山、莺歌海、球港、望楼港、乐罗、角头直通梅山，一切信件、公文以及地下工作人员来往都由总站负责传递和接送。

1944 年

年初　田沟乡民兵在白熙村消灭日伪军1个班。

春　琼崖独立总队第二支队挺进番阳山区，中共乐罗东、乐罗西、寮子坡、外定坡村支部组建。

2月至3月　张应桓大队和田沟乡民兵攻打国民党顽固势力黎家亚

中队，活捉黎家亚（后逃跑），缴获一批武器。

4月　中共陵崖保乐边区工委改为边区党委，书记为林诗耀。

4月　在黑眉抗日根据地成立昌感崖联合县抗日民主政府，赵光炬任县长，林庆墀、王廷俊、孔己任任副县长。

春　琼崖特委和琼崖独立纵队机关进入白沙、保亭、乐东三县，开辟五指山中心根据地。

春　中共崖四区总支在各村动员青年参加琼崖抗日独立总队，号召人民捐钱买枪，支援前线。

5月　中共崖县区委书记陶世民（陶文光）及周东豪、邢诒才、邢谷伍等在新丰村被日军包围，陶世民被捕，押往黄流日军司令部。日军对他严刑拷打，威胁逼供，陶世民视死如归，英勇就义。

6月12日　日军出动400多名兵力包围黑眉抗日根据地的红水沟村和葫芦门村。由于日军夜里袭击，两村的群众、民兵都没能撤退，40多人遭日军杀害，340多间民房被烧毁，日军还掠夺猪、牛、羊数百只及粮食数千斤。

夏　成立崖县区署，何赤任区长。

夏　邢亚理任团沟乡乡长，吴家墩为乡党支部书记。

夏　在党的政治影响下，国民党田中乡乡长陈亚法、中队长王亚武等加入了抗日行列。

夏　黑眉（田沟乡）抗日根据地扩大到田中、山头、大摇、三间、寮粒、热水等乡村，纵横10平方千米，武装力量达500多人。

7月16日　日军1个大队进犯田沟乡田头村。乡长邢明星、民兵中队长符亚中带领30多名民兵奋勇抗击3个小时，掩护群众撤进山林。日军抓不到人，就放火烧毁民房80余间。

　　冬　根据中共崖县区委指示，林志超到球港、乐罗改组支部。由于党员增多，球港支部划分为寮子坡支部（书记林吉申）和外椊坡支部（书记林志松）。乐罗支部划分为乐东支部（书记颜海光）、乐西支部（书记林俊）。

　　冬　林志超带领锄奸队在望楼港等地除掉了一批汉奸。

　　冬　中共崖四区总支书记林志超在日军驻望楼港据点里进行策反工作，争取了日军翻译官徐福荣、徐福山充当内应。琼崖抗日独立纵队第二支队第三大队接到情报后，由张应桓、张开芳带队，在崖四区总支和乐罗、望楼港、球港党支部的配合下，袭击望楼港日军据点，缴获长短枪 20 多支、子弹 1000 多发，还有一批军用物资，毙日军 10 余名。

　　12 月　成立白保乐人民解放团。

1945 年

　　春　琼崖独立纵队第二支队在中共地方组织的配合下，拔除了日军驻望楼港据点。

　　夏　中共琼崖特委决定，撤销陵崖保乐办事处（边区党委保留）。

　　8 月　正当琼崖抗日独立纵队参谋长李振亚率领的挺进支队沿着昌化江南下向乐东县进军之时，传来了日军于 8 月 15 日无条件投降的胜利喜讯。乐东县各族人民欢庆抗日战争的伟大胜利。

　　9 月　感恩县国民党当局的苏秀谦和伪维持会会长庄继周连夜纠集 400 多人的地方武装，于 9 月 3 日中午将麦家祠团团包围，发起围攻。新编第八中队和地方干部 107 人牺牲，仅 4 人幸免于难。

　　9 月　昌感县联合县政府撤销，孙家本任崖县区长。

10月初　琼崖独立纵队司令部派孙己任到崖县的六盘通知第三支队进发昌感。次日，第三支队路经冲坡区的芒坡村时遭到崖县国民党军 200 多人的阻击。第三支队以绝对优势兵力击退了敌人的进攻，按预定时间到达目的地昌江。

10月　崖县区委书记陈秋芙、区委委员徐成佳在望楼港执行任务时，不幸牺牲。区委书记由孙松君代理。区委驻地土伦。

12月　中共崖县党政机关从沿海地区转移到崖县和感恩县交界的谣南地区的土伦村一带驻扎。当地反动分子与国民党军队勾结，纠合一批匪徒，于夜晚突然包围中共崖县区乡机关驻地，捕杀区乡党政领导和工作人员 50 多人，制造了土伦事件。

1946 年

1月底　中共昌感崖联合县委为了扭转崖县的革命危局，指派陈明纲、陈虞、林志超等重新组成中共崖县区委，书记为陈明纲，委员有陈虞、林志超、邢谷伍。

2月14日　国民党四十六军悍然撕毁《双十协定》和《停战协定》，出动 5 个团的兵力，由敌师长甘成城率领，分四路向白沙解放区发起大规模进攻。

2月中旬　国民党新十六旅 2 个营的兵力向黑眉解放区进犯。县、区武装队伍和根据地的游击队在群众的积极配合下，在敌人必经之路选择有利地形，挖陷阱、埋地雷，严阵以待，敌人一进伏击圈，便被杀得溃不成军，落荒而逃。

5月　崖县区委书记陈明纲带领武工队击毙反动贪婪的国民党乐罗乡乡长吉锋，其他乡兵全部俘获，缴获数支步枪。后又捕捉罗所乡乡长周绍熙。

6月　崖县区委陈明纲、林志超会同昌感崖联合县委的史中坚科长、吉鲁汉带领的武工队对鱼肉乡民、血债累累的乐罗村大地主恶霸、大汉奸，日占时期充当伪维持会会长的陈德文进行镇压，打死陈德文并收缴2000多块光洋和一批物资。

6月30日　夜，由黄运秀带领的红湖村游击队80多人，配合张应桓和陈岩指挥的镇南队，在岭头桥伏击敌人巡逻队，歼敌10多人，缴获机枪1挺、步枪7支、子弹100多发。

夏　崖四区恢复的党支部有乐罗东、乐罗西、球尾灶寮子坡、球尾灶外挺坡、望楼港、罗马6个；崖五区恢复的党支部有莺歌海、新丰村、新村、香山村4个。除个别党员不给予恢复党组织生活外，其余党员都回到党的怀抱。

9月　国民党四十六军新编十九师调动佛罗、岭头驻军300多人，对红水沟革命根据地发动进攻。中共地方武装600多人和敌人激战2个小时。这一次战斗，歼敌26人，打伤多人，缴获机枪2挺、步枪22支、子弹及军用物资一批。

9月　史中坚、文谦受、何如愚、吴清尧、何多璋、陈明纲等在九所、乐罗、冲坡一带活动，在乐罗村镇压反共分子、汉奸陈亚侦（板桥人）、陈教仕（日本维持会会长）。

秋　琼崖南区临委转移感恩三区黑眉村庄，同时成立感恩三区民运工作队，麦笃信任队长。

11月　琼崖特委派孙惠公回到崖县重新成立崖县委，孙惠公任书记，委员陈明纲（民运）、孙珠江（宣传）、何赤（组织）。

11月　成立崖县四五联区（今属九所、利国、黄流、莺歌海、佛罗等镇）。区委书记陈虞（1947 年 3 月由陈侃接任），委员有林志超、吴清尧、何施仁、邢谷伍、陈正、陈侃。

是年 何如愚带领琼纵第三支队 30 多名战士，包围莺歌海国民党工作组，击毙王良士、方藩。之后，吴清尧、何多璋又从四五联区回到莺歌海，击毙国民党反动派吴清华以及国民党中队长王良贤。

是年 官村、冲坡、打芒道、上塘仔村先后建立中共农村支部。

1947 年

4 月 琼崖独立纵队一举攻下了番阳、万冲等国民党重兵盘踞的据点，使白沙、保亭、乐东三县交界的 20 多个乡连成一片，奠定了五指山根据地的基础。

5 月 成立千善乡民主政府，麦笃信任乡长。

5 月 琼崖独立纵队前进支队解放番阳、万冲地区。

5 月 中共崖乐边区工作委员会成立。蔡大元为主任，陈兴起、孙鹤林为委员。

5 月 成立边区工作队，队长蔡大元，队员有陈兴起、孙才干、陈明、唐保臣、唐宗海等。其任务是清除敌伪，建立政权。

7 月 中共崖县四五联区委迁入红五地区，坚持斗争。

8 月 恢复长老乡政府。符家善任乡长，财粮助理为王泽香，文书为王桥茂，常务班长为符宗华。乡政府设在山道村，恢复乡政府当天，处决了制造土伦事件的 7 名叛乱分子。

8 月 张应槐带领三区常备队，配合田沟乡 200 多名民兵包围牛泥头村，活捉制造土伦事件的叛乱头子麦亚尚、麦亚发（后逃跑，海南解放后才被捉住，在黄流枪毙）。

9月中旬　琼崖独立纵队跨过昌化江，直指万冲，攻打抱由乡公所，直接威胁国民党乐东县政府。敌人派出国民党榆林要塞守备队4个中队及自卫队2个中队，向乐东增援，兵分两路进犯万冲，威胁番阳。镇南队配合前进支队阻击入侵之敌，由前进支队符振中、文度统一指挥。琼崖独立纵队英勇作战，击退了来犯之敌。

10月　前进支队击退了由乐东县城向万冲进犯之敌，初步奠定了白沙、保亭、乐东中心根据地的基础。

10月　琼崖独立纵队从昌感县北黎村将兵工厂迁移到南美村。全厂职工70多人，1948年末发展到拥有300多人的初具规模的兵工厂，设有熔化、兵器维修、组装、入药、制造弹壳、装雷管、制造子弹箱等10多个车间。

11月　受琼崖纵队司令部之命，陈武英、郑章、吴文龙、文度和辜汉东等率领第五总队2个支队6个大队和粤江支队2个大队，向乐东县进军，做好解放乐东的准备。

11月　琼崖纵队在南流村建立后方医院，占地约50亩，有医护人员20多人。从建院到1950年5月海南解放，住院治疗的伤员共1000多人。

是年　崖县区委在乐罗、望楼港、莺歌海等地筹集6000多块光洋支援前线，动员青年参军参战，积极派出武工队开展锄奸活动，打击敌人。

是年　琼崖纵队第五总队在志仲建立革命根据地，消灭了盘踞在志仲的国民党军，拔除了崖县通往乐城的敌据点，解放了志仲地区。

是年　琼崖纵队第五总队向千家挺进。千家驻敌军几十人，还建有1栋炮楼。敌我激战了两昼夜，大部分敌人被歼灭，其余的逃命。

1948 年

年初　琼崖纵队第五总队主力和第一总队粤江支队进驻乐东，分别驻扎抱由、志仲、白地、旧村、扫水等村庄。琼崖纵队对群众进行形势宣传，开展诉苦教育，清匪反霸分土地，组织农民发展生产，改善人民生活。组织群众建立民主政权和农会、青年、妇女等群众团体，发动青年参军。同时，组织地方武装和支前供应站、救护队、运输队等配合琼崖纵队作战。

2月　成立中共乐东县工作委员会，张创为书记，符史、符岳为委员。县工委派出干部随琼崖纵队在永明、抱由、三平、志仲等地发动群众，宣传党的政策，组织民兵支前，动员青年参军参战，并协同部队摧毁各村国民党政权，成立民主政权。

3月　四五联区委获得莺歌海叛党分子王良柏、严俭宁企图组织反动武装（建立莺歌海中队）的情报后，派吴清尧、陈侃和邢谷伍回到莺歌海活捉王良柏、严俭宁，将他们押到红五枪毙。

3月　四五联区委黄孔乡党总支建立了铺村支部，书记吴国周；赤命支部，书记陈国甫；抱本支部，书记邢福耀；镇远支部，书记符绳寿。

3月　四五联区派出部分党员干部到龙浩、千家、福报、木棉、红五、抱洞、抱告等地区开展党的工作，布置支前任务，发动青年参战，组织运输担架队，为解放乐东做好准备。

3月　成立罗所乡，陈虞任书记，陈独奇任乡长（陈虞调动后，四五联区书记由林志超接任）。

春　四五联区的党组织先后建立了12个党支部：官村支部，书记陈照烈；冲坡支部，书记陈独奇；乐西支部发展新党员11人，另成立

1 个支部，书记林纯桐；莺歌海支部分成南、北 2 个支部，南支书记陈仕忠，北支书记周鸿德；香山支部，书记吴桑田；新村支部，书记陈人标；海塘乡支部，书记邢谷伍；望楼村支部，书记林志申；新丰支部，书记王光敏；乐（罗）东支部，书记颜绍善。

春　中共崖四区派出陈侃、吴清尧和邢谷伍潜入莺歌海村，打死莺歌海特务工作组头目王良贤，处决一批特务分子。

春　黑眉地区在感恩县委的领导下开展土改工作，以田沟乡为试点，积极发动群众，组织贫农团，进行反恶霸分田地和减租减息运动。

4 月　琼崖纵队在南山岭伏击一趟从三亚至黄流的火车，歼灭一批国民党军政人员，活捉赴任乐东的国民党县长王衍祚。

5 月　乐东县有 700 多名黎族青年参加琼崖纵队。

5 月 2 日　琼崖纵队参谋长马白山和第五总队代总队长陈武英、政治委员吴文龙、副总队长郑章指挥第五总队 2 个支队和第一总队第一支队，挺进乐东。

5 月 5 日　多港战斗打响，揭开了乐东解放战役序幕。琼崖纵队第五总队和第一总队第一支队（归五总指挥）参加了战斗，毙伤敌人30 多人，缴获步枪 18 支、土药枪 14 支和一批粮食。

5 月　琼崖纵队第五总队到东孔敌据点附近埋伏，消灭敌人 20 多人，缴获机枪 2 挺、步枪几支。

5 月　琼崖纵队第五总队在千家到乐城公路上的青岭鸡笼田伏击韩云超带领的国民党官兵，击毙新任乐东县县长韩云超等 30 多人，击伤国民党榆林要塞总队第一营营长朱挺英，缴获轻机枪 2 挺、步枪 10余支和各种军用物资一大批。国民党琼崖当局电令朱挺英兼任代县长。

5 月下旬　琼崖纵队十三支队化装进入黄流敌据点，俘敌 40 多人。

5月　设立四五联区署，陈侃任区长。

5月　林俊、周大辉在乐罗林氏宗祠建立农民识字夜校，秘密宣传党的工作。有20多位农民学员学习，这些农民学员后来成为乐（罗）西支部的中坚力量。

5月28日　琼崖纵队获取佛罗据点守敌拖欠国民党崖县政府一笔壮丁费的情报，由琼纵五总队三大队队长李永耀率队化装成政警队，以"追缴壮丁费"之名进入敌据点奇袭，俘敌50多人，缴获长短枪53支、子弹2000多发、手榴弹108枚。

5月底　琼崖纵队第五总队第十三支队队长韩飞获悉驻赤龙村据点的国民党榆林要塞总队某排要调防，便率领3个中队，连夜赶往赤龙老颜田布兵埋伏。31日上午9时，敌30多名换防官兵进入伏击圈后，我军战士集火突袭。此战有20多名敌军被击毙、9人被俘虏，缴获捷克式轻机枪2挺、长短枪27支、子弹1000多发。

6月6日　上午，龟缩在乐东县城的国民党县府官员、自卫队和榆林要塞援兵等守敌400多人发生粮荒，被迫倾巢出动。琼崖纵队第五总队2个支队和第一总队第一支队把敌人引入扫水阵地后进行围攻，共毙伤、俘获敌大队长、代县长朱挺英以及副大队长林咸秀等以下官兵180多人，缴获重机枪1挺、轻机关枪12挺、掷弹筒6具、冲锋枪及步枪152支、刺刀26把。乐东县城守敌连夜弃城溃逃。琼崖纵队随即开进乐东县城，乐东全境宣告解放。

6月　撤销中共乐东县工作委员会，成立中共乐东县委员会和乐东县民主政府，符史任县委书记兼县长，委员为符史、陈家光、王波、张睦群、林木青、陈模烈。县委、县政府两个机构一套人马。

8月　撤销县工委和民主政府，成立中共乐东县委员会和乐东县人民政府。符史任县委书记兼县长。

8月　新英乡、长老乡和丹岭乡在黑眉的内昌村成立联乡委员会，何如愚任主任，委员有符家善、陈正、黄世伍、陈尧，并成立一支30多人的武工队，由王泽香、符家善负责领导。

8月　中共琼崖区委在番阳孔首村成立军工局，同时建兵工厂、兵器试验场等。同月，番阳孔首村建立军械厂，初期只有90多人，后期发展到200多人，设有7个车间，可生产手榴弹、迫击炮、六〇炮、地雷等各种子弹和炸药。

8月　全县开展民主建政运动，县人民政府组织成立县供销合作总社。

秋　县人民政府在县城创办乐东县小学。

秋　陈明纲、陈侃、陈昌基等人得知国民党区长陈恩绥在乐罗村陈振辉的家埋藏枪支，于是在乐罗村党支部的引导下，到陈振辉家搜出掷弹筒1支、步枪5支、手榴弹6枚。接着，又到冲坡村吉章简家挖出冲锋枪1支、航空曲尺和左轮枪各1支。

11月　琼崖纵队第五总队攻打九所敌据点，歼灭国民党自卫大队第二中队80多人和乡兵10多人，缴获英制机枪2挺、炮1门、短枪2支、步枪50多支和一批弹药。

12月　中共琼崖区委根据党的民族政策和党中央关于实行民族区域自治的指示，设立琼崖少数民族自治区，辖白沙、保亭、乐东、琼中四县。

冬　昌感崖联合县第三区改为乐东县第三区。

1949 年

春　琼崖公学为配合琼崖纵队发动的春季大攻势和锻炼干部，组织 20 余名学员上前线随军工作。

春　琼崖纵队调集 7 个团共 48 个连 1 万多人的主力部队，以琼崖纵队副司令员吴克之和参谋长马白山为前线指挥，从岛西北至西南，发动了规模空前的春季军事攻势。吴克之率领主力 5 个团向昌江、感恩、乐东、崖县进军。

2 月　乐东县调整区域，将昌、感区域的边区少数民族乡村划归乐东县管辖，县委下辖 3 个区委和区政府。有 13 个乡：长老乡、田沟乡、红戈乡、光益乡、差俄乡、俄隆乡、陀烈乡、乐中乡、南头乡、万胜乡、官德乡、雅林乡、戈大乡。县委隶属琼崖南区地委领导。

2 月至 3 月　中共琼崖区委主办的琼崖公学迁来乐东县番阳办学。校长吴乾鹏，后由史丹接任。3 月 20 日举行开学典礼。

3 月　乐东县委书记符史调离，由王波接任（兼县长），组织部部长为陈家光，宣传部部长为林木星。

4 月　王波任中共乐东县委书记兼县长。

4 月　乐乐县 1800 多名黎族青年报名参军，捐枪 300 支，捐粮 2000 石。

6 月初　春季军事攻势胜利结束，琼纵部队从乐东县凯旋，经番阳琼崖公学，向白沙县二区毛栈乡琼崖党政军领导机关驻地开去，学校师生和当地群众欢歌载舞列队欢迎。

6 月　1 日，琼崖纵队副司令员吴克之带领部队包围驻九所的国民党军。经过几天的激战，消灭国民党 1 个要塞中队、国民党军一三一旅残部、乐东县国民党政府大队和崖县四区、五区国民党政府以及地方反动武装，共歼敌 270 多人，缴获重机枪 2 挺、轻机枪 12 挺、掷弹筒 1 具、长短枪 148 支。5 日，九所解放。6 日，军民举行庆祝大会。至此，历时 3 个月的春季军事攻势胜利结束。

6 月　南区行政专署迁驻丹村。赵光炬专员在丹村群众大会上作了《行动起来，做好迎接南下大军渡琼，解放全海南》的报告。会后，丹村立即成立支前委员会，陈人焕为支前委员会主任。

上半年　乐东县动员 1000 多名青年参军，另有 1242 人配合前线部队行动，群众捐献光洋 9251 块、被服 1000 多张，以及大量的稻米、花生、杂豆等物品。

10 月 1 日　全县庆祝中华人民共和国成立。

10 月　中共海南区委派工作团来乐东县协助开展清匪反霸和建政工作。

12 月　国民党集中多个团的兵力，利用飞机和炮火对黑眉解放区进行大规模的"围剿"。黑眉黎族民兵凭借有利地形地势，与敌人展开激烈的阻击战，击溃敌人 6 次进攻，保卫了黑眉解放区。

是年　全县开展群众性的支前募捐运动，共计捐光洋 117034 元。中共乐东县委设立纪律检查委员会。

1950 年

年初　乐东县发动群众筹集粮食 13000 多担和大量的猪、牛，并组织 6 万多人的民工运输队支前，发动 1000 多人报名参军，捐献枪 300 支。

1 月 12 日至 15 日　国民党警保三师二团副团长卢朝炎带 1 个连并海塘、佛罗、孔佛、仁义、罗所等 5 个乡的乡长和乡公所自卫班 90 余人向人民解放军 128 师投诚。

春　撤乡并区，全县成立 6 个区级人民政府。

4 月底　驻佛罗地区的国民党军残部在南下大军的追击下，狼狈地向三亚、榆林逃窜，佛罗地区又回到人民的手中。

4 月 30 日　人民解放军解放榆林、三亚，盘踞在九所、乐罗、黄流一带的国民党六十三军一五二师溃逃。至此，崖西沿海一带全部获得解放。

5 月 1 日　海南岛获得全面解放。乐东县各地人民群众相继集会，庆祝海南岛解放。

是年　全县开展农民识字教育活动，开设黎族农民识字班，有 324 人参加学习。

1951 年

4 月　孙惠公任乐东县人民政府县长。

夏　大安、抱由等地发生牛炭疽病，死牛 200 多头。

10 月 15 日　乐东县派出 250 名民兵前往白沙县牙叉岭参与围剿台湾派遣空降特务，共计歼特 15 人。

下半年　中央派遣医疗队深入乐东县黎村苗寨，为少数民族群众接种牛痘疫苗。

下半年　全县展开镇压反革命运动。

年底　成立县民主妇联筹委会。

是年　全县开展"三反"运动；乐东人民投入修建海榆西线公路。

1952 年

5 月 11 日　台湾当局派遣的"海南人民反共救国军"一组 10 人

降落于崖县梅西地区。乐东县派出 425 名民兵配合九所驻军包围芙蓉岭等地匪特，共歼匪特 7 人，活捉 2 人。

5 月　中国新民主主义青年团乐东县第一次代表大会于 16 至 19 日在抱由镇召开，正式成立县团委。

5 月　召开县妇联筹委会第一次会议，讨论妇女工作机构的筹备工作。

7 月 1 日　海南黎族自治区首府设立在乐东县抱由镇（后迁至通什）。

7 月 10 日　台湾当局派遣"大陆工作处突击队"一组 22 人，空降于白沙县南开岭。乐东县派出民兵 360 人，配合部队围剿，共歼毙特匪 14 名，俘捉特匪 8 名。

7 月　在县城建立火力发电厂。

是年　继续开展土地改革运动，进行划分阶级成分，全县建立 53 个宣传站，宣传人员共 326 人。

1953 年

1 月　崖县四区、五区开展土地改革。

下半年　乐东县将原辖 6 个行政区改为抱由、千家、志仲、三平、雅亮 5 个新行政区域。

9 月　成立县民主妇女联合会。

12 月 31 日　乐东县参加全国第一次人口普查，全县人口总数为 152827 人。

年底　设立县文化馆和图书馆。

是年　乐东县部分农民在自愿互利原则下，成立了农业生产互助组。

是年　县人民医院、县人民银行正式设立。

是年　中共乐东县监察委员会正式成立。

是年　在县城创办干部业余文化学校。

1954 年

4月　胡国珍任乐东县人民政府县长。

5月　陈国风任中共乐东县委书记。

7月下旬　剃枝虫为害，全县 2000 余亩稻田歉收。

9月　全县实行棉布统购统销。

12月　王泽香任中共乐东县委代理书记，并设立县委农村工作部。

是年　乐东县连续 8 个月大旱，抱由、大安、千家一带农业失收。人民政府拨大米 180 万斤救济农民。全县开展"封山育林，护林防火"群众运动。

1955 年

6月 25 日至 28 日　乐东县第一届人民代表大会在县城召开，出席会议代表共 58 人。会议审议通过县人民政府工作报告、下半年工作决议等，选举卢亚雅为县长。

上半年　乐东县农村生产互助组进行合并，成立生产合作社（初级社）。

8月　符浓任中共乐东县委书记。

秋　全县掀起农业生产合作化高潮。

是年　全县认购公债券 13015 元。

1956 年

6月6日至12日　中共乐东县第一届代表大会在抱由镇召开，出席会议代表65人。会议检查一年工作，讨论农业合作化规划等问题。符浓当选县委书记。

上半年　全县开展整党运动。

8月　设立麻风病防治站。全县进行麻风病大普查，发现患者有809人，流行自然村有195个。

秋　创办乐东县中学和县城幼儿园。

下半年　全县5个区76个乡合并为37个大乡。

年底　全县基本完成对私营商业的社会主义改造。

是年　全县农业生产初级社联合成立112个农业生产高级社。

是年　全县开展大规模的"肃反"运动。

是年　三曲沟水库开建。

1957 年

2月　乐东县第二届人民代表大会在抱由镇召开，出席会议代表95人。会议通过2年来县人民政府工作报告、当年司法工作报告，选举李坚为县长。

9月20日　全县开始进行整党整风运动。

9月　创办冲坡中学。

是年　县修建九（所）乐（东）公路。

是年　大安水库开建。

1958 年

年初　建立县麻风病医院。

4 月 25 日　乐东县第三届人民代表大会在抱由镇召开，出席大会代表 68 人。大会审议通过前年政府工作和远景规划报告、前年财政决算和当年财政预算报告，选举卢亚雅为县长。

7 月　县第一届工会代表大会在抱由镇召开，成立县总工会。

秋　全县"土法上马，大炼钢铁"。

9 月　修建黄流至三亚铁路。

10 月　全县建成 6 个人民公社。崖县四区、五区划归乐东县管辖。

11 月　赵魁富任中共乐东县委第一书记。

12 月　动工兴建长茅水库。

年底　开建黄流至莺歌海公路。

是年　创办县农业中学。

是年　在县境内创办国营保国农场、乐中农场、尖峰林场、莺歌海盐场、雅林林场。

是年　乐东县被评为全国爱国卫生先进县。

1959 年

1 月　全县开展整党（包括整顿干部队伍）运动。

2 月　叶剑英元帅视察莺歌海盐场。

7 月　创办县师范学校。

9 月　中共乐东县委党校建立。

10 月　陈考水库修建工程竣工。

秋　创办县卫生学校，黄流中学改为乐东县第一中学。

下半年　全县各地相继办公社公共食堂，一日三餐供应干饭，取消农户厨灶。

是年　全县6个人民公社重新划分行政区域，设立11个人民公社。

1960 年

8月　雅亮公社从乐东县划出，归崖县管辖。

11月13日至14日　乐东县第四届人民代表大会在抱由镇召开，大会代表131人。大会通过县政府工作报告，财政决算、预算报告，法院、检察院工作报告，大会决议；选举卢亚雅为县长。

1961 年

10月31日至11月4日　中共乐东县第二届代表大会在抱由镇召开。大会代表346人。会议听取上届县委工作报告，强调坚持政治挂帅、勤俭办事业、实事求是，选举产生新县委。何友信当选县委第一书记。

冬　莺歌海村失火，烧毁100多间茅房，损失100多万元。

是年　乐东县由于农业生产指导失误，加之自然灾害严重，粮食生产大幅度减产。

1962 年

1月　乐东县第三届妇女代表大会在抱由镇召开。

2月7日　郭沫若来莺歌海盐场视察。

冬　莺歌海村又失火烧毁民房数十间。

1963 年

6 月 12 日　乐东县派出 800 名民兵到陵水县军田围剿台湾派遣的空降特务，歼特 8 人。

7 月 20 日　在尖峰岭成立中国林科院热林研究所。

9 月 2 日至 8 日　乐东县第五届人民代表大会在抱由镇召开。大会代表 181 人，到会 162 人。大会通过县人民政府工作报告，县计划、法院工作报告和县 1960 年至 1962 年财政决算和 1963 年财政预算（草案）报告；卢亚雅当选县长。

秋　三化螟、白叶枯病为害，全县 5 万余亩稻田歉收。

冬　莺歌海盐场正式投产。

1964 年

5 月　抱由水电站动工兴建。

6 月 30 日　乐东县参加全国第二次人口普查，总人口为 196117 人。

8 月　长茅水库工程竣工。灌区为沿海平原一带，可灌农田 20 万亩。

秋　乐东县兴办一批农业中学。

冬　兴建南木水库。

是年　全县开展"农业学大寨""工业学大庆"运动。

1965 年

1 月 15 日　长茅灌区东、西干渠顺利通水。

1 月　全县开展打击投机倒把运动。

4 月　李玉堂任中共乐东县委代理书记。

7 月 17 日　乐东农业中学改为农业技术学校。

秋　在长茅水库创办县劳动大学。

11 月　苏烈任中共乐东县委书记。

1966 年

6 月　乐东县各中学出现批判学校领导执行所谓修正主义教育路线的大字报。以后，大字报遍布城乡，矛头指向各级党政领导干部。

8 月　"文化大革命"运动在乐东县全面掀起，全县私营行业被当作资本主义尾巴而铲除。

10 月　"红卫兵"在城乡开展破"四旧"活动，一些文物古迹遭到破坏。

冬　各中学师生组织"徒步长征队"，赴各地串联。

是年　"红卫兵"组织在各中学普遍成立，城乡也普遍建立"红卫兵"组织。

1967 年

年初　全县掀起学习毛主席著作高潮，人人背诵《为人民服务》《愚公移山》《纪念白求恩》"老三篇"。

2 月　在上海"一月风暴"影响下，县机关、学校、工厂、农村群众纷纷成立战斗队，开展"夺权斗争"，领导干部"靠边站"。

1968 年

4 月　成立县革命委员会，党政合一。县人民武装部政委王禄吉任革命委员会主任。

10 月 1 日　向阳大桥建成通车。

12 月　全县大搞"红色海洋"和"忠字化"活动。

是年　毛阳至九所公路建成通车。

1969 年

5 月　石门水库工程扩建加固。

秋，全县受旱农作物面积达 5 万余亩。

10 月 25 日　南木至长茅引水工程开工。

10 月　乐东县革委会下设政工、生产、办事、保卫四大组。

11 月　南木水库竣工。

1970 年

1 月　抱由水电站建成投产。

2 月 3 日　县组织 1600 多名民兵，在万冲公社先锋乡现场保护被解放军某部击落的美国无人驾驶高空侦察机，并参与砍山开路，运送飞机下山。

2 月　全县开展"一打三反"（打击反革命破坏活动，反贪污盗窃、反投机倒把、反铺张浪费）运动。

6 月中旬　大旱，全县 40 条大小河流中有 23 条断流干涸。

8 月　南木至长茅引水工程竣工。

9 月 5 日　三黄线 413 次客货混合列车行驶至九所至梅山村区间时，因暴雨山洪冲塌路基，造成列车颠覆的重大事故。事故伤亡 71 人，其中死亡 39 人、重伤 20 人、轻伤 12 人，报废机车 1 台、客车 2 辆、罐车 1 辆，损失共计 50 多万元。

10 月 6 日　第 36 号台风（11 级）侵袭乐东，刮倒成熟晚造稻 3

万余亩。

12 月 福报公社发生牛寄生虫病，牛患病 470 头，死亡 167 头。

1971 年

5 月 21 日至 25 日 中共乐东县第三届代表大会在抱由镇召开。出席大会代表 420 人。大会审议通过了上届县委作的报告，取消县革委会党的核心小组，选举产生第三届中共乐东县委员会。李泽丰当选县委书记兼县革委会主任。

10 月 中共乐东县召开党员干部大会，传达中共中央关于林彪叛国 "9·13" 事件的文件。

夏秋 全县开展 "批陈（伯达）整风" 运动。

1972 年

6 月 成立县体育运动委员会。

10 月 12 日 第 16 号台风袭击乐东沿海渔区，死亡 6 人，失踪 8 人，沉船 10 艘，毁坏船只 48 艘，计损失 68 万元。

10 月 15 日 红岭山塘被洪水冲垮，冲坏农田 200 多亩。

12 月 恢复县委党校。

1973 年

3 月 杨洪任中共乐东县委书记兼县革委会主任。

6 月 乐东县第四届妇女代表大会在抱由镇召开。

8 月 20 日 乐东县第三届工会代表大会在抱由镇召开。

8 月 撤销县革委会四大组，恢复县部、委、办、局组织机构。

10 月　石门水库扩建工程竣工。

12 月　全县开展"批林整风"运动，揭露和批判林彪叛党叛国罪行。

1974 年

2 月 18 日　县成立打击投机倒把领导小组，开展打击投机倒把分子的活动。

4 月　开建石门水电站。

秋　全县开展整党运动和学习屯昌县"一批、二干、三带头"经验。

10 月　县组织基本路线教育工作队下基层，进行基本路线教育。

是年　成立县"批林批孔"办公室，全县开展"批林批孔"运动。

1975 年

8 月 31 日　三平公社南昌大队黎族青年吉成，在昌化江为抢救被洪水冲走的 3 名少年学生而英勇献身。海南黎族苗族自治州党委发出《关于全州青年开展向吉成同志学习的通知》。

8 月　三平公社头塘村 14 岁的邢有恩，在昌化江为抢救落水的女同学而英勇献身。

秋　县革委会在县城创办五七大学。广州中医院在乐东县试办六二六大学。

11 月　向阳水电站建成。

12 月　抱由糖厂建成投产。

1976 年

1 月 8 日　全县人民沉痛悼念周恩来总理逝世。

4 月　长茅水电站动工兴建。

5 月　开展"批邓、反击右倾翻案风"运动。

7 月 6 日　全县人民沉痛悼念朱德委员长逝世。

9 月 18 日　全县人民为毛泽东主席逝世举行隆重的悼念大会。

10 月中旬　全县人民隆重集会，欢庆党中央粉碎王、张、江、姚反党集团。

10 月 20 日　中共乐东县委给以华国锋为首的党中央发致敬电报。

冬　乐东县用水田试种甘蔗获高产，平均亩产 5 吨，最高亩产达 12 吨。

1977 年

3 月　佛罗林场从岛西林场划出，归乐东县管辖。

5 月 23 日　中共乐东县委发出《认真搞好灭疟大会战的通知》。

7 月 17 日　第 3 号台风袭击乐东，风力达 12 级，毁坏茅房 400 余间。

12 月　石门电站建成投产。

1978 年

7 月　县业余体校学生吉泽标，以 1.75 米的成绩首次为乐东县在广东省少年田径赛中夺得男子跳高第一名。

7 月　县城剧院落成，拥有座位 1590 个。

秋　响水电站动土兴建。

是年　全县开展"实践是检验真理的唯一标准"的学习。

1979 年

4 月 18 日　乐东县第四届工会代表大会在抱由镇召开。

6 月　筹建乐东县民族中学、民族小学。

7 月　长茅水电站竣工投产。

8 月　周芝美任中共乐东县委书记兼革委会主任。

9 月 1 日　乐东县监察委员会改为乐东县纪律检查委员会。

9 月　兴建尖峰水电站。

夏秋　全县受旱面积 3 万余亩。福报、尖峰、千家、黄流等地群众缺粮，人民政府拨粮救济。

是年　黄流中学被评为全国体育卫生先进单位。

是年　全县农村开始落实生产责任制，实行联产承包。

1980 年

10 月 31 日　符桂森任中共乐东县委书记兼革委会主任。

10 月　县民族文工团赴京参加全国少数民族文艺会演，黎族舞蹈《鼻箫恋》等 4 个节目获文化部优秀奖。

1981 年

3 月 12 日至 17 日　中共乐东县第四届代表大会在抱由镇召开。出席大会代表 462 人。会议审议通过上届县委、纪委工作报告和《改进党的作风，加强党的建设的决定》。符桂森当选为县委书记。

3 月 18 日　成立乐东县佳西热带自然保护站。

3 月 24 日至 4 月 1 日　政协乐东县第一届会议在抱由镇召开，成立县政协第一届委员会。林健雄任县政协主席。

3月25日至4月1日　乐东县第六届人民代表大会在抱由镇召开，大会代表477人。大会讨论通过1980年乐东县人民政府、县法院、县检察院工作报告和乐东县1981—1990年农业发展纲要；成立县人民代表大会常务委员会，唐宗海任人大常委会主任；取消县革命委员会，恢复县人民政府，选举容亚珠任县人民政府县长。

7月3日　第5号台风侵袭乐东，风力12级，毁坏茅房606间、瓦房63间，刮倒橡胶树5万余株。

10月11日　县委、县政府组织1300多人到各公社搞落实林业生产责任制。

1982年

3月　全县开展大规模的"全民文明礼貌月"活动。

3月　县决定每年3月12日为植树节。

夏　沿海地区三化螟为害，全县4万余亩早稻歉收。

7月1日　乐东县参加全国第三次人口普查，总人口为376088人。

是年　莺歌海革命烈士纪念碑建成。

是年　县人民医院传染科与广州中山医学院疟疾研究室合作，用脑型疟和青蒿素栓剂治疗恶性疟，获广东省卫生科技成果三等奖。

1983年

7月　志仲区谭培乡黎族农民刘高清在原属崖州的古道上挖穴种橡胶时，从地下0.8米处发掘出一枚西汉"朱庐执刲"银印，该银印属国家级珍贵文物。

8月　全县抽调1836人组成打击队伍，在解放军的支援下，开展打击刑事犯罪活动,抓获各种违法和可疑分子 636 人。

10 月 26 日至 28 日　第 16 号台风袭击乐东,陆地风力 10 级以上,海上风力 12 级以上,正在莺歌海作业的美国阿科石油公司租用的"葛洛玛爪哇海"号钻井船被台风击沉,船上 81 名中外工作人员全部遇难。

11 月　全县撤销 20 个人民公社,成立 15 个区(镇)。

1984 年

春　九所、冲坡、抱由等地牲畜发生"五号病",持续 2 个月,猪患病 4535 头,死 230 头;牛患病 31 头,死 3 头。

4 月 20 日　陈萍任中共乐东县委书记。

4 月　海南黎族苗族自治州在乐东县召开文物普查工作会议。广东省博物馆古副馆长、海南黎族苗族自治州林安彬副州长和州文化局局长,以及海南黎族苗族自治州各县副县长和文化局局长参加会议。

4 月　响水电站建成投产。

6 月 20 日　乐东县第七届人民代表大会在抱由镇召开。出席代表 245 人。大会审议通过各项工作报告,选举产生县七届人大常委会正副主席,县人民政府正副县长。容亚珠当选县人大常委主任,张景当选县长。同日,县政协二届会议在抱由镇召开,唐宗海当选县政协主席。

6 月 20 日　莺歌海盆地的"崖 13-1"构造打出第一口高产油气井,日产天然气 120 万立方米。

7 月　尖峰水电站建成投产。

8 月　在"崖 13-1"构造又打出第二口井,日产天然气 183 立方米。

8 月 20 日至 22 日　中共乐东县第五届代表大会在抱由镇举行。

出席会议代表 300 人。大会审议通过上届县委、纪委工作报告和《关于实现党风根本好转的决议》。陈萍当选县委书记。

9 月 6 日　志仲区谭培乡黎族农民刘高清将西汉"朱庐执刲"银印捐赠给乐东县博物馆。

10 月　经中央外贸部批准，在冲坡腰果场设立海南丰产腰果种植研究中心。

1985 年

1 月 28 日　应海南黎族苗族自治州文化局的邀请，受全国文物鉴定委员会的派遣，国家文物鉴定委员会副主任、中国历史博物馆研究员史树青教授和中央民院考古学家王恒杰教授到乐东县鉴定文物和指导工作，历时 3 天。

春　黄流、佛罗、九所等地发生牛口蹄疫，牛患病 1652 头，死亡 411 头。

4 月 20 日　永明大桥动工兴建。

9 月 19 日　第 10 号台风侵袭乐东，刮倒晚稻 1 万多亩、甘蔗 1.26 万亩、橡胶树 4 万多株。

是年　在冲坡地区建起年产 300 吨的腰果仁加工厂。

1986 年

2 月 27 日　番阳区划归通什市管辖。

2 月至 5 月　全县春荒，有 12269 户 66578 人缺粮，缺粮 665 万斤。灾情发生后，县委、县人民政府及时做好粮食调配工作。

4 月　龙敏创作的中篇小说《黎乡月》由云南人民出版社出版发

行，系第一部黎族作家作品。

夏　全县流行登革热病，发病 3400 人，死亡 7 人。

1987 年

1 月 17 日　全县撤销区公所建制，设置 11 个镇和 5 个乡。

2 月　乐罗球港地区发生登革热病流行，发病 241 人，死亡 4 人。

3 月 19 日　县城山城酒家发生 71 人食物中毒事件。

4 月 25 日至 27 日　中共乐东县第六届代表大会在抱由镇召开。出席会议代表 288 人。大会审议通过上届县委、纪委工作报告和乐东县1987 年至 1990 年国民经济发展、精神文明建设规划。陈萍当选县委书记。

5 月 10 日至 14 日　乐东县第八届人民代表大会在抱由镇召开。出席会议代表 235 人。大会通过县人民政府工作报告，县 1987 年国民经济和社会发展计划（草案）报告，县 1986 年财政决算和 1987 年财政预算（草案）报告。张景当选县人大常委会主任，周文珍当选县长。

10 月　国家主席李先念夫人林佳媚带领专家一行 4 人到乐东县考察儿童卫生保健教育情况，深入志仲成栋村、大安学前班、县幼儿园、县妇幼保健站了解情况。

12 月 28 日　乐东县改名为乐东黎族自治县，县城各族人民举行隆重庆祝活动。

是年　全县造林 88734 亩，创历史最高纪录。

是年　乐东被广东省评为普及初等教育先进县。

1988 年

5 月 15 日　乐东黎族自治县中医院成立。

5 月　县腰果梨综合加工厂竣工投产。

6 月 6 日　在县城举行隆重集会，庆祝乐东解放 40 周年。

7 月 15 日　县委发出《关于学习石挺春同志见义勇为的精神，进一步在全县形成学法懂法守法护法新风尚的通知》。

7 月　九所至尖峰沿海地带，发现东亚飞蝗覆盖面积 112 万多亩，海岸到山地 10 千米内均有飞蝗。农业部派飞机 3 架并拨款 100 多万元支援救灾。县委、县人民政府组织抗灾工作队下乡。至 10 月上旬，基本扑灭飞蝗。

12 月 20 日　在县城召开万人参加的宣判大会。

1989 年

是年　乐东遭受第 5 号、25 号、26 号、28 号强台风袭击，16 个乡镇 676 个村庄受灾，共死亡 11 人，受伤 128 人，房屋倒塌 8934 间，死亡牛 322 头、猪 3206 头，共计经济损失 32260.59 万元。国家拨救灾款 115 万元。

是年　全县实行粮油购销体制改革，实行粮食购销合同价，即把国家定购粮（三级稻谷）价格从每 50 公斤 25 元提高到每 50 公斤 35 元，三级标二大米从每 50 公斤 16 元提高到每 50 公斤 50 元。

1990 年

4 月 15 日至 16 日　中共乐东黎族自治县第七次代表大会在县城召开。大会代表 300 人。大会讨论通过上届县委、纪委工作报告，动员加强党的建设、为开创乐东工作新局面而奋斗。

5月14日至16日　县政协第四届委员会第一次会议在县城召开。王开贤当选为县政协主席。

5月14日至18日　乐东黎族自治县第九届人民代表大会第一次会议在县城召开。出席会议代表257人。会议通过县政府工作报告、1989年国民经济和社会发展计划报告等。张景当选为县人大常委会主任，林玉强当选为县长。

5月15日下午　中共中央总书记、国家主席、中央军委主席江泽民视察莺歌海盐场，陪同的有中共海南省委书记许士杰、省长刘剑锋。

7月1日　全县按规定时间参加全国第四次人口普查，总人口为421409人。

9月　原就读在乐中农场中学的国家举重运动员黄晓瑜，在第十届亚运会48公斤级挺举比赛中一举夺冠，为我国赢得了一块金牌。

是年　大安镇创办剪纸基地，300多位黎族农民成为会员。在他们创作的1000多幅作品中，有30多幅入选"全国首届民族民间剪纸大奖赛""中国民间一绝"等展览，数幅送日本展览，分获银奖和铜奖。

1991 年

1月1日　莺歌海镇莺海村与新村渔民因海事纠纷，引起大规模群众械斗，造成死亡2人，伤30余人，炸毁、烧毁渔船2艘、小型客车1辆。事件发生期间，县委、县人民政府及时派员平息。

1月23日　乐东冬季农田水利基本建设被评为全省第一名。

7月12日至13日　全县遭受第6号台风袭击，风力11级以上。这次台风带来的雨量大且时间长，冲坡、乐罗、九所低洼地区成了汪洋一片。全县 6 个村庄近 6 万人，被大水围困 2 天之久。县城昌化江水位上涨到145.62 米高程，36 个机关单位被水淹。全县冲垮水库 4 宗、拦河大坝 12 宗，房屋倒塌 182 间，无家可归者 187 户 794 人，渔船沉没 55 艘，死亡 2 人，重伤 3 人。全县直接经济损失 4628.53 万元。

7 月 24 日　海南省省长刘剑锋等领导来乐东视察第 6 号台风灾情，对救灾作重要指示。

10 月 24 日　九所镇的罗马、九所两村群众发生大规模械斗，造成死亡 2 人、伤 13 人。事件发生期间，县委、县人民政府及时派员平息。

11 月 20 日　利国糖厂扩建工程竣工，日榨量从原来的 1000 吨提高到 1500 吨。

1992 年

8 月 22 日　县政府决定出让岭头湾一带集体所有非耕地，给海口商务化工实业总公司和海南物资招商实业总公司各 1000 亩，分别用于开发农、牧、渔和海洋、生物、农业、食品等项目。

8 月 27 日　县政府决定出让岭头湾地区集体所有非耕地，给海口商务化工实业总公司和海南物资招商实业总公司各 1000 亩，分别用于开发建设技术产业科技园和海南南岸自然生态综合保护开发实验项目。

11 月 11 日　县政府决定出让佛罗湾地区集体所有非耕地，给海南欣林珠宝工艺品有限公司和海南纪威化有限公司各 490 亩，分别用于建设异域文化风情度假村和国际商贸中心。

11 月 12 日　县政府决定出让佛罗湾集体所有荒地 2530 亩，分别给乐东太阳城开发建设总公司、海南富莱得房地产有限公司及厦门物资招商有限公司，用于开发建设佛罗湾综合游乐中心、中华文化度假村、丹村海洋公园。

11月19日　县政府决定出让岭头湾非耕地300亩、1000亩给海口商务化工实业总公司，分别用于建设旅游娱乐开发区和旅游经济开发区。

1993 年

1月1日　海南省政府决定开发建设尖峰岭国家森林公园。

3月　县农业局承担完成的"2万亩反季节瓜菜综合丰产技术"项目获得农业部"全国农牧渔业丰收一等奖"并被农业部推荐申报1993年度国家级星火奖。

4月17日至19日　乐东黎族自治县政协第五届委员会第一次会议在县城召开。周文珍当选为政协主席。

4月18日至20日　乐东黎族自治县第十届人民代表大会第一次会议在县城召开。林玉强再次当选为县长，邢荣德当选为人大常委会主任。

4月27日　符祥日被海南省委组织部任命为乐东黎族自治县委书记。

4月　乐东成为海南省最大的反季节瓜菜生产基地，种植面积13万亩（含复种面积）。

5月18日　乐东龙沐湾旅游综合开发区破土动工。

8月8日　乐东黎族自治县沿海经济开发管理委员会挂牌。

12月25日至27日　海南省第六届中学生田径运动会在乐东中学隆重举行，海南省政府刘名启副省长、省政协王越丰副主席等人参加开幕式。

1994 年

3月　县粮食局被国家粮食储备局授予1993年全国清查国家粮食库存工作先进单位。

1995 年

4月20日　永明乡抱丘小学校长黎新王被评为国家级劳动模范。

6月上旬　县委组织"抓党建奔小康"工作队下乡，200多名干部队员奔赴各乡镇。

1996 年

2月26日　县委召开大会，县委书记符祥日在会上作《坚定信心，开拓进取》的讲话，提出1996年工作总的思路是在"一改变二转化三发展"的宏观战略思想指导下做好"加强、推进、开发、强化"八字文章。

4月20日　举行黎族传统节日"三月三"庆祝活动。海南省人大常委会副主任王信田，省政协副主席李明天以及省有关部门、各市县领导，广东乐东同乡会代表，应邀参加庆祝活动。

4月30日　海南省委组织部与乐东黎族自治县委联合举办优秀共产党员黎新王事迹电视专题片首播式。

5月3日　县委八届七次全体（扩大）会议召开，县委书记符祥日在会上作《认清形势，把握机遇，发挥优势，确保"九五"乐东经济和社会发展目标顺利实现》的报告。全会审议并通过了全会报告、"九五"计划和2010年远景目标的建议（草案）以及《全会决议草案》。

11月　文化部社会文化司命名大安乡为"中国民间艺术之乡"

（民间剪纸）。

11月11日　县委八届八次全体（扩大）会议召开。会议讨论通过了符祥日所作的《正确估量形势，明确目标任务，坚持两手抓，两手都要硬，努力开创我县社会主义精神文明建设新局面》的报告，审议通过了《乐东黎族自治县社会主义精神文明建设"九五"规划》《中共乐东黎族自治县委八届八次全体（扩大）会议决议》。

1997 年

1月16日　全国供销总社农业开发座谈会在乐东召开。

1月8日至9日　海南省人大常委会主任、省委副书记杜青林到乐东考察民房改造、农村集体经济等工作并作重要谈话。

3月5日　县十届人大常委会第三十次会议审议通过，决定任命乐东黎族自治县人民政府副县长詹益雄为代理县长。

4月9日　县委、县政府在县人民广场举行"三月三"庆祝大会，海南省人大常委会副主任吴蔡光代表省委、省政府到会祝贺。

5月28日　海南省政协原主席姚文绪到乐东考察工作，并参加大广坝库区山荣南校水库动工剪彩。

12月28日　县委、县政府举行乐东黎族自治县成立10周年庆祝大会，海南省政协领导李明天、王家贤，国家民委领导以及在外地的乐东籍干部、特邀来宾参加大会。

1998 年

1月6日　在县委会议厅召开中共乐东黎族自治县党代表会议，海南省委组织部王芳宁宣读省委任免通知，宣布周公卒就任中共乐东黎族自治县委书记。

3月7日至9日 中国共产党乐东黎族自治县第九次代表大会在县委会议厅召开。大会审议通过了周公卒所作的《把握机遇，加快发展，努力实现乐东跨世纪的战略目标》的报告和县纪委工作报告。周公卒当选为县委书记，徐瑞光当选为纪委书记。

3月11日至13日 乐东黎族自治县第十一届人大一次会议在县委会议厅召开。詹益雄在会上作政府工作报告，会议选举产生新一届政府、人大常委会组成人员，詹益雄当选为县长，周公卒当选为人大常委会主任。

1999 年

3月8日上午 县委在会议厅召开县委九届二次全体扩大会议，会议审议通过县委书记周公卒所作的《发挥优势、艰苦创业，加快乐东经济建设和社会事业发展步伐》的报告，通过了九届二次全体扩大会议决议。

4月9日上午 县委、县政府在县委会议厅召开全县"三讲"教育动员大会暨精神文明表彰、农村普法会议。

12月11日 国务院副总理温家宝、海南省委书记杜青林、海南省省长汪啸风到尖峰镇红湖黎村视察，副县长林山陪同。

2000 年

1月5日 县级领导班子、领导干部及县纪委、县法院、县检察院、县公安局领导班子、领导干部"三讲"教育动员大会在县委会议厅召开，县委书记周公卒作动员讲话，林吉文副书记宣读县委关于

"三讲"教育实施意见，海南省委巡视组组长周巨桐发表讲话。这次"三讲"教育为期 3 个月。

4 月 11 日　县委九届四次全体（扩大）会议召开。县委书记周公卒作题为《深入开展"三讲"教育，切实加强领导班子思想政治建设》的报告，海南省委驻县"三讲"教育巡视组组长周巨桐在会上讲话。全会通过了中共乐东黎族自治县委九届四次全体（扩大）会议关于《深入开展"三讲"教育，切实加强领导班子思想政治建设》报告的决议。

2001 年

1 月 11 日　中共乐东黎族自治县委九届五次全体会议在县委会议厅召开。会议审议通过《中共乐东黎族自治县委九届五次全体会议决议》《中共乐东黎族自治县关于国民经济和社会发展"十五"计划的建议》。

2 月 18 日　在县影剧院召开全县农村"三个代表"重要思想教育学习活动动员大会。

2 月 23 日　中共中央总书记江泽民到乐东视察，并参观香蕉生产基地。

6 月 14 日　海南省委书记、省人大常委会主任杜青林，省委常委、纪委书记刘学斌到乐东就党员干部作风问题进行调研。

6 月 21 日　县委召开全县"三个代表"重要思想学习教育总结会暨建党 80 周年表彰大会。

9 月 6 日至 7 日　海南省委书记、省人大常委会主任白克明到乐东调研，先后考察黄流镇香蕉基地、中环庄园芒果基地及九所新区。

10 月 24 日至 25 日　海南省委副书记、省长汪啸风到乐东就清理土地和土地流转问题进行调研。

12月26日　海南省委副书记罗保铭到乐东调研，先后考察黄流镇香蕉基地、九所新区和中环庄园芒果基地。

2002 年

3月　黄流镇被文化部授予"中国民间艺术之乡"称号。

6月6日　设立县九所新区管理委员会办公室；县海洋与渔业局内挂中国海监乐东黎族自治县大队牌子；县委党史研究室和县地方志编纂委员会办公室合并，设立县史志工作办公室；撤销县公安局冲坡分局。

6月10日　县委常委扩大会议在县委致和堂召开，讨论全县乡镇区域调整方案。会议决定把全县16个乡镇调整为11个乡镇。

6月13日　海南省人大常委会副主任王学萍到万冲镇就民族方言进行调研。

7月13日　由全国政协副主席、台盟中央副主席、全国人大常委刘亦铭，台盟中央副主席、全国政协常委吴国，台盟中央副主席、全国政协委员及副秘书长李敏宽，以及有关部门人员组成的台盟中央"海南农业可持续发展的战略问题"调研组到乐东调研。

11月5日至6日　全省少数民族地区文明生态村建设现场会在尖峰岭召开。

12月9日　国家民委经济司司长赵显人到万冲镇山明村和大安镇南木村指导民房改造工作。

12月19日　海南省副省长符桂花及省民政厅有关领导到乐东检查民政冬冷物资发放落实情况。

2003 年

3月3日　王积权任乐东黎族自治县委副书记、副县长（代理县长）。

3月16日至18日　中共乐东黎族自治县第十次代表大会在县委会议厅召开。会议审议通过上届县委的工作报告，选举产生中共乐东黎族自治县第十届委员会和纪律检查委员会。孙悦义当选县委书记。

3月20日至23日　政协乐东黎族自治县七届一次会议在县政府会议厅召开。会议审议通过政协乐东黎族自治县常委会工作报告、第六届委员会提案工作报告；听取和讨论县政府工作报告及其他报告。选举产生政协第七届委员会常务委员和正副主席。林吉文当选政协主席。

3月22日至24日　乐东黎族自治县第十二届人民代表大会第一次会议在县委会议厅召开。会议审议通过县政府工作报告、县政府提出的2003年国民经济和社会发展计划，2003年财政预算，县人大常委会工作报告，县法院、检察院工作报告。周孔辉当选人大常委会主任，王积权（黎族）当选县长。

5月2日至3日　海南省副省长符桂花到乐东检查指导"非典"防治工作。

5月29日　海南省副省长江泽林和省三防办主任等有关领导到乐东检查指导工作。

6月19日至20日　海南省委书记、省长汪啸风，副省长江泽林以及省有关单位领导，先后到民族山村、还林基地、道介水库、山荣戒毒所等地考察指导工作。

10月29日　海南省委副书记罗保铭到黄流镇多一村、利国镇新联村、抱由镇光明村等文明生态村和县戒毒康复基地考察。

11月24日至25日　海南省委副书记、代省长卫留成到乐东就农村教育开展调研并指导工作。

11月25日　九所镇新庄村的罗平田洋冬季瓜菜基地召开灾后生产自救现场会，海南省委副书记、代省长卫留成到会并作讲话。

是年　县文化馆被中共中央宣传部、文化部授予首届"全国服务农民、服务基层文化建设先进集体"荣誉。

2004 年

1月25日　全县领导干部"保持共产党员先进性教育活动"动员大会在县委会议厅召开。

3月27日　海南省委副书记、省纪委书记蔡长松到黄流镇就基层党风廉政建设工作情况开展专题调研。

3月　县总商会副会长、耀正果菜运销有限公司总经理唐耀正和县总商会副会长、乐东利岛建材有限公司总经理梁遗荣被评为海南省首届"优秀中国特色社会主义建设者"。

5月27日　国家民委副主任杨健强率领国家民委调研组到乐东少数民族地区调研。

6月1日　海南省委常委、组织部部长方晓宇到乐东就农村基层组织建设开展调研。

8月20日　海南省委常委、组织部部长方晓宇到乐东指导村级组织换届工作。

8月31日至9月1日　全省民族地区民房改造工作现场会在乐东召开。

8月　日本驻广州总领事馆经济专员森路未央在海南省外侨办国际交流处处长陈少强的陪同下，到乐东考察利民工程项目，同时考察

1999 年获批的千家医院利民工程项目的使用情况。千家、志仲、万冲3 个镇获得过该领事馆无偿援助项目 4 个，合计 145 万元。

9 月 21 日　海南省残疾运动员、县职业中学教师黎玉强在雅典举办的残奥会乒乓球女单 TT10 级（三四名）比赛中，获得铜牌。

11 月 22 日　第二届中国果菜产业论坛大会在北京闭幕，乐东获"全国香蕉生产十强县"特别奖。

12 月 14 日　由香港爱心人士王小珍捐资建设的乐东小珍保国希望小学建成。

2005 年

4 月 7 日　县职业中学学生唐莹芳在贵州举办的全国残疾人举重锦标赛上获得 F44 级举重锦标赛银牌。

4 月 27 日　县职业中学学生唐莹芳在重庆举办的全国残疾人田径锦标赛上获得女子 F44 级铅球和铁饼 2 枚银牌。

5 月 8 日　乐东—海南浙江商会经贸合作项目洽谈推介会在县政府四楼会议室召开。海南省浙江商会向乐东捐赠 20 万元，县政府配套10 万元，用于建设大安镇昂外小学，并将其更名为"乐东海南浙江商会希望小学"。

10 月 10 日　国家开发银行海南省分行向乐东蕉农发放 1000 万元贷款，支持蕉农恢复灾后生产。

12 月 22 日　中共乐东黎族自治县第十届委员会第六次全体扩大会议在县委会议厅召开。会议听取 2005 年县委常委会工作报告，审议通过《中共乐东黎族自治县委关于制定国民经济和社会发展第十一个五年规划的建议》。

是年　县文体局获国家新闻出版广电总局评选的"全国农村电影工作组织奖"，县电影公司经理吴碧浪被评为"全国农村电影工作先进个人"，县图书馆被文化部命名为国家二级图书馆。

是年　乐东边防支队机动中队被共青团中央评为国家级"青年文明号"单位。

2006 年

4月中旬　县统计局获得"2001年至2005年全国统计法制宣传教育先进单位"荣誉称号。

7月6日　中商信合投资有限公司向乐东捐款60万元，用于建设文明生态村和希望工程。同日，中商信合投资有限公司与县政府签订框架协议，协议建设大型轮胎厂、龙沐湾沿海基础设施等7个项目，总投资约25亿元。

7月13日　国家级星火计划项目——海南香蕉深加工项目在九所开发区动工，项目总投资7233万元，占地面积15公顷。

7月13日至14日　受国家标准化管理委员会委托，农业标准化示范区考核验收工作组对县政府组织实施的国家级"乐东香蕉标准化示范区"项目进行考核验收。

8月　18日，乐东渔船"琼乐东12007"在出海捕鱼时失去联系，船上有渔民17名。26日中午，经交通部南海救助局的救助，失联渔船被寻回并被拖回三亚，无人员伤亡。

9月11日　国家级"乐东香蕉标准化示范区"项目正式通过验收。

9月22日　县政府在县委致和堂与香港能源开发国际（控股）有限公司签订县垃圾焚烧综合处理项目协议书，项目建设占地约17公顷，月处理垃圾 1000 吨，月发电量为 1.2 兆伏至 1.5 兆伏，投资估算 3 亿至 4 亿元。

10 月　利国镇劳动力市场服务中心被评为"全国农村青年转移就业先进单位"。

12 月 17 日　佛罗镇举行西瓜新品种发布会，海南省引进的第一个外国西瓜品种"墨绿色无籽西瓜（墨童）"落户乐东。

是年　黄流镇被中国书法协会授予"中国书法进万家活动"先进单位称号。

2007 年

1 月 16 日至 18 日　中共乐东黎族自治县第十一届委员会第一次全体会议在县委会议厅召开，吴井光当选县委书记。

1 月 21 日至 24 日　政协乐东黎族自治县第八届委员会第一次会议在县委会议厅召开，周孔辉当选县政协主席。

1 月 23 日至 25 日　乐东黎族自治县第十三届人民代表大会第一次会议在县委会议厅召开，林吉文当选县人大常委会主任，黄嘉琪（黎族）当选县长。

4 月 17 日　县政府与江苏省国信资产管理集团签订协议，在佛罗镇太阳城（龙沐湾）开发旅游项目，预计投资 50 亿元。同时签约的还有龙腾湾生态旅游度假区开发项目，投资 2000 万元；中国热带雨林度假酒店，投资 9500 万元。

4 月　全县完成西环铁路乐东段提速改造工程征地拆迁工作，铁路在境内长 51 千米，征地 119.2 公顷，涉及镇 5 个、村委会 4 个，共 3500 多户，其中拆迁户 315 户。

5月30日　劳动和社会保障部在广东省东莞市召开全国农民工培训工作座谈会及劳务输出工作示范县研修工作，乐东在会上作经验交流，并被评为"全国劳务输出工作示范县"。

7月9日　国家开发银行海南分行与乐东签订金融合作协议，将提供贷款3200万元支持"三农"建设，资金主要用于发展香蕉、哈密瓜、芒果等高效农业生产。

8月20日　在第三届国际剪纸艺术大赛中，乐东选送的9幅作品全部获奖。其中，2幅作品获银奖，1幅作品获铜奖，6幅作品获优秀奖。

8月23日　县第二人民医院被列入全国创建首批20家农村数字化示范医院，成为海南省唯一得到"中国千家农村医院数字化扶持工程"扶持的医院。

9月25日　国家开发银行与乐东签订《开发性金融合作协议》《开发性金融合作备忘录》。根据协议，国家开发银行在"十一五"规划期间，在双方原有合作领域基础上，再提供融资50亿元，以促进乐东经济社会发展。

11月18日　佛罗镇被评为"中国果菜无公害百强乡镇"。

12月3日　乐东籍著名琼剧演员陈素珍在第十届中国戏剧节开幕式暨首届中国戏剧奖·梅花表演奖颁奖典礼上，获得中国戏剧表演艺术最高奖项"中国戏剧梅花奖"。

12月26日　县委、县政府举办建县20周年成果展。

2008 年

1月8日　乐东被中国国土经济学会、全国中小城市生态环境建设实验区办公室列为全国中小城市生态环境建设实验区。

3月23日 国家标准化管理委员会确定乐东为全国红芒果生产标准化示范区。

4月2日 海南省委书记卫留成,省委副书记、省长罗保铭,省委副书记于迅,省委常委、秘书长许俊到乐东尖峰镇山道田洋和万钟公司的香蕉基地考察。

4月8日 中共中央总书记胡锦涛到乐东尖峰镇视察,了解农民群众生产生活情况。

5月8日至10日 县委、县政府在北京人民大会堂举办"海南乐东——中国香蕉之乡"推介会,推介会现场签订价值5亿元的香蕉购销合同。

5月22日 县疾控中心医师邢维赟作为海南省第二批四川汶川灾区卫生防病队员赴川参加救灾防病工作。

6月1日 昌化江乐东县城河段防洪工程建设在县城江北新区正式启动,工程全长12千米,由堤防工程和穿堤闸、涵洞组成。工程静态总投资约1亿元,工期3年。

6月26日 抱浅乾金达希望小学落成仪式在九所镇举行,由海南乾金达矿业集团捐款100万元建设的教学楼和宿舍楼竣工。海南省副省长李国梁出席揭牌仪式。

6月30日 千家镇永益村村民容亚美被选定为第一批国家非物质文化遗产项目(黎族织锦)代表性传承人之一。

11月16日 乐东生态农业开发有限公司和万钟实业有限公司被海南省商务厅选定为全省商贸行业第二批品牌创建示范基地。

11月26日 海南乐东"三农"担保有限公司在黄流镇挂牌成立,这是海南省首家专为农民发展农业生产贷款提供担保的民营企业。

12 月 15 日　山海湾温泉家园项目在九所新区奠基开工，项目占地 11.53 公顷，总建筑面积 27 万平方米，总投资 3 亿元。

12 月 22 日　佛罗镇田头村党支部书记、村委会主任徐清荣代表海南省大学生村官参加中共中央政治局常委、中央书记处书记、国家副主席习近平主持召开的大学生村官代表座谈会。

2009 年

1 月 7 日　县政府与华中师范大学签约，并举行共建"国家教师教育创新与服务综合改革实验区"授牌仪式。

3 月 24 日　县委召开深入"学习实践科学发展观活动"动员大会，按照省委的部署和要求，此次活动分两批进行，从 2009 年 3 月开始到2010 年 2 月结束。

4 月　县皮防所荣获海南省麻风病防治工作一等奖。

5 月 19 日　县委、县政府在新疆乌鲁木齐召开以"海南乐东——中国香蕉之乡"为主题的推介会。

6 月 15 日　乐东体校学生卢布代表中国中学生田径队参加世界中学生田径锦标赛，夺得男子跳高铜牌。

7 月 20 日　乐东茂隆农业开发有限公司的农贸商标"茂隆"、乐东昌隆橡胶工贸有限公司的农产品"HE"图形商标"橡胶"和乐东久信农业开发有限公司的香蕉品牌商标"久信"被国家商标局网上受理并通过。

8 月 30 日　县政府与新华社海南分社、中国移动通信集团海南有限公司签订《全面战略合作框架协议》，正式启动乐东"农信通"项目建设。此系统平台可向农户提供政策、农业气象、农产品市场等实用信息。

9月5日　大安中学教师韦勤的剪纸作品《收获时节黎家忙》荣获第五届国际艺术展金奖。

9月11日　乐东香蕉被中国果蔬菜产业品牌论坛组委会评为"中国十大热带名果"之一。

9月25日　县政府、南京农业大学、海南万钟实业有限公司签订《农业科学技术战略合作协议》，促进乐东香蕉产业健康可持续发展。

11月12日　"乐东香蕉"商标正式通过工商总局商标局注册。

11月21日　龙沐湾国际旅游度假区项目开工仪式在佛罗镇龙沐湾举行，工期3年，投资估算11亿元。海南省政协主席钟文、副省长姜斯宪以及江苏省副省长徐鸣出席开工仪式。

11月，中共中央宣传部、中央文明办、新闻出版总署召开表彰会，尖峰镇山道村被评为"全民阅读活动先进单位"，成为海南省唯一获此殊荣的农村基层组织。

12月10日　县文体局荣获"全国群众体育现状调查工作先进单位"。

是年　乐东体育健儿在全国男、女帆板锦标赛上，荣获男、女帆板冠军。

是年　千家镇黎族农民容亚美被评为"全国非物质遗产保护先进工作者"。

2010年

2月1日　县人民医院荣获"全国医药卫生系统先进集体"称号。

4月12日　中共中央政治局常委、中央书记处书记、国家副主席习近平到乐东视察。

5月15日　县民族中学勇救溺水少年教师杨德聪被评为"海南省第三届道德模范"。

7月1日　县政府和中山大学达成合作协议，计划在乐东建设中山大学乐东生物技术研究推广中心。

7月15日　莺歌海镇被纳入海南省17个重点旅游景区之一。

8月19日　乐东被农业部认定为首批国家现代农业示范区，是海南省唯一获得首批认定的市（县）。

9月14日　乐东全面启动创建省级卫生县城工作。

11月10日　海南和立投资有限公司向县政府捐款茅草房改造资金1050万元。签约仪式在县委招待所一楼会议厅举行。

11月14日　中共中央政治局委员、中央书记处书记、中央组织部部长李源潮到黄流镇卧龙岭热带特色现代农业生产基地考察。

11月16日　由中南集团投资2亿元代建的山海天世纪城基础设施项目破土动工，标志着龙沐湾迈进大型高端旅游度假区的高速开发时期。

12月6日　中共中央政治局常委、中央纪委书记贺国强到乐东考察。

12月29日　浙江国都控股集团有限公司向县政府捐赠100万元茅草房改造款和1000万元安置房建设款。签约仪式在县委会议厅举行。

是年　县委、县政府采取措施对大广坝库区移民危房进行全面改造，按照文明生态村建设的要求在原址重建，整体推进库区移民危房改造，投入9350万元改造大广坝库区的移民村庄。

2011 年

1月6日　在县城江北新区举行新党校落成暨中南民族大学研究

生教育基地揭牌仪式。

1月7日　海南西南部瓜菜良种繁育示范项目与南繁标准化基地项目在利国镇正式启动。

3月20日　中共中央政治局常委、全国政协主席贾庆林到乐东视察热带高效农业生产基地。

3月28日　总投资6812万元的县城民族文化体育广场全部竣工。

4月1日至2日　县政府在黎族、苗族传统节日"三月三"暨第五届香蕉节期间，与开发商签订88.8亿元的投资项目。

5月11日　海南省委常委、政法委书记肖若海和省高级人民法院院长重治良率领工作组到乐东开展带案接访活动，协调处理了9个复杂疑难案件。

5月16日　由县委组织部组建的首个大学生村官工作委员会和大学生村官创业俱乐部在九所镇揭牌成立。

6月13日　《乐东热带特色农业示范区总体规划（2011—2015)》通过评审，并经农业部和海南省农业厅同意开始实施。

8月20日　中共海南省委决定林涛任乐东黎族自治县委书记（正厅级）。

11月9日，海南农产品现代流通综合试点项目之一的乐东黄流产地集配中心正式投入运营。

是年　县政府投入1826万元，创建30个文明生态村。

是年　全县建成保障性住房3447套。

2012 年

1月7日　中共乐东黎族自治县第十二届委员会第一次全体会议

召开，选举林涛为县委书记，黄嘉琪、李开文为县委副书记。

1月19日 在海汽客运站乐东车站小广场举行县城公交线路开通仪式，结束了乐东没有公交车的历史。

3月24日 为确保西环高铁的建设及乐东电网的安全稳定运行，县政府计划在望楼建设220千伏输变电项目。

8月16日 县政府与海南罗牛山控股集团有限公司签订建设国家热带现代农业示范区战略合作框架协议。

10月上旬 黄流镇荣获海南省人力资源和社会保障厅、省统计局评选的"全省统计系统先进集体"和省政府残疾人工作委员会评选的"全省残疾人工作先进单位"两项称号。

10月19日 县科学技术协会邀请中国科学院老科学家到乐东举办科普报告会。

12月下旬 乐东科协被中国科协授予"全国科普日活动优秀组织单位"，是海南省唯一获得此殊荣的县。

2013 年

3月21日 乐东通过海南省卫生考评，被命名为省级卫生城市。

4月16日 县四套领导班子会议通过关于同意中国城市建设控股集团有限公司进驻乐东黎族自治县投资的决议。

4月17日 县检察院被海南省检察院评为"2012年度全省先进基层检察院"，连续2年获此殊荣。

7月 5日，就读于武汉体育学院的乐东莺歌海学子方盛虎为救落水的同学而献出了年仅24岁的生命。8日，县委、县政府决定在全县范围内开展向"见义勇为，舍己救人"英雄方盛虎的学习活动。11

日，县委、县政府在莺歌海镇举行"见义勇为，舍己救人"英雄方盛虎的追悼会。17 日，首场方盛虎先进事迹报告会在县城电影院举行。

9 月 11 日　海南省政府对乐东在西环高铁征地拆迁工作中取得的优异成绩予以通报表扬，并号召全省各市县、各部门学习和借鉴乐东的好经验、好做法。

11 月 4 日　人力资源和社会保障部、卫计委决定，授予乐东黎族自治县疾病预防控制中心"全国艾滋病防治工作先进集体"荣誉称号。

12 月 7 日　中国首个太阳能光热海水淡化示范项目在尖峰镇正式投产，该项目由上海骄英能源科技有限公司和海南惟德能源科技有限公司共同投资 1300 万元建设。

2014 年

1 月 20 日　在"感动海南 2013 十大人物"评选活动中，乐东籍男子方盛虎入选。

4 月 29 日　最高检授予乐东黎族自治县检察院控申接待室"全国检察机关文明接待室"荣誉称号。

9 月 28 日　海南省扶贫办主任吴井光，县委常委邱天华，副县长高昌江一行到万冲镇德崖村检查指导"整村推进"扶贫开发、扶贫建档立卡等工作。

9 月 30 日　为缅怀革命先烈，在我国首个"革命烈士纪念日"，县委、县政府同各界代表们一起，开展向英歌海革命烈士纪念碑敬献花篮活动。

2015 年

1月27日　省委宣传部等部门联合主办的"2014寻找海南最美村镇颁奖晚会"在海南广播电视总台举行。乐东佛罗镇丹村入选2014年海南十大最美乡村。

2月10日　志仲镇首村和佛罗镇新安村被中国计划生育协会授予第五批"全国人口和计划生育基层群众自治示范村"称号，成为乐东首批获得此殊荣的村。

3月　海南国电西南部电厂项目用海申请获国家海洋局批复，为电厂配套码头建设拿到了"通行证"。

5月6日　利国镇荣获"全国文明村镇"称号，乐东中学获"全国文明单位"称号。

5月27日　县委书记林北川带头为全县各级党员领导干部上党课，乐东"三严三实"专题教育正式拉开序幕。

6月30日　中共中央总书记、国家主席、中央军委主席习近平在北京亲切会见了获得表彰的全国优秀县委书记，乐东黎族自治县委书记林北川是唯一的海南代表。

7月6日，国电西南部电厂首台35万千瓦机组顺利点火；7日，并网试生产后顺利运行；14日，2号机组送电一次成功。

7月8日至9日　全省践行"三严三实"真抓实干促发展现场会在乐东召开。海南省委书记罗保铭要求全省上下践行"三严三实"要以乐东为榜样，以全国优秀县委书记林北川同志为镜子，以钉钉子、马上就办、一张蓝图干到底的担当实干，为海南科学发展、绿色崛起，全面建设国际旅游岛不懈奋斗。

9月2日　乐东黎族自治县检察院被评为"全国检察宣传先进单位"。

12 月 29 日至 30 日　海南省爱卫办组织的创卫专家技术评估组，到乐东对创建国家卫生县城工作进行技术评估。

2016 年

1 月 5 日　海南省爱卫办通过媒体向社会公示，乐东黎族自治县通过国家卫生县城技术评估。

1 月 7 日　政协乐东黎族自治县第九届委员会第五次会议在县城开幕，会议为期 2 天。全县 150 名各战线、各个界别的政协委员出席开幕式，并就乐东黎族自治县经济社会发展、社会民生等问题建言献策。

2 月　乐东黎族自治县首个公共停车场——县城乐祥路公共停车场投入使用。

3 月 3 日　海南省委巡视办向乐东黎族自治县委领导班子成员传达习近平总书记关于巡视工作的重要讲话精神和省委"五人小组"会议关于巡视工作的有关精神。

4 月 21 日至 22 日　海南省住建厅联合有关部门及专家组成考核验收小组到乐东黎族自治县开展 2016 年第一批美丽乡村和全省农村垃圾治理试验收。

4 月　冲坡镇中心卫生院获评全国"群众满意的乡镇卫生院"。

5 月 23 日　华东师范大学第二附属中学黄流中学校区建筑主体工程完工。

6 月 14 日　海南省委书记罗保铭在乐东黎族自治县莺歌海镇委镇政府会议室召开推进渔港建设座谈会。

7 月 1 日　在庆祝中国共产党成立 95 周年大会表彰会上，乐东黎族自治县委书记林北川被评为"全国优秀党务工作者"，并受表彰。

9月1日　华东师范大学附属第二中学乐东黄流中学举行揭牌仪式暨开学典礼，首届招收学生1330名。

9月23日至25日　"山海相拥·乐东乐冬"2016年海南乐东旅游地产推介会在郑州召开。

9月　中线高速琼中至乐东段路基基本成形，公路全长129千米。

11月15日　中共乐东黎族自治县第十三次代表大会在乐东县城开幕。

2017年

1月8日　住建部正式发文公布全国14个省区第一批绿色村庄名单，乐东佛罗镇丹村入选。

4月28日　乐东黎族自治县第十五届人大常委会召开第四次会议，听取和审议并通过县人大常委会主任关于接受李富林辞去海南省第五届人大代表职务的议案；传达学习刘赐贵在海南省人大常委会党组会议和省五届人大常委会第二十八次会议上的讲话精神。

9月15日　受第19号台风"杜苏芮"（强台风级）的袭击，全县共有12艘渔船失踪。

10月29日　乐东黎族自治县实施2017年重点项目"60天大会战"，全面排查重点项目进展，有针对性地推行全流程互联网"不见面"审批、集中办理联审联批等便利措施。

11月1日　岭头一级渔港通过竣工验收。该渔港将有力促进地方渔业经济发展，有助于进一步完善优化海南省渔港港口格局。

11月17日　乐东黎族自治县人民法院荣获"全国文明单位"称号。

2018 年

1 月 7 日　乐东举办乡村振兴（乐东）论坛暨乐东镇墟城市化、旅游化改造项目推进会。

1 月 14 日　乐东荣获第一届"海南省文明县城"称号，黄流镇等荣获第五届"海南省文明村镇"称号。

1 月 26 日　乐东中学高二年级的女学生罗佳佳，在由团中央学校部、全国学联秘书处、中国青年报社共同举办的 2017 年度全国"最美中学生"评选活动中获奖。

2 月 3 日　乐东召开会议部署 2018 年经济和农村工作，启动志仲镇乡村振兴起步区建设及 11 个镇墟城市化旅游化改造。

3 月 5 日　佛罗中学、九所中学、万冲中学、九所镇中心学校 4 所学校荣获"省级规范学校"称号。

3 月 7 日　乐东民族中学以黎族剪纸、黎锦、书法为传承项目入选第二批全国中小学中华优秀文化艺术传承学校名单。

3 月 22 日　海南省首座"共享电力铁塔"——乐东 35 千伏佛尖孔线 T7 号塔试点项目圆满落地，经过 4 天的现场施工，完成所有设备的安装和调试工作，已具备信号发射功能，西环高铁乐东 282.8 千米处 4G 信号盲点已经全覆盖。

4 月 28 日　在 2018 年（第六届）海南乡村旅游文化节开幕式上，乐东尖峰椰林湾农家乐获评五椰级乡村旅游点，乐东民心农家乐获评四椰级乡村旅游点，乐东千年榕树生态园获评三椰级乡村旅游点，乐东禾丰休闲农庄获评二椰级乡村旅游点。

5 月 12 日　乐东上榜第十四届中国（深圳）文博会"2018 年中国最美县域"榜单。

5月18日　乐东在志仲镇举行乐东"两化"改造暨乡村振兴起步区项目建设启动仪式，正式启动第一批共18个项目，总投资53.7亿余元。

6月13日　县第二人民医院心血管内科和普通外科2个专业、县人民医院产科1个专业，分别获得海南省级临床重点专科。乐东是全省唯一获得3个海南省临床重点专科的市县。

6月19日　中国石化海南炼化公司2018年度扶贫项目正式开工建设。

7月20日　县文化广电出版体育局被海南省文体厅授予"2012—2018年度海南省竞技体育贡献奖"。

8月3日　县气象局被海南省爱国卫生运动委员会授予"海南省卫生先进单位（2018—2020年度）"。

9月22日　以"山海乐东·田园欢歌"为主题的首届海南（乐东）农民丰收节活动在乐东民族文化体育馆举行。

9月26日　抱由镇三平村、黄流镇高道村、大安镇丘文村、志仲镇导孔村、万冲镇友谊村、莺歌海镇新一社区等6个村入选海南第三批美丽乡村示范村。

9月26日　乐东人民检察院被最高人民检察院、检察日报社评为"2018年全国检察宣传先进单位"。

9月28日　琼乐（琼中到乐东）高速开通，接连海屯、屯琼高速，标志海南中线高速公路全线贯通。

9月30日　大安镇被评为"2018—2020年度海南省民间文化艺术之乡"。

10月13日　乐东尖峰岭国家级自然保护区科普馆正式开馆。

10月17日　县实验小学入选2018年全国中小学德育工作典型经

验名单。

10 月 29 日　海南农垦荣光农场有限公司抱伦基地举行"中国海垦·乐东热带花果世界暨香巴拉共享农庄"开工庆典仪式，项目总投资约 32.99 亿元。

12 月 1 日　《乐东黎族自治县总体规划（空间类 2015—2030年)》获海南省政府批准实施。

12 月 17 日　海南省爱卫办正式命名万冲镇、志仲镇、莺歌海镇等 3 个镇为海南省卫生镇，志仲镇塔丰村等 10 个村为海南省卫生村，县委大院等 9 个单位为海南省卫生先进单位。

12 月 21 日　海南毛公山红色文化纪念馆暨中国毛体书法海南创作基地开馆。

12 月 26 日　海南省爱卫办正式命名乐东县城为海南省首批健康示范县城，佛罗镇新丹村和黄流镇佛老村为海南省首批健康示范村。

2020 年

1 月 27 日　乐东成立了新型冠状病毒感染疫情防控工作领导小组，全面加强对疫情防控工作的领导。

2 月 15 日　由 10 名县人民医院医护人员组成的援助湖北医疗队奔赴湖北，开展新型冠状病毒感染的医疗救治工作。

2 月 19 日　由 18 名县第二人民医院医护人员组成的援助湖北医疗队，分别在武汉协和医院、武汉肺科医院、武汉医科大学附属天佑医院开展重症救治工作。

3 月 18 日　海南西环铁路三亚至乐东段公交化旅游化改造工程在三亚开工，总投资约 58.2 亿元，总工期 2 年，项目铁路全长约 107.4

千米。

3月31日 乐东首批支援湖北抗疫医护人员凯旋。

4月11日 乐东黎族自治县第二人民医院驰援湖北的18名英雄凯旋。

4月13日 海南自由贸易港建设项目集中开工和签约仪式乐东分会场活动在乐东中兴生态智慧产业总部基地项目现场举行，总投资约20.1亿元，2020年计划投资1.1亿元。

4月 全国科技助力精准扶贫2019年度工作表扬名单出炉，海南省有1家单位和3名个人获得表彰。其中乐东黎族自治县科学技术协会获先进团队荣誉称号。

4月 万冲镇抱班村、万冲镇友谊村2个村庄入选第二批国家森林乡村名单。

5月17日 海南召开"继续'背水一战'高质量打赢脱贫攻坚收官战 全面建成小康社会"誓师大会，乐东12个集体（个人）被授予2019年度海南省打赢脱贫攻坚战先进集体和个人。

6月5日 乐东23辆新能源"村村通"公交车正式投入运营。

6月22日 中石化—乐东农副产品上行推介战略合作启动仪式在乐东西线高速公路中石化尖峰高速服务区举行，乐东牵手中石化，把乐东农副产品通过中石化销售平台销往全国各地。

7月13日 海南自由贸易港建设项目集中开工仪式乐东分会场活动举行。乐东集中开工项目2个，总投资40多亿元。

7月31日 海南省委决定任命易鹏同志为中共乐东黎族自治县委委员、常委、书记。

9月7日 乐东第一小学落成开学，总建筑面积2万多平方米。

9 月 13 日　海南自由贸易港建设项目（第三批）集中开工仪式乐东黎族自治县分会场活动在 2019 年南繁基地高标准农田建设项目现场举行。

9 月 22 日　2020 年中国农民丰收节海南庆祝活动（主场活动）在乐东黎族自治县莺歌海镇举行。

10 月 31 日　以"绿骑乐东·美丽大安"为主题的 2020 年海南美丽乡村绿色骑行活动乐东站在乐东黎族自治县大安镇西黎村举行。

11 月 13 日　海南自由贸易港建设项目（第四批）集中开工仪式乐东分会场活动在尖峰镇污水处理厂项目工地现场举行，集中开工项目共计 10 个，总投资 23.46 亿元。

11 月 28 日　在海南省"绿水行动"河湖治理高峰论坛暨年终表彰大会上，乐东黎族自治县在河湖宣传片视频征集大赛中荣获一等奖，尖峰镇古富科副镇长在"最美河湖长"评选赛中被评选为"最美河湖专管员"。

11 月 20 日　第二届全国文明家庭公布，来自乐东的关义秀家庭获此殊荣。

参考文献

[1]《乐东黎族自治县概况》编写组.乐东黎族自治县概况[M].北京：民族出版社,2009.

[2]海南省乐东黎族自治县地方志编纂委员会.乐东县志[M].北京：新华出版社,2002.

[3]中共海南省委党史研究室.中国共产党海南历史：第一卷[M].北京：中共党史出版社,2007.

[4]中共海南省委党史研究室.中国共产党海南历史：第二卷[M].北京：中共党史出版社,2011.

[5]中共海南省委党史研究室.海南省重要革命遗址通览[M].海口：海南出版社,2014.

[6]中共海南省委党史研究室.琼崖革命历史文献选编[M].海口：海南出版社,2019.

[7]钟元棣.崖州志[M].广州：广东人民出版社,1962.

[8]中共海南省委党史研究室.琼崖公学史稿[M].北京：中共党史出版社,1995.

[9]中共海南省委党史研究室.红旗不倒：中共琼崖地方史[M].北京：中共党史出版社,1995.

[10]中共乐东黎族自治县委史志研究室.中国共产党乐东历史：第

一卷(1926—1950)[M].北京:中共党史出版社,2019.

[11]关义秀,王宇明.关注绿色[M].北京:中国文联出版社,2000.

[12]陈修演.人杰地灵话乐东[M].海口:南海出版公司,1996.

[13]乐东黎族自治县第十四届人民代表大会第三次会议.政府工作报告[R].(2013-02-03).

[14]乐东黎族自治县第十四届人民代表大会第四次会议.政府工作报告[R].(2014-02-18).

[15]乐东黎族自治县第十四届人民代表大会第五次会议.政府工作报告[R].(2015-03-10).

[16]乐东黎族自治县第十四届人民代表大会第六次会议.政府工作报告[R].(2016-01-07).

[17]乐东黎族自治县第十五届人民代表大会第二次会议.政府工作报告[R].(2017-01-20).

[18]乐东黎族自治县第十五届人民代表大会第四次会议.政府工作报告[R].(2018-02-06).

[19]乐东黎族自治县第十五届人民代表大会第五次会议.政府工作报告[R].(2019-01-22).

[20]乐东黎族自治县第十五届人民代表大会第六次会议.政府工作报告[R].(2020-05-27).

[21]乐东黎族自治县第十五届人民代表大会第七次会议.政府工作报告[R].(2021-02-03).

[22]乐东黎族自治县第十六届人民代表大会第一次会议.政府工作报告[R].(2022-01-11).

[23]乐东黎族自治县第十六届人民代表大会第三次会议.政府工作

报告[R].(2023-02-08).

[24]关于乐东黎族自治县国民经济和社会发展第十一个五年规划纲要的报告[R].(2006-02-21).

[25]乐东黎族自治县国民经济和社会发展第十三个五年规划纲要[R].(2006-11-07).

[26]乐东黎族自治县统计局.2020年乐东黎族自治县国民经济和社会发展统计公报[R].(2020-03-18).

[27]中共海南省委党史研究室.海南英烈谱[M].海口:海南出版社,2000.

后　记

按照中国老区建设促进会的部署要求，乐东黎族自治县老区建设促进会从 2019 年 12 月开始，在中共乐东黎族自治县委员会、乐东黎族自治县人民政府的重视与支持下，着手进行《乐东黎族自治县革命老区发展史》编纂的筹划和组织工作，经过近两年的不懈努力，终于编成这本史书。

本书序文简要回顾了乐东革命老区发展的历程，总结了取得辉煌成就的感悟，阐述了本书编纂出版的目的和意义，使本书与之合璧而增辉。乐东黎族自治县扶贫办主任周运学对本书编纂出版给予大力支持，承担本书编纂出版的组织工作，对本书的编纂出版给予关心和指导。

本书在编纂出版过程中，得到了中共乐东黎族自治县委办公室、乐东黎族自治县人民政府办公室、中共乐东黎族自治县委组织部、中共乐东黎族自治县委宣传部、中共乐东黎族自治县委党史和地方志研究室、乐东黎族自治县财政局、乐东黎族自治县发展和改革委员会、乐东黎族自治县统计局、乐东黎族自治县民政局（老区办）、乐东黎族自治县农业农村局、乐东黎族自治县教育局、乐东黎族自治县人力资源和社会保障局、乐东黎族自治县旅游和文化广电体育局等单位和部分老同志的大力支持，尤其是中共黎族自治县委党史和地方志研究室，为本书的编纂出版提出了不少建议和意见。在书稿审定阶段，还得到了中国海洋大学出版社的审定出版。

　　本书的编纂由王启珊、伍君之、潘国军、王思懿、李华、许敏、王水昌等同志共同完成，其中王启珊按分工承担第一章、第三章、第四章、第五章、第七章的编写，王思懿负责第二章、第八章的编写，王思懿、潘国军共同负责第六章的编写，大事记由潘国军、李华、许敏、王水昌等同志根据中共乐东黎族自治县委、中共乐东黎族自治县委党史和组织部门以及乐东黎族自治县老促会的有关资料、照片修改补充而成。王启珊、伍君之两位同志对全书进行统稿，伍君之同志负责全书编辑统筹及对接出版，在统稿和编审中对一些章节进行了较大的调整、改动和增补，使全书结构更完善、内容更丰富。

　　在此，谨向海南省革命老区促进会、中共乐东黎族自治县委员会、乐东黎族自治县人民政府、乐东黎族自治县有关单位领导、部分老同志和中共乐东黎族自治县委党史和地方志研究室、有关专家和编审，以及本书全体编纂人员、服务人员一并表示衷心的感谢！在编写过程中，我们受益于学界有关典籍和有关专家的著述等研究成果，在参考文献中尽量予以注明，如有遗漏，敬请谅宥。

　　编纂出版这部史书，虽然我们认真征研，努力编修，但因水平有限，疏漏和差错之处在所难免，祈望熟知乐东黎族自治县革命老区发展的同志和专家学者，以及广大读者予以体谅并不吝赐教。

编者

2023 年 2 月